U0553074

中国社会科学院国情调研丛书
CASS Series of National Conditions Investigation & Research

本书为中国社会科学院国情调研
重大项目的最终成果

人口较少民族严重濒危语言词汇抢救性调研（全二卷）

严重濒危鄂伦春语词汇系统

Salvage Study of Endangered Language Lexicon
of Minorities with Less Population (All 2 Volumes)

Lexicon System of the Endangered Oroqen Language

朝 克 卡 佳 塔米尔 索努尔 著

社会科学文献出版社
SOCIAL SCIENCES ACADEMIC PRESS (CHINA)

目　录

前　言

　　鄂伦春语属于阿尔泰语系满通古斯语族通古斯语支语言，与阿尔泰语系诸语言特别是蒙古语族和满通古斯语族诸语间存在复杂多变的同根同源关系。在上述语言早期基本词汇中，同根同源关系的词可以达到 80% 左右。不过，由于这些语言彼此分离后各自发展历史比较悠久，又不同程度地受周边语言的影响，原有的语音结构相同或相近的那些基本词汇产生不同程度的音变。甚至，有的基本词汇在不同语言中出现较大音变而很难进行语音比较分析，更有意思的是一些词的词义内涵也出现了很大变化。尽管如此，我们完全可以对早期基本词汇开展很有意义的语音比较研究，进而说明它们之间存在的不同层面、不同角度、不同内涵的同根同源关系。在这里还应该强调的是，满通古斯语族语言早期词汇结构系统中还存在各自十分鲜明的有别于彼此词汇的结构性特征。比如说，满语词汇里早期社会组织、社会结构、社会关系乃至宫廷文化方面的词汇占优势，锡伯语保留了不少温寒带农业词汇，鄂温克语在草原牧场和畜牧业生产生活方面的词汇十分发达，鄂伦春语在大小兴安岭动植物及山林生产生活方面的词汇具有很强代表性，赫哲语在三江流域江河文明与早期渔猎生产生活方面的词汇具有很强代表性。很有意思的是，尽管这些亲属语言不同程度、不同角度地发生了变化，但它们保存并传承了各自的词汇系统，其中的许多早期词汇是同根同源的，只不过是在有的民族语里被淡化和边缘化而生命力被削弱，有的甚至被其他民族语的相关词语取而代之。鄂伦春语作为满通古斯语族通古斯语支语言，跟同语族的鄂温克语和赫哲语之间存在大量同源词。然而，受自然环境、地域文化、生产生活方式、民族语言影响，它们的词汇结构及语音系统也出现不同程度的演变。所有这些变化，我们通过词汇比较研究完全能够看清楚，进而对于鄂伦春语词的搜集整理工作产生积极推动作用。因为，在鄂伦春语里被淡化或边缘化的词汇，通过跟通古斯诸语间的比较就能够找回它们。比如说，鄂伦春语里被淡化的那些早期畜牧业和渔猎词语，通过用鄂温克语或其他满通古斯语族语言词语进行提示或提醒时，鄂伦春语发音合作人就会想起或恢复记忆，并能够用母语的语音特征进行发音。

众所周知，鄂伦春语是跨境语言，除了我国境内的鄂伦春族之外，俄罗斯西伯利亚和远东地区也有鄂伦春人使用该语言。而且，俄罗斯的鄂伦春人要比国内的鄂伦春人多。不论是国内的鄂伦春人，还是国外的鄂伦春人，都不同程度地使用母语。我国境内的鄂伦春族主要居住在内蒙古自治区和黑龙江省的大小兴安岭山林地带。其中，内蒙古自治区的鄂伦春人主要生活在呼伦贝尔市鄂伦春自治旗及扎兰屯楠木鄂伦春族乡，黑龙江省的鄂伦春族主要生活在塔河县十八站鄂伦春族乡、呼玛县白银纳鄂伦春族乡、黑河市爱辉区新生鄂伦春民族乡与逊克县新鄂鄂伦春民族乡等地，基本上都相对集中生活在某些村落，从而形成大分散、小聚居的生活格局。鄂伦春族虽然居住分散，但由于相互间分离的时间比较晚，且都生活在相对封闭的特定自然环境，从事的产业及其产业转型基本上保持一致性，没有出现根本性转变，加上除了汉语之外几乎没有受到其他民族语的强烈影响，所以其母语语音和词汇乃至语法现象之变化有其内在共性。或许正是这一缘故，鄂伦春语不同地区的语言之间的差异不是太大，其区别性特征不是十分明显，不同地区的鄂伦春人可以用彼此熟悉的母语进行交流，语言交流方面基本没有太大障碍。据不完全统计，鄂伦春族不同地区的母语基本词汇里保存的同源词几乎达到90%左右，直到20世纪80年代初期，生活在内蒙古和黑龙江的鄂伦春人完全可以用彼此熟悉的母语进行交流，即使遇到个别不懂的词语，经过相互交流，很快就能克服语言障碍。这里所说的个别词语是指那些汉语借词或一小部分其他民族语借词，比如说黑龙江鄂伦春语中借入不少汉语借词，内蒙古地区的鄂伦春语中有一些达斡尔语或蒙古语借词,当然也有汉语借词。中华人民共和国成立以后,尤其是 20 世纪 60 年代中后期之后,汉语借词在鄂伦春语中的使用率逐年增高,使用面也不断扩大。与此相反的是,鄂伦春语的使用率不断下降,使用面也不断缩小,进而成为严重濒危语言。其原因主要有以下几个方面。

其一,20 世纪 50 年代之后鄂伦春自治旗、民族乡先后成立,鄂伦春族定居点的生产生活发生很大变化,加上鄂伦春族定居点外来人口逐年增多,语言交流很快从单一的母语交流变成汉、蒙、达斡尔等多种语言交流,加上鄂伦春族根据地域性教学教育特点和家长自由选择将适龄儿童分别送到汉语文授课或蒙语文授课小学,通过汉语文或蒙语文学习文化知识,参加工作的人们也都在工作中使用汉语文或蒙语文。这种现象的出现,主要是因为鄂伦春族有语言而没有本民族文字。其结果,汉语和蒙古语借词通过上学的孩子们和从事各种职业的工作人员逐渐渗透到鄂伦春族社会和家庭语言当中。一直到 20 世纪 60 年代中期,这种影响不断得到强化。不过,还应该提到的是,在这一时期,绝大多数鄂伦春人对母语之外的民族语处在半懂不懂或比较陌生的状态,这使其他民族的移民不得不努力学习掌握鄂伦春语,从而达到同鄂伦春人进行交流的目的。也就是说,一些外来移民的到来,虽然给鄂伦春族母语使用带来一定的负面影响,也给鄂伦春语的使用注入了一定的活力。

其二,20 世纪 60 年代中期到 70 年代后期,鄂伦春语受到很大冲击。其原因主要是内陆地区的汉族移民大量涌入,森林木材资源的无序开发、森林野生动物的乱捕乱杀、森林名贵野生药材和野生水果及野菜的乱采乱挖,加上四处开荒种粮等行为,给鄂伦春人繁衍生息的大小兴安岭自然环境造成很大破坏,同时也给他们的生存带来较大危机。毫无疑问,外来移民不断增多,很快占有了鄂伦春语使用的社会语言空间,鄂伦春族地区的学校里汉族等外来移民的孩子很快成为多数,汉语言文字教学使鄂伦春族学生的汉语文能力很快得到加强,一些小学生不到几年就对母语变得十分生疏。另外,在这一特殊历史时期,鄂伦春族同汉族建立的婚姻关系不断增多,这使汉语自然而然地成为鄂伦春族家庭中的使用语,鄂伦春语在家庭中的使用也受到影响和冲击。而且，这种影响是相当大相当广泛的，很快导致鄂伦春语走向濒危。

其三，改革开放至今的 40 余年时间里，鄂伦春族生活的大小兴安岭地区的经济社会取得了鼓舞人心的快速发展，鄂伦春人的生产生活从根本上得到改变。尤其是，天然林保护工程的顺利实施使他们的生活环境不断得到改善，新型农业、畜牧业、养殖业及各种新兴产业的崛起，使鄂伦春人的生产生活发生跨越式发展和变化。与此同时，以汉语汉文为主的广播、电视、电脑、手机逐步普及，汉语汉文的影响变得更加广泛而深入。鄂伦春族为了听懂和享受丰富多彩的广播电视节目，为了能够使用电脑、手机，为了更快更好更多地掌握生产生活知识信息，不分男女老少，都主动积极地学习汉语汉字汉文，汉语汉字汉文成为他们日常生活里必不可少的重要交流工具。其结果，伴随农业和新型产业建设不断向深度和广度推进，与此相关的汉语新词术语大量进入鄂伦春语中，成为他们日常生活中的重要交流内容和用语。反过来讲，那些传统意义上的生产生活逐渐淡化或退出历史舞台，与此相关的交流内容与用语也逐渐被边缘化或被淡忘。在改革开放的 40 余年当中，不论是内蒙古地区的鄂伦春族，还是黑龙江的鄂伦春族，与其他民族建立婚姻关系的人逐年增多，据不完全统计，已达到 60% 以上。其中，鄂伦春族与汉族联姻家庭占绝对多数。这种家庭现象的出现，对于鄂伦春族家庭母语的使用造成直接影响。鄂伦春族与汉族建立婚姻关系的家庭中，家族成员的日常用语基本上都用汉语，只有个别家庭鄂伦春语和汉语并用，或者采用汉语为主、鄂伦春语为辅的家庭语言交流形式。另外，从 20 世纪 50 年代初在幼儿园、小学、中学、职校中采用汉语汉字教育，参加工作的人都用汉语汉字汉文来处理日常事务，加上上传下达的文件资料及各种会议文件都使用汉语汉字汉文，使得汉语汉字汉文已成为当地的主要交流工具和日常用语，鄂伦春语已经成为严重濒危语言。

根据我们实地调研资料，现在也有一些鄂伦春人能够用母语进行交流，但他们的母语交流中使用了数量可观的汉语借词，本民族语早期词汇变得越来越少。能够使用母语的鄂伦春人整体上已进入老年化阶段，一般都在

50 岁以上。不过，中青年人中也有一些能用母语进行简单交流的人。据不完全统计，鄂伦春族中使用母语者不足百人。他们日常生活和工作中均使用汉语汉文，一部分人还可以用达斡尔语或蒙古语进行交流。那些极少数的鄂伦春族母语使用者也都懂或精通汉语。毫无疑问，所有这些，对于课题组进行鄂伦春语早期基本词汇的抢救性搜集整理带来许许多多不便和麻烦，幸亏课题组成员从 20 世纪 80 年代初开始对内蒙古和黑龙江两地的鄂伦春语开展了广泛而深入的调研，并搜集整理了相当可观的第一手词汇资料，加上这两年全面系统的补充式田野调查，才获得了能够圆满完成这项课题的鄂伦春语词汇。说实话，没有 30 余年的前期积累，很难在短短的两年多时间里完成这一科研工作任务。

在这里，还有必要说明的是，这本基本词汇集里包括课题组 20 世纪 80 年代以来到鄂伦春族生活的山村开展实地调研的鄂伦春语第一手资料，其中有一些已经成为鄂伦春语词汇组成部分的汉语借词等。这是因为，有关新事物的名称或叫法上用了不少汉语借词，所以我们在词汇集里将那些无法用鄂伦春语说清楚的汉语借词等列入书中。另外，我们还将对同一个事物的不同说法全部列入"其他发音形式及说法"栏里，目的是更好更多更全面地记录和保护严重濒危鄂伦春语的词汇系统。同一个词在同一种语言或同一个地区乃至同一个人中出现几种不同的说法确实让人感到十分惊讶。毫无疑问，这种现象的出现，从另一个角度说明该语言的严重濒危程度。这也和该民族语言的不经常性、不系统性、不完整性使用，以及借词的不断增加而出现的语言混合使用现象等有关。从这个意义上讲，我们也可以通过严重濒危鄂伦春语，进一步科学把握和论述一种语言到了严重濒危的程度后会出现同一个词的多样化发音、多样化语音结构、多样化使用形式等特殊现象。然而，所有这些，给鄂伦春语基本词汇的搜集整理带来不少困难和麻烦。在实际调研时，经常会遇到同一个地方、同一个村落、同一个发音合作人对于同一个词发音完全不同或有所不同的情况。下面举一些具体的例子进行说明。

（1）有对同一个词进行不同发音的情况，如把"云"、"气"、"天气"、

"蚊子"等词发音成 tugsu、sugar、buga、garmakta 的同时，还发音成 tuksu、ugar/aagar、bugaqa/buwaqa、nialmakta 等。其中有些词的发音形式甚至出现三种情况，不论让他们发音多少次，总是会发出不同的音，具有不稳定性、不确定性和可变性。

（2）有把词中长元音同时发作长元音和短元音的现象，如"江"、"漩涡"、"雪面微冻"、"猫"、"鸟"、"绿"等词发音成 muulën、orgeel、saanta、këëkë、qiibkan、quuturin 的同时，还发作 murën、orgil、santa、këkë、qibkan、quturin 等，有把词中长元音发为 uu、ee、aa、ëë、ii 的同时发作短元音 u、e、a、ë、i 的实例。

（3）有词中元音保存或脱落同时存在现象，如"鹿"、"白漂子鱼"等词同时发作 kumaka、yarukun 和 kumkan、yarkun。很显然，后一个发音中，第二音节的短元音 a、u 被脱落。其实，类似发音现象有不少。

（4）有词中辅音保存或脱落同时存在现象，如"闪电"、"蒿草"、"蚂蚱"等发音成 talken、kakgil、xixiqkun 的同时也发作 talen、kagi、xixkun。很显然，在有些人或有的发音中这三个词里的辅音 k、l、q 出现脱落现象。

（5）有双辅音保留和脱落现象同时存在的实例，如"刺猬"、"遗失"等词发音成 sëññë、ëmmë- 和 sëñë、ëmë-。

（6）有人将词尾元音发为弱化音，有人却保留原有语音形式，如"石头"、"野牛"、"葱"等发作 jolo、saralan、ëlu 的同时也发音成 jolë、sarlën、ëlë 等。

（7）有词尾音或词尾音节保留和脱落并存现象，如"雨"、"雾"、"草根鱼"、"马脖子上的鬃"、"瘊子"、"雀斑"、"架子"等词发音为 tikëtin、tamnan、körëgi、dëlën、uuktu、bëdërgë、tagtar 及 tikti、tamna、körë、dël、uu、bëdër、tag 等。

（8）有词首或词中辅音出现 s 与 p、s 跟 x、s 和 q、k 与 y、b 同 w、g 跟 ñ 之间产生对应关系的情况，如"暴风雪"、"喜鹊"、"火石"、"老雕"、"狍子"、"眼睛"、"胳肢窝"等词在发作 surgan、saajiga、sargi、kekqën、giwqën、yeesa、ogo 的同时也发音为 puugin、xaajiya、qargi、yekqën、 gibqën、yeexa、oñoni 等。

（9）有单纯词和合成词同时使用的案例，如"土坝"、"公狍"、"一岁野猪"、"瘸子"、"马夫"等词可以用单纯词 obo、guran、nuka、dokolon、moriqin 的形式表述，也能够用 tukal obo、aminan gibqën、ëmu baaqi toroki、dokolon bëyë、moriqin bëyë 等合成词表述。

（10）有将合成词及合成词缩合结构类型同时使用的情况，如"二月"、"五月"、"十二月"等词可以用复合词 juur bee、toñña bee、jaan juur bee 表述，也可以发音成其语音缩合结构类型的 juube、toñbe、jaan juube 等。

（11）借词里有将借词和音译加注词同时使用的实例，如"牡丹"、"木匠"、"菠菜"等发作 mudan、mujan、böse 的同时，还可以发音成 mudan ilga、mujan bëyë、böse sogi 等。

以上这些情况的出现，充分说明鄂伦春语已进入严重濒危状态，词汇使用和语言交流方面出现不规范、不稳定、不确定性。本书中把同一个词语的不同说法纳入"其他发音形式及说法"这一栏里，目的就是让人们更加全面清楚地认识和掌握鄂伦春语的词汇系统。当然，在那些不同发音形式和说法里可能有同语支语言、同语族语言、同语系语言里的不同同源词、共有词及特殊说法，也有来自不同语言的借词，不论怎么说，对于这些词汇的全面把握，对于我们了解严重濒危语言的现状、严重濒危语言的结构特征、严重濒危语言的词汇系统的变化均具有重要的学术价值和文献资料价值。

第一部分
严重濒危鄂伦春语语音系统

一 鄂伦春语元音

（一）鄂伦春语语音表

表1 鄂伦春语语音表

序号	转写形式	国际音标	序号	转写形式	国际音标	序号	转写形式	国际音标
1	a	a	10	k	k'	18	r	r
2	b	p	11	l	l	19	s	s
3	q	ʧ'	12	m	m	20	x	ʃ
4	d	t	13	n	n	21	t	t'
5	e	e			ŋ̩	22	u	u
6	ĕ	ə	14	ñ	ŋ			ʉ
7	g	k	15	o	o	23	w	w
8	h	x	16	ö	ɵ	24	y	j
9	i	i	17	p	p'	25	j	ʧ

其中，元音有 a [a]①、e [e]、i [i]、ĕ [ə]、o [o]、ö [ɵ]、u [u、ʉ] 7个，辅音有 b [p]、p [p']、m [m]、d [t]、t [t']、n [n、ŋ̩]、l [l]、r [r]、s [s]、g [k]、k [k']、h [x]、ñ [ŋ]、j [ʧ]、q [ʧ']、x [ʃ]、w [w]、y [j] 18个。

---

① 符号 [ ] 中的是鄂温克语字母的国际音标发音形式。

（二）鄂伦春语元音发音部位与方法

1. 鄂伦春语元音字母发音形式和方法

（1）a ➪ 展唇后高元音［a］

（2）e ➪ 展唇前次高元音［e］

（3）i ➪ 唇前高元音［i］

（4）ё ➪ 展唇央中元音［ə］

（5）o ➪ 圆唇后次高元音［o］

（6）ö ➪ 圆唇后次高元音［ɵ］

（7）u ➪ 圆唇后高元音［u］及圆唇高央元音［ʉ］

2. 鄂温克语有关元音字母的说明

（1）a、i、e、o 四个字母与实际发出的音［a］、［i］、［e］、［o］保持高度一致；

（2）ё、ö 两个元音字母分别替代了央元音［ə］、［ɵ］的发音形式。这是因为元音［ə］、［ɵ］的写法比较复杂，人们也不太熟悉国际音标中的这两个元音符号，所以就用印欧语系有关语言中使用的 ё、ö 两个字母取代了［ə］、［ɵ］的转写形式。

（3）u 这一元音在实际发音中有［u］与［ʉ］两种形式，但由于该语言严重濒危，人们很难辨别什么样的语音环境下用［u］或［ʉ］。按理来讲，［u］用于由阳性元音为主构成的词内，［ʉ］用于由阴性元音为主构成的词内，然而在实际发音时［u］与［ʉ］均可用于由阳性元音或阴性元音为主构成的词内，几乎失去了区别性使用的功能和作用。在这种情况下，用元音 u 取代了［u］与［ʉ］两种元音。

（4）鄂伦春语里除了以上提到的 a、ё、i、e、o、ö、u 7 个短元音之外，还有 aa、ёё、ii、ee、oo、öö、uu 7 个长元音，以及 ia、ie、iё、iö、iu、io、ua、uё 等复合元音。

二　鄂伦春语辅音

如上文所述，鄂伦春语有 p、pʻ、m、t、tʻ、n、ŋ、l、r、s、k、kʻ、

x、ŋ、ʧ、ʧ'、ʃ、w、j 19 个辅音。该词汇集里，为了撰写的方便，主要由 b、p、m、d、t、n、l、r、s、g、k、h、ñ、j、q、x、w、y 18 个字母组成鄂伦春语辅音系统，其中，将鼻辅音 n 与 ŋ 统合为 n。

（一）鄂伦春语辅音发音部位和方法

（1）b ⇨ 双唇不送气清塞音［p］

（2）p ⇨ 双唇送气清塞音［p'］

（3）m ⇨ 双唇浊鼻音［m］

（4）w ⇨ 双唇浊擦音［w］

（5）s ⇨ 舌尖前清擦音［s］

（6）d ⇨ 舌尖中不送气清塞音［t］

（7）t ⇨ 舌尖中送气清塞音［t'］

（8）n ⇨ 舌尖中浊鼻音［n］及舌面前浊鼻音［ȵ］

（9）l ⇨ 舌尖中浊边音［l］

（10）r ⇨ 舌尖中浊颤音［r］

（11）g ⇨ 舌面后不送气清塞音［k］

（12）k ⇨ 舌面后送气清塞音［k'］

（13）h ⇨ 舌面后清擦音［x］

（14）ñ ⇨ 舌面后浊鼻音［ŋ］

（15）j ⇨ 舌叶不送气清塞擦音［ʧ］

（16）q ⇨ 舌叶送气清塞擦音［ʧ'］

（17）x ⇨ 舌叶清擦音［ʃ］

（18）y ⇨ 舌尖中送气清擦音［j］

（二）鄂伦春语有关辅音的说明

（1）m、n、l、r、s、w 6 个辅音代表的就是国际音标中的［m］、［n、ȵ］、［l］、［r］、［s］、［w］6 个音。

（2）由于鄂伦春语塞辅音在发音方法上只有送气和不送气之别，无清浊音之分，因此用不送气的浊塞音［b］、［d］、［g］取代了不送气的清塞音［p］、［t］、［k］，同时用不送气的清塞音［p］、［t］、［k］代替了送气的清

塞音 ［p'］、［t'］、［k'］。

（3）由于鄂伦春语塞擦音在发音方法上具有送气和不送气之别而无清浊音之分，所以用 j 和 q 两个字母替代了不送气的清塞擦音 ［ʧ］与送气的清塞擦音 ［ʧ'］。很显然，j 代替了 ［ʧ］，q 则用于转写送气的清塞擦音 ［ʧ'］。

（4）鄂伦春语清擦音 ［ʃ］由字母 x 来替代。

（5）该词汇集里，舌面后浊鼻音 ［ŋ］的转写形式由 ñ 来代替。

（6）鄂伦春语中的舌尖中送气清擦音 ［j］用 y 字母取而代之。

（7）鄂伦春语字母 n 主要转写国际音标中 ［n］与 ［ɳ］的发音形式。事实上，这两个鼻辅音属于两个不同发音部位的产物，只是考虑到转写的方便，用 n 取代了 ［ɳ］音。

（8）鄂伦春语里还有 ns、jk、jg 等复合辅音，以及 bb、mm、tt、nn、ññ、ll、rr、gg、kk 等重叠式辅音。

三　相关说明

（1）词汇集中词汇的排列形式是汉语、鄂伦春语、其他发音形式。为了查找方便，将汉语对照词汇放在第一栏。

（2）词汇集中的词汇按照名词、代词、数词、量词、形容词、动词、副词及其他虚词的顺序进行排列。其中，名词的排序又分为自然现象/自然物类名词、动物类名词、植物类名词、人与亲属称谓及人体结构类名词、生产生活用品用具类名词、社会文化类名词、宗教信仰类名词、医学类名词、方位时间类名词、国家名称类名词等。

（3）名词、数词、形容词、动词等词汇系统里，省去了大量由其他词派生而来的词汇实例。例如，由名词、形容词、数词等派生的动词，或由动词派生的名词、形容词等。

（4）词汇表中收入的动词，属于词根或词干部分，将动词词根或词干后面表示不同语法概念的词缀全部省略。同时，在动词词根或词干后面标上 "－" 符号。

（5）虚词部分收入了使用率高、使用面广、有一定代表性的副词、感叹词、语气词、连词等。

（6）借词中除了在鄂伦春语里常用的汉语与蒙古语借词之外，还有个别俄语借词等。

（7）鄂伦春语词汇里多义词有很多，但在该词汇集里只选定了最具代表性的、最核心的词义，由此，会出现同一个汉语词义用不同鄂伦春语表示的特殊现象。

（8）词汇集表格里，对某一词义概念有不同发音形式或说法时，基本上按照使用率高低作了前后排序。同时，用斜线"/"符号把不同的词分开。

（9）词汇集表格内，还收入了单纯词、合成词、音译加注词、借词等一同表示某一个词义的实例，以此说明鄂伦春语语用现象的复杂性，以及严重濒危状态下出现的词用不规范、不稳定、不同一现象。

第二部分
严重濒危鄂伦春语基本词汇

一 名词

1. 自然现象/自然物类名词

序号	汉语	鄂伦春语	其他发音形式
1	天空	buga	abka/buwa
2	空气	sugar	awar
3	天气	buga	bugaqa/buwaqa
4	太阳	dilaqa	xiwun
5	阳光/光	ilaan	
6	光阴	galman	ilaagan
7	晨光	nëerin	
8	光亮	gëgën	
9	黎明	jabkara	
10	月亮	beega	
11	月光	gilaan	sargin
12	月牙	koltuh	
13	圆月	murgin	
14	星星	ooxikta	

序号	汉语	鄂伦春语	其他发音形式
15	北斗星	dilhan ooxikta	ëwlën
16	启明星	qolpon	
17	牛郎星	igëri unaaji ooxikta	
18	织女星	jorgañ	
19	流星	garpa	garpa ooxikta
20	光	ilaan	
21	风	ëdin	
22	龙卷风	origel ëdin	
23	雨	tikëtin	tigdë/tikti/udin
24	雨点	sabudan	qurkita
25	甘雨	nëmur	
26	晴雨	hojeen	
27	毛毛雨	urërë	
28	大雨	sonon	saagin
29	暴雨	uuñkun	hakdin
30	虹	xeerun	
31	云	tugsu	tuksu
32	彩云	ulbar	
33	霞	dalgan	nëñgir
34	晚霞	dalgan	
35	雾	tamnan	tamna
36	气	sugar	ugar/aagar
37	瘴气	saŋin	
38	霭气	qamdan	huden

续表

序号	汉语	鄂伦春语	其他发音形式
39	烟气	suman	unian
40	露水	xilëksë	
41	白露	saan	saanga
42	寒露	gëbti	qaawën
43	霜	gësun	ikxan
44	霜冻	gëgtibun	
45	雪	imana	
46	雪片	laksa	
47	暴风雪	surgan	puugin
48	雪面微冻	saanta	santa
49	春雪凝冻	qargi	
50	冰雹	bogona	bogana
51	闪电	talken	talen
52	雷	agdi	
53	雷声	agdiwun	
54	气候	awar	
55	地	tur	na/buga
56	地面	na	
57	地壳	kurun	kuru
58	地势	arbun	
59	地脉	xiran	
60	地理	naqin	gisum
61	地球	boñatur	
62	地洞	yëwurë	

序号	汉语	鄂伦春语	其他发音形式
63	地震	yëwurgë	bugañi yëwurgë
64	自然界	bigan	
65	天干	qiktën	
66	甲	nioñgen	kuku
67	乙	kukukqin	
68	丙	ularin	
69	丁	ulakqin	
70	戊	xiñan	
71	己	xiñakqin	
72	庚	qigan	
73	辛	qigakqin	
74	壬	sakalin	
75	癸	sahakqin	
76	地支	gargan	ërgëtën
77	子	xiŋëri	axigqan
78	丑	ukur	
79	寅	tasaki	bar
80	卯	tuksaki	
81	辰	mudur	
82	巳	kulin	
83	午	morin	
84	未	kunin	
85	申	monio	baqi
86	酉	kakara	

序号	汉语	鄂伦春语	其他发音形式
87	戌	ñanahin	
88	亥	ulgeen	
89	土	tukal	
90	领土	bana	ba
91	尘土	toorol	
92	尘埃	toosun	
93	飞尘	burgen	
94	泥	xiwar	
95	泥泞	telbaha	nilqan
96	水沟	go	sonaga
97	石头	jolo	jolë
98	青石	kuk jolo	kuk jolë
99	岩石	kada jolo	kada jolë
100	磨石	lëkë	
101	磐石	ukur jolo	ukur jolë
102	打火石	sargi	togo jolo/togo jolë
103	河流石	kari	dula
104	小石子	jagar	
105	沙子	iña	iñaqqi/xirgi
106	沙粒	xirgi	
107	沙漠	iñaqqi buga	iñaqqi
108	沙丘	mañka	
109	戈壁	gobi	tajigër
110	平原	tal	

序号	汉语	鄂伦春语	其他发音形式
111	野外	këwër	këwër buga
112	山	urë	ur
113	大山	urëlën	urlën/ëgdi ur
114	天山	bugada urë	bugda ur
115	矮平山	ala	
116	山岭	dabagan	urëbtën
117	岩山	kada	kada ur
118	山顶	oroon	
119	山尖峰	qokqun	
120	半山腰	keka	bësër
121	山坡	mugërtu	dobë
122	山陡坡	daban	daba
123	山慢坡	ënëskun	
124	丘陵	dow	
125	悬崖	xibëgër	xigsan
126	陡壁	igqi	
127	山岳	solkon	hayirga
128	山梁	mul	daran
129	山梁尽头	hoxigon	
130	山肋	ëbqi	
131	山斜坡	këgdërkën	nalugur
132	山嘴	mudun	amgar
133	小山梁	jidën	sumir
134	小山坡	mela	obogër

续表

序号	汉语	鄂伦春语	其他发音形式
135	山岗	muñga	
136	山陡坡	hëjig	
137	山额	sëñgin	
138	山阳坡	antu	
139	山阴坡	boso	boxogo
140	山脚	bëtkë	bëgdër
141	山根	butën	ogon
142	山弯	mudan	
143	山谷	jalar	hobog
144	山洞	ultëhë	gaxin
145	岩山	kadar	kada urë
146	荒山	kunta	
147	山沟	yokon	
148	山缝	wëyrën	jabkara
149	山道	jowa	
150	山区	urë buga	urëqën
151	桥洞	guldun	
152	涵洞	guldur	
153	窟窿	saŋa	ultëkë
154	穴	ëlu	
155	鼠洞	jorun	
156	水	muwë	muu
157	瀑布	purgin	
158	海	mudëri	

序号	汉语	鄂伦春语	其他发音形式
159	海滩	subki	jabkir
160	海边	dëgën	
161	海啸	dëbën	xoowun
162	海湾	mudan	mëdin
163	海岛	argan	
164	大洋	namu	
165	潮水	purgin	urgin
166	浪	dalbagan	
167	大浪	dolgen	aayi
168	水浪	qalgin	
169	波澜/波涛	ërën	dabalan
170	水纹	iralji	
171	鱼行水纹	iral	
172	湖	amuji	amaji
173	江	muulën	murën
174	河	bira	golë
175	小河	birakan	
176	河床	do	
177	河口	dabtun	amgaji
178	河岸	mëktin	nëëkë
179	河坡	ëgëlën	
180	河滩	ëgër	nërgin
181	河崖	ñëëkë	nëëkqi
182	河汉	ayan	

续表

序号	汉语	鄂伦春语	其他发音形式
183	河底	ërën	ër/ birañi ër
184	河沟	uguru	moñko
185	河湾子	mugdin	ërgin
186	河源	dërën	dërë
187	水流/河流	ëyën	
188	上游	dëgën	
189	下游	ëgën	
190	支流	salagir	pëxig
191	河坝/堤	dalan	
192	埽	urge	
193	河对岸	bargila	
194	土坝	obo	tukal obo
195	沙滩	jobki	
196	溪	birakan	
197	漩涡	orgil	orgeel
198	激流	surgin	
199	激流不冻处	karajan	
200	流动水	ëyën	ëyëën
201	湍流	kargi	
202	洪水	uyir	
203	泊	ëlgën	amji
204	死水	kargi	
205	蓄水池	kulu	muulen
206	池塘	ayan	

续表

序号	汉语	鄂伦春语	其他发音形式
207	潭	tuŋgu	
208	泉	bular	bulagar〉bulaar〉bular
209	井	kudir	
210	沟	kooñdo	gooriki
211	渠	suban	
212	渡口	ëdëlgë	aragan
213	港口	xalqig	
214	沼泽	niltën	
215	沼泽地/湿地	labda	
216	水泡	köösö	
217	水面绵苔	nioñga	noñga
218	水点	sabdan	
219	冰	umuksu	umus
220	冰片	kayir	
221	冰冻	gëgti	
222	冰窟窿	qorgo	
223	淹凌水	buuge	
224	闸	kadi	
225	火	togo	too
226	无焰火	dula	dol
227	火光	ilaan	ilgan
228	火星	togo ooxikta	
229	火夹子	ëyiku	
230	灰	ulëbtën	

续表

序号	汉语	鄂伦春语	其他发音形式
231	烟	saññan	sañan
232	浓烟	aksun	
233	金子	altan	
234	铜	gooli	
235	红铜	giwun	geyin
236	黄铜	soyan	
237	铁	sëlë	sël
238	钢	gan	
239	锡	toklon	
240	银子	mëwën	möwön
241	铅	tooli	
242	铁丝	urë	sël urë
243	铁锭	holboku	sël tibkër
244	铁皮	tarbal	tepi
245	煤	yaaga	mëy
246	木炭	dalgan	
247	宝	ërdëni	ërdën
248	玉	kas	
249	翡翠	suyañgo	
250	玛瑙	manu	manu jolë
251	琥珀	bosil	
252	水银	gilta	mëwën muu
253	钻石	alimar	almar
254	珍珠	tana	

序号	汉语	鄂伦春语	其他发音形式
255	鸡石	goolji	

2. 动物类名词

序号	汉语	鄂伦春语	其他发音形式
1	动物	aretan	ërgëtën/ërgëqi
2	野兽	gurën	bëyñë
3	象	jaan	xawun
4	虎	tasaki	tasakë
5	公虎	mukan	ëtirgën tasaki
6	母虎	birën	atirgan tasaki
7	彪	targan	targas
8	狮子	arqalan	
9	豹	yargan	
10	黑豹	kara yargan	yargan
11	白豹	gilkuta	bagdarin yargan
12	金钱豹	irkis	
13	海豹	lëpu	mudëri yargan
14	貂	sarki	
15	公貂	luñgu	aminan sarki
16	母貂	ayiki	ëninën sarki
17	豺	kureel	
18	狼	guskë	guykë/ñëëlukë
19	狐狸	sulaki	

续表

序号	汉语	鄂伦春语	其他发音形式
20	白狐狸	qindakan	bagdarin sulaki
21	沙狐	kiras	
22	狸	ujirki	
23	猞猁	tibjiki	
24	小猞猁	luka	
25	貉子	ëlbëkë	ëlbër
26	熊	ëtirgën	baabar
27	一岁熊	utuki	tañkir
28	二岁熊	jukti	oyogon
29	棕熊	naxi	tuur
30	公棕熊	sat	ëtirgën ëtirgën
31	母棕熊	sathan	atirgan ëtirgën
32	黑熊	mojikin	wёñën
33	公黑熊	ëtugën	ëtirgën wёñën
34	母黑熊	sari	atirgan wёñën/matugan
35	猩猩	abgalde	
36	猿	saran	saramakqi
37	猴	monio	saramji
38	麒麟	sabitun	
39	犀牛	ika	
40	野骆驼	boor	
41	野马	takin	
42	野骡子	qiktun	
43	鹿	kumaka	kumkan

续表

序号	汉语	鄂伦春语	其他发音形式
44	四不像	oroon	
45	公鹿	mabu	aminan kumaka
46	母鹿	mabukan	ëminën kumaka
47	鹿羔	oxankan	nialka kumaka
48	一岁鹿	ankan	ankan kumaka
49	二岁鹿	jinoko	jinoko kumaka
50	三岁鹿	wënnër	wënnër kumaka
51	野角鹿	irën	
52	驼鹿	kandakan	
53	驼鹿羔	nerkosa	
54	一岁驼鹿	tooko	tooko kandakan
55	三岁驼鹿	anami	anami kandakan
56	母驼鹿	ëniyën	ëminën kandakan
57	公驼鹿	amiyan	aminan kandakan
58	马鹿	ayan	
59	梅花鹿	bog	
60	狍子	giwqën	gibqën
61	公狍	guran	aminan gibqën
62	母狍	oniyo	ëminën gibqën
63	二岁狍	jusan	jusan giwqën
64	三岁狍	uyan	uyan giwqën
65	黄羊	jëgrën	
66	黄羊羔	injikan	talkir
67	公黄羊	ono	aminan jëgrën

续表

序号	汉语	鄂伦春语	其他发音形式
68	母黄羊	onokon	ëminën jëgrën
69	獐子	xirga	
70	公獐	argat	aminan xirga
71	母獐	argatkan	ëminën xirga
72	獐羔	margan	nialka xirga
73	獾子	ëwëri	ëwër
74	猪獾	mañgis	
75	老獾	akdan	
76	獾崽	yandag	niqukunëwëri
77	青鼬	karsa	
78	艾虎	kurën	
79	兔子	gulmahun	tuksaki
80	白兔	qindaka	
81	野兔	mamuku	
82	刺猬	sëññë	sëñë
83	鼠兔	oktono	
84	老鼠	xiñëri	ënikën
85	鼬鼠	solugi	
86	灰鼠	uluki	
87	松鼠	borokto	
88	田鼠	urguñqi	
89	鼹鼠	oktono	bili ënikën
90	跳鼠	alakdaka	
91	豆鼠	jombar	

序号	汉语	鄂伦春语	其他发音形式
92	盲鼠	nomo	
93	鼯鼠	dobi	
94	黄鼠狼	soloki	soologe/soolge
95	野猪	toroki	
96	大野猪	aytan	
97	公野猪	aydan	aminan toroki
98	母野猪	sakda	ëminën toroki
99	野猪崽	mikqa	
100	出生几个月的野猪	surga	
101	一岁野猪	nuka	ëmu baaqi toroki
102	二岁野猪	sorka	juu baaqi toroki
103	獠牙野猪	ayikta	
104	老野猪	ayiktalan	
105	猪	ulgeen	ulgen
106	白蹄猪	balda	baldagan
107	公猪	bultun	
108	种猪	atmal	
109	大公猪	yëlu	ëgdi bultun
110	小公猪	bultugun	niqu bultun
111	母猪	mëgëji	
112	老母猪	mëgëjilën	
113	骟过的猪	mëgër	
114	猪崽	mikan	momokan
115	半岁猪	arda	torgo

续表

序号	汉语	鄂伦春语	其他发音形式
116	海獭	kaligu	kaligun
117	水獭	juukin	
118	公水獭	algin	aminan juukin
119	母水獭	uki	ëminën juukin
120	水獭崽	imëskën	juukin
121	旱獭	tarbaki	
122	江獭	lëkërhi	
123	蝙蝠	nëmëkëldun	
124	飞禽	dëyi	dëyilën
125	鸟	qiibkan	qibkan/dëyi
126	凤凰鸟	gardi	
127	鸾	garuñga	
128	雁	niunnaki	
129	鹈鹕	kuta	
130	鸨	todog	toodog
131	雀	qinëkën	dëyi
132	麻雀	qinëkë	
133	斑雀	tuutuge	
134	凭霄雀	tugi	
135	水花冠红脖子鸟	tugeel	
136	朱顶红	qalikun	
137	苇鸟	kuñqi	kuñqi qiibkan
138	元鸟	turak	turak qiibkan
139	乌鸦	gaaki	turaki qiibkan

序号	汉语	鄂伦春语	其他发音形式
140	松鸦	iska	
141	花脖鸦	ayan	
142	燕子	jiljima	
143	紫燕	xiwin	xiwin jiljima
144	寒燕	biran	biran jiljima
145	越燕	urigan	urigan jiljima
146	喜鹊	saajiga	xaajiya
147	老鹰	yeekin	igëqën
148	苍鹰	idulkën	
149	小鹰	giakun	
150	小黄鹰	jawugta	
151	鱼鹰	suwan	
152	老雕	kekqën	yekqën
153	白雕	iska	
154	海青	xoñkor	
155	海鸥	kilakun	qinakun
156	游隼	naqin	
157	燕隼	xilmën	
158	鸥鹀	uliñqi	
159	猫头鹰	mërmëtë	
160	林鹀	kumgi	
161	啄木鸟	tontoki	ilakta
162	啄木鸟的斑毛	yolokto	
163	布谷鸟	gëkku	këkku

续表

序号	汉语	鄂伦春语	其他发音形式
164	丹顶鹤/仙鹤	bulki	
165	丘鹬	yaksa	
166	鹬	sooqal	
167	灰鹤	toglor	
168	鹳	urijin	uriji
169	孔雀	todi	sooldoldi
170	乌鸡	garasu	tëgëlën
171	野鸡	korgol	
172	飞龙鸟/沙鸡	iiñki	
173	鹦	soron	
174	鹭鸶	goqike	waqiki
175	鹦鹉	iñgël	
176	鹌鹑	ququki	
177	鸥	gilagun	gilun
178	秃鹫	taskar	
179	狗鹫	yolo	
180	鸳鸯	nikiqen	
181	八哥	bañgu	
182	画眉	alaar dëyi	alaakta
183	黄鹂	guli	
184	白脖乌鸦	taŋko	
185	青鸦	garaki	
186	戴胜	öpöpe	öpööpe
187	斑鸠	tuulge	

续表

序号	汉语	鄂伦春语	其他发音形式
188	莺	yargi	
189	鸡	kakara	kakra
190	小鸡	qubqu	
191	公鸡	aminan	aminan kakra
192	母鸡	ëminën	ëminën kakra
193	鹅	qarka	
194	鹬	silmën	
195	天鹅	urqe	
196	鸭子	niiki	niikiqën
197	黄鸭	añgir	
198	小尾鸭	soxil	
199	鸽子	tutuye	
200	蝙蝠	labtuke	
201	猫	këkë	këëkë
202	山猫	mala	
203	狗	ñanakin	
204	公狗	muutë	gure
205	母狗	ququhë	yatu
206	狗崽	gulgë	
207	小狗	kaqhan	kashan
208	四眼狗	durbë	durbë ñanakin
209	玉眼狗	qirgi	
210	白脖子狗	alga	alga ñanakin
211	白鼻梁狗	kalja	kalja ñanakin

续表

序号	汉语	鄂伦春语	其他发音形式
212	猎犬	tayga	lëntë
213	藏獒	yolo	sarga
214	哈巴狗	baal	baal ñanakin
215	牲畜	adgus	adahun
216	牲口	adsun	irgiqën
217	牲畜胎	suqi	
218	牛	ukur	
219	野牛	saralan	sarlën
220	牤牛	bukqan	buka
221	黄牛	ërgëël	sarag
222	无角牛	mokor	
223	生牛	dalbi	ëmneel morin
224	乳牛	unigën	
225	牛犊	tokqan	ëmu baaqi tokqan
226	二岁牛	itën	juu baaqi tokqan
227	三岁牛	guna	ila baaqi tokqan
228	四岁牛	dunë	diyi baaqi tokqan
229	牦牛	sarlar	
230	水牛	muulën	
231	羊	kunin	
232	羊羔	kurbë	körbö
233	公羊	kuqi	aminan kunin
234	母羊	bosa	ëminën kunin
235	骟过的羊	irgë	

序号	汉语	鄂伦春语	其他发音形式
236	山羊	imagan	
237	骆驼	tëmëgën	lukta
238	马	morin	
239	马驹	niookon	niookon morin
240	刚刚出生的马	inagan	inag
241	小马	daaga	daaga morin
242	二岁马	suquka	suquka morin
243	三岁马	artu	artu morin
244	四岁马	seebtu	seebtu morin
245	生马	ëmnin	ëmnin morin
246	种马	adirga	adirga morin
247	骟过的马	akta	akta morin
248	母马	gëëg	gëëg morin
249	骏马	kulug	kulug morin
250	赛马	bayga	bayga morin
251	白马	qaaral	qaaral morin
252	红马	jëërdë	jëërdë morin
253	红沙马	boorol	boorol morin
254	栗色马	kurin	kurin morin
255	枣骝马	këyër	këyër morin
256	铁青马	taywar	taywar morin
257	淡黄毛马	koñgor	koñgor morin
258	米黄毛马	xirga	xirga morin
259	黑鬃黄马	kula	kula morin

续表

序号	汉语	鄂伦春语	其他发音形式
260	浅黄毛马	kuwa	kuwa morin
261	海骝毛马	kaylun	kaylun morin
262	黑青马	kara	kara morin
263	菊花青马	tolbotu	tolbotu morin
264	喜鹊青马	ulun	ulun morin
265	豹花马	qokor	qokor morin
266	花斑马	alga	alga morin
267	强性马	qañga	qañga morin
268	温性马	nomokiqim	nomoki morin
269	劣性马	dokqin	dokqin morin
270	驽马	kaxin	kaxin morin
271	笨马	bidugan	bidu morin
272	胆小马	olika	olika morin
273	驴	ëygëën	ëljig
274	骡	morikan	löös
275	虫子	kulikan	
276	蝉	jibgirë	
277	蚕	ixibqi	
278	蚕丝	xiligis	xilim
279	蝈蝈	gurgër	
280	蜜蜂	juguktu	
281	黄蜂	iigigtë	
282	马蜂	morin jugugtu	
283	蝴蝶	dondoki	koolde

续表

序号	汉语	鄂伦春语	其他发音形式
284	小蝴蝶	dondo	
285	蛾	bölbökön	
286	扑灯蛾	pupëlji	
287	萤火虫	gilgan	utawki
288	毛毛虫	ñooñgoke	
289	蜻蜓	gidawki	
290	苍蝇	dilkuwën	dilkën/dilkëqën
291	绿豆蝇	uniaki dilkëqën	
292	麻豆蝇	bor dilkëqën	
293	蛆虫	uñul	
294	蚊子	garmakta	nialmakta
295	大黄蚊子	bugun	
296	蜘蛛	aatake	
297	黑蜘蛛	basa	konnorin aatake
298	虻	irkëktë	
299	墨蚊/小咬	qurmuktu	
300	蝎子	isël	isëlji
301	蜈蚣	ikëlë	
302	螳螂	tëmëgëlji	tëmëlji
303	尺蠖	toñoorlon	
304	蠓	oyilji	
305	蟋蟀	qoriñki	
306	蚂蚱	xixkun	xixiqkun
307	蚱蜢	qaarqa	

续表

序号	汉语	鄂伦春语	其他发音形式
308	蝗虫	taagdakun	
309	蝗蛹	unika	
310	蜣螂	sakalan	nañal
311	蝲蝲蛄	lalagu	
312	蚂蚁	iriktë	
313	蟑螂	altan kulikan	
314	蛔虫	uxiga	xirgën
315	蚜虫	misun	
316	蚂蟥	midkan	
317	臭虫	gulëmkë	qëwqun
318	跳蚤	sur	xura
319	虱子	kumkë	
320	虮子	uktë	
321	蜱	bixir	
322	狗虱	gubil	
323	白蚱	sër	sërëël
324	蚯蚓	mëërtë	
325	蛇	kulin	
326	蟒蛇	tabjin	
327	龙	mudur	loosë
328	蛟	namida	
329	壁虎	sëri	irilji
330	蛙	ërëki	
331	青蛙	morin ërëki	

续表

序号	汉语	鄂伦春语	其他发音形式
332	蝌蚪	irgilën	
333	鱼	imaka	olo／ollo
334	公鱼	atuka	
335	母鱼	atu	
336	鱼子	qurku	tolgi
337	鱼卵／鱼子	turigu	
338	鱼秧子	onir	tixë
339	小鱼	niqa	
340	鱼群	mara	
341	鱼鳔	ugar	
342	鱼鳍	sëlir	sërbë
343	前鳍	uqika	juligu sërbë
344	后鳍	ëtkë	amigu sërbë
345	鱼鳞	ëhihxë	
346	鱼鳃	sëñkër	xarna
347	鱼刺	haga	
348	鱼白	usat	
349	鱼油	nomin	
350	鲤鱼	murgu	
351	小鲤鱼	xili	këëlbën
352	鲇鱼	daaki	
353	鲫鱼	këltëk	
354	狗鱼	qukqumun	qukqu
355	鳊花鱼	kaygu	

续表

序号	汉语	鄂伦春语	其他发音形式
356	鲭鱼	usël	
357	鳏鱼	takun	taku
358	鳟鱼	jëëlu	
359	泥鳅鱼	uya	jibgën
360	鳇鱼	ajin	
361	白鱼	saqihi	
362	金鱼	altan olo	
363	草根鱼	körë	körëgi
364	细鳞鱼	yora	
365	红尾鱼	suñga	
366	柳根鱼	ulëm	ulëm olo
367	松花鱼	ogsoñgi	
368	牛尾鱼	ukur irgi	gurulji
369	葫芦仔鱼	arsa	
370	河鱼	okqun	
371	白鲅鱼	yabsa	gilgan
372	重嘴鱼	juwkë	
373	鲟鱼	kirbu	
374	大马哈鱼	keeta	tagun
375	鳗鱼	kowor	koñgor
376	干鲦鱼	sëqë	sëqë olo
377	筋斗鱼	urqin	urqin olo
378	花季鱼	uwaga	uwaga olo
379	大头鱼	laksa	

续表

序号	汉语	鄂伦春语	其他发音形式
380	方口鳊头鱼	dawak	
381	白漂子鱼	yarukun	yarkun
382	白带鱼	giltun	
383	白鲦子鱼	loko	
384	白鲩鱼	uya	gilgun
385	鲳鱼	tajigu	
386	黄鱼	musur	musur olo
387	鲸鱼	sargan	sargan olo
388	鳝鱼	morgolji	morolji olo
389	鲹鱼	kadra	
390	细鳞梭鱼	ugur	uur
391	鲞鱼	ximgën	
392	鲈鱼	sakam	
393	海马	arma	armahu
394	河豚	koska	
395	海参	kijim	
396	鲨鱼	dëpu	
397	螃蟹	samura	kabqoke
398	鳖/甲鱼	ajahum	
399	龟	kawal	
400	蚌	takira	
401	海螺	burën	purë
402	螺	quker	buugu
403	贝	kisug	

序号	汉语	鄂伦春语	其他发音形式
404	虾	gabkur	
405	河蟹	kabqike	arbagu
406	甲壳	kurë	jiakë
407	獠牙	soyo	
408	马鼻梁	kañxir	darun
409	马脑门上的鬃	kugul	saral
410	马脖子上的鬃	dëlën	dël
411	尾鬃硬毛	saka	xilgasu
412	马胸	tulë	
413	马奶子	qëgën	qëgë
414	马膝骨	takim	
415	马脚后跟	borbi	
416	马小腿	xirbi	xilbi
417	马蹄	uruun	
418	蹄心	omo	
419	蹄掌	weka	
420	尾巴	irgi	morini irgi／halgi
421	马印子	doron	toru
422	角	iigë	irgë
423	角根	gil	
424	鹿茸	pëntu	
425	兽类下颏	baldak	
426	兽类肷皮	qabi	
427	兽蹄	taka	uruun

序号	汉语	鄂伦春语	其他发音形式
428	爪子	sarbaktan	sarbak
429	兽类趾甲	uxika	
430	翅膀	axaki	dëbtilë
431	毛	iñakta	
432	厚毛	luku	
433	短毛	norga	uktun
434	卷毛	borjigir	
435	绒毛	noñgar	
436	毛梢	solmi	somgi
437	皮	nana	nanë
438	皮毛	urdëk	
439	狍皮	gilaqi	giwqëñi nana
440	貂皮	bolga	sarkiñi nana
441	黑貂皮	sakaqi	
442	猞猁狲皮	tibjikiqi	
443	狐狸皮	dokiqi	sulakibqi
444	羊皮	kuniqi	
445	山羊皮	imagaqi	
446	牛皮	ukuqi	ukuñi nanë
447	去毛皮	ilgin	këbis
448	去毛鹿皮	buki	
449	股皮	sarin	
450	皮条	sor	sor uxi
451	兽类乳房	dëlën	

续表

序号	汉语	鄂伦春语	其他发音形式
452	胎盘	tĕbkĕ	
453	胚内血块	balakta	norji
454	兽胎	suqi	
455	蛋	umukta	
456	蛋壳硬皮	qotko	
457	蛋壳嫩皮	numuri	
458	蛋清	soko	xilgi
459	蛋黄	uurgu	
460	羽毛	uñgal	iñakta
461	尾羽	gindaka	
462	酕毛	nuñgar	
463	鸟嘴	toñki	
464	嗉囊	oñgo	
465	鸟/鸡胸脯	alja	
466	斑纹	bĕdĕri	
467	兽尾白毛	kikdaka	
468	驼峰	bokto	bogor

3. 植物类名词

序号	汉语	鄂伦春语	其他发音形式
1	木/树	moo	
2	苗	nuñgiya	nuñgia
3	芽	nuya	
4	种子	urĕ	

序号	汉语	鄂伦春语	其他发音形式
5	小树	noya	
6	叶	abdanan	nabqi
7	嫩叶	nilakar	
8	树枝	gara	
9	枝梢	subkë	qaalbar
10	茎	bëyin	tëxi
11	藤	muxirë	muqi
12	树梢	lawan	
13	树皮	tal	ërëktë/ilaksë
14	树嫩皮	umri	
15	树根	nimtë	tëkën
16	树盘根	urelji	
17	木墩子	uñku	
18	树干	bëyin	gol
19	桅杆	qiktə	tolo
20	树杈	aqa	
21	树汁	sugsën	
22	汁液	suursu	mooñi suursu
23	柳絮	oñgar	
24	仁儿/籽	qëmu	
25	刺	u	urumu
26	树节子	botokon	
27	树小节	këtu	
28	树包	agali	mooñi këtu

续表

序号	汉语	鄂伦春语	其他发音形式
29	树疖	gësu	
30	树孔	uñga	
31	果子	tubku	
32	竹子	sus	susë
33	苇子	kulqin	kulkun
34	穗子	suykë	
35	樟	jañga	
36	柏	maylasun	
37	松树	jagada	jagda
38	水松	mogdan	
39	果松	koldo	
40	落叶松	irëëktë	
41	红松	kolton	ularin jagda
42	松子	kuriktu	xiktë
43	松针	adar	
44	松脂	sakag	nilqa
45	梧桐	urañga	
46	山桐子	ilko	
47	桑树	nimala	nimala moo
48	白桦树	qaalban	bagdarin qaalban
49	黑桦树	tibkur	koñnorin qaalban
50	桦树皮	tal	
51	柳树	botgon	xeekta
52	柳条	burgan	

序号	汉语	鄂伦春语	其他发音形式
53	河柳	suka	
54	红柳	ikaktin	
55	杏树	guylësun	guylësun moo
56	梨树	xiluktë	xiluktë moo
57	核桃树	koota	koota moo
58	山核桃树	kuxigan	kuxigan moo
59	杨树	uluka	uluka moo
60	槐树	gërën	gërën moo
61	枫树	kolo	kolo moo
62	山槐	gorokto	
63	紫檀	jandan	
64	檀	qakur	
65	楠木	anakun	namkil moo
66	椴木	ëriktë	ëriktë moo
67	枸树	kanta	kanta moo
68	柞树/橡子树	mañgakta	mañgakta moo
69	榛子树	xixakta moo	
70	稠李子树	iñëktëni moo	
71	山丁子树	moliktëni moo	
72	椿树	jalgasu	jalgasu moo
73	杉树	untakun	untakun moo
74	榆树	kaylasun	kaylasun moo
75	山榆	uxiktë	
76	冬青树	koktolan	

续表

序号	汉语	鄂伦春语	其他发音形式
77	椴树	irëktë	ilakta moo
78	水柳	iwagta	
79	沙果树	aaligni moo	
80	枣树	sorni moo	
81	酸枣树	bula	bula moo
82	山楂树	jisuktë	jisuktë moo
83	葡萄树	mëquni moo	
84	山藤	ënirkën	
85	山麻	qañgi	qañgikta
86	野麻	kiga	
87	蓖麻	damas	
88	花椒树	usëri	
89	树林	kusa	moosol
90	密林	xiyi	
91	灌木	xilëbur	
92	丛树	bot	botag
93	无皮古树	kobkokto	kobkog
94	朽木	ibtë	
95	棉花	kuwun	
96	花	ilga	
97	牡丹	mudan	mudan ilga
98	山丹	sarana	sarana ilga
99	海棠	ulagan	ulagan ilga
100	菊花	udwal	udwal ilga

序号	汉语	鄂伦春语	其他发音形式
101	芙蓉	qaqurga	qaqurga ilga
102	荷花	badma	badma ilga
103	梅花	aril	aril ilga
104	杏花	guylës	guylës ilga
105	兰花	qañgen	qañgen ilga
106	木兰花	mulgan	mulgan ilga
107	玉兰花	guñkër	guñkër ilga
108	紫罗兰	xiñabal	xiñabal ilga
109	莲花	lens	lens ilga
110	桃花	toor ilga	
111	玫瑰花	samur	samur ilga
112	丁香花	nimtë	nimtë ilga
113	茶花	ladagi	ladagi ilga
114	山茶花	saka	saka ilga
115	桂花	gabira	gabira ilga
116	水仙花	sëñgid	sëñgid ilga
117	月季花	nilar	sarni ilga
118	四季花	ërilën	
119	鸡冠花	sëñgël	bilgar
120	金钱花	jiga ilga	
121	金盏花	giltuna	giltuna ilga
122	瑞香花	sabir	sabir ilga
123	杜鹃花	urë ilga	
124	百合花	awakta	awtaka

续表

序号	汉语	鄂伦春语	其他发音形式
125	水葱花	mukël	
126	茉莉花	mëli ilga	
127	迎春花	kokdo	okdor ilga
128	玉簪花	puliwar	
129	红花	ularin ilga	
130	芍药花	sona	
131	蔷薇	sañkokqi	jamur ilga
132	罂粟花	nëlgër	tamugan ilga
133	芦花	uruñgar	
134	花心	jilka	ilga urkan
135	花瓣	jëntëk	nabtakan
136	花骨朵	boñko	
137	草	orokto	
138	草坪	oroktolon	këbis
139	茅草	kagi	
140	青草	nogo	orohon
141	荒草	kagda	jëlgëktë
142	紫草	jamur	
143	狗尾草	kari	kargi
144	兰草	ënji	
145	艾草	suyka	
146	野艾草	agi	kumuli
147	黄艾	kërëël	kërëlji
148	马兰草	qakildag	

序号	汉语	鄂伦春语	其他发音形式
149	兴安岭的落籽草	alisun	
150	葶苈	abun	
151	苜蓿	morko	
152	席草	nixikta	dërësun
153	苍耳子	sëñgët	
154	蝎子草	gabtagga	gabta orokto
155	鬼针	kilgana	
156	爬山虎	kuxiwa	
157	蒿草	kagi	kakgil
158	蓬蒿	suku	
159	靰鞡草	ayakta	
160	蕙草	ubkër	
161	麻	olokto	onokto
162	蒲草	gurbi	
163	人参	orkude	bëyëman orokto
164	七里香	anqu	xolëgor
165	灵芝	saalag	
166	稻草	kanda orokto	
167	棚圈铺草	sëgtër	lëmbë
168	床铺干草	sëgtër	
169	向日葵	xeemuskë	xemuskë
170	田	targan	
171	粮食	jëëktë	jëktë
172	干粮	kunësun	

续表

序号	汉语	鄂伦春语	其他发音形式
173	秕子	arsun	yansa
174	茎梗	musun	
175	穗	suykë	
176	曲子	kukur	
177	糠	aaga	
178	稻谷	kanda	kand
179	麦子	mayis	
180	荞麦	mël	nirgë
181	燕麦	sulu	
182	青稞	murwa	
183	高粱	susu	golian
184	高粱垛	borko	
185	米	jëëktë	jëktë
186	米粒	mukul	
187	米皮	dalka	hañkal
188	米渣子	nirgi	
189	面粉	gulin	
190	大米	bagdarin jëëktë	bagdarin jëktë
191	小米	naremu	
192	小黄米	ixiki	
193	糯米	nañgi jëëktë	nañgi jëktë
194	糜子	pixigë	xiqimi
195	水稻	kanda	
196	早稻	nëlkiñi kanda	

序号	汉语	鄂伦春语	其他发音形式
197	晚稻	boloñi kanda	
198	大麦	murigël	
199	小麦	mais	
200	稗子	kiwë	kiwëktë
201	玉米	susamu	
202	高粱	susu	golian
203	秫米	xiluñgi	
204	黄米	xiñariñ jëëktë	xiñariñ jëktë
205	花生	kuaxën	
206	水果	tubiki	
207	梨	alima	alim
208	苹果	piñgö	
209	桃子	toosë	toor
210	樱桃	intoosë	intoor
211	葡萄	puto	
212	瓜	këñkë	
213	西瓜	xigua	
214	柿子	xijë	xiis
215	枣	sor	qobog
216	酸枣	sorto	jisun sor
217	橘子	jilës	
218	小橘子	jiis	
219	橙子	juqiki	
220	杏子	guylësun	guylës

序号	汉语	鄂伦春语	其他发音形式
221	杨梅	janji	
222	酸梅	jisuri	
223	山丁子	uliktë	muliktë
224	稠李子	iñëktë	
225	枸杞子	meska	
226	香榧	iska	iskar
227	李子	ulagan	ulga
228	沙果	aalig	salim
229	槟子	mërsëri	
230	核桃	koota	
231	山核桃	kuxigan	
232	榛子	xixiktë	xixëktë
233	栗子	sartukul	
234	核/果核	qëmë	qëmëktë
235	石榴	anar	xiliu
236	佛手	ëgdën	
237	木瓜	gadir	
238	柚子	jokan	yuus
239	龙眼	tamur	
240	荔枝	liji	
241	椰子	kotoqi	kotqi
242	山楂	tolom	
243	橄榄	ikan	
244	无花果	kulgar	

序号	汉语	鄂伦春语	其他发音形式
245	果仁	ahakta	sumur
246	瓜子	këril	
247	瓜藤	julga	
248	果汁	suki	guji
249	果壳	notko	notkor
250	果籽硬壳	donoko	
251	果脐	ulëgu	
252	蔬菜	sogi	nuña
253	野菜	soorgi	
254	青菜	nuña	
255	白菜	yalbarin nuña	bagdarin sogi
256	生菜	nalur	
257	芥菜	kargi	
258	荠菜	awuka	
259	韭菜	kaleer	goorsë
260	韭菜花	sorso	sorso
261	芹菜	qokor	qokor sogi
262	菠菜	böse	böse sogi
263	薄荷	arisa	arisa sogi
264	蓼菜	jilim	
265	香菜	xañga nuña	
266	苋菜	sarbalji	
267	茼蒿	toñko	toñko sogi
268	沙葱	ëñgul	

续表

序号	汉语	鄂伦春语	其他发音形式
269	蕨菜	udal	
270	百合	jokton	
271	萝卜	loobu	
272	胡萝卜	kuloobu	ularin loobu
273	水萝卜	bagdarin loobu	
274	大萝卜	daloobu	mokol loobu
275	柳蒿芽	kumpil	
276	倭瓜/南瓜	wögö	
277	葫芦	kotor	koolu
278	茄子	kaxi	qeesi
279	蒜	suanda	
280	葱	ël	ëlu/ëlë
281	野葱/小葱	suñgin	
282	洋葱	yañqun	
283	野韭菜	kaleer	
284	细野葱	mañgir	
285	野蒜	guxigur	sanda
286	辣椒	gutigsu	laju
287	姜	jaañ	jañ
288	黄花菜	dilooqi	
289	水蔓青	manjin	
290	小根菜	masar	
291	盖菜	kargi	
292	西红柿	xiisi	ularin xiisi

序号	汉语	鄂伦春语	其他发音形式
293	青椒	qiñjo	
294	茴香	susër	
295	海带	beekë	kayde
296	黄瓜	këñkë	
297	丝瓜	mañjig	nilgun këñkë
298	冬瓜	duñgua	
299	香瓜	wañga këñkë	sooñgo këñkë
300	苦瓜	goxikta këñkë	
301	豆角	borqo	
302	土豆	tuudu	tudu
303	豆子	borqo	
304	小豆	xisa	niqukun borqo
305	黄豆	xiñariñ borqo	
306	黑豆	koñnoriñ borqo	
307	绿豆	quturin borqo	
308	豌豆	bokor	bokor borqo
309	豇豆	ularin borqo	
310	豆芽	borqo urgu	soyolon
311	芋头	qoolo	xilgun
312	笋	xikig	
313	山药	larsan	bahakta
314	紫菜	jise	
315	蘑菇	möögö	
316	榛蘑	jisakta	

续表

序号	汉语	鄂伦春语	其他发音形式
317	榆蘑	kaylakun möögö	kalikta
318	木耳	bukakta	
319	酸菜	jisun nuña	
320	腌菜	tiriqë nuña	
321	豆腐	dupu	
322	咸菜	dawsun nuña	kata nuña
323	咸白菜	nasa	
324	芝麻	maliñgu	
325	胡麻	qarma	

4. 人与亲属称谓及人体结构类名词

序号	汉语	鄂伦春语	其他发音形式
1	家乡	gaqan	tëgën
2	籍贯	baldiqa bo	
3	生命	ërgën	
4	人	nan	bëyë
5	家庭	bokon	urilën
6	家族	ugsun	
7	祖先	utaqi	
8	血统	dagan	da/ujuru
9	高祖	ëgdëñë da	
10	族际	baldibun	
11	首领	da	garag
12	辈分	jalan	

续表

序号	汉语	鄂伦春语	其他发音形式
13	姓	kal	
14	家族之父	do utaqi	
15	家族之母	do utagan	
16	曾祖父	undur	undur ëkë
17	曾祖母	utëkë	utëkën ëwë
18	祖父	ëkë	yëëyë/yëyë
19	祖母	ëwë	tayti
20	外祖父	naajil	yëëyë
21	外祖母	naajil tayti	
22	长辈	sagde	utagan
23	父亲	amin	
24	母亲	ënin	
25	爹	aba	amin
26	娘	ëmmë	ënin
27	伯父	amikan	amaaka
28	伯母	ënikën	ëniëkë
29	叔叔	ëqëkën	ëqëkë
30	婶母	uumë	
31	姑姑	gugu	
32	姑父	guyë	
33	姨母	ëniëkë	
34	姨父	naaqu	akdama
35	大姨父	naanu	ëgdëñë amaaka
36	大姨母	naana	ëgdëñë ëniëkë

续表

序号	汉语	鄂伦春语	其他发音形式
37	公公	kadam amin	
38	婆婆	kadam ënin	
39	舅父	naaqu	naqumnia
40	舅母	ëniëkë	naqu
41	哥哥	akin	aka
42	嫂子	uyi	bërgën
43	大哥	ëgdëñë akin	
44	弟弟	nëkun	
45	弟妻	nëkun kukin	
46	姐姐	ëkin	ëkë
47	姐夫	awxe	
48	妹妹	unaaji nëkun	
49	妹夫	nëkun kurëkën	
50	连襟	baja	bajale
51	结发夫妻	baqi	
52	丈夫	ëdi	ëtikën
53	妻子	axi	girki
54	女主人	girki	
55	妾	niqukun axi	sargan
56	妻兄	kadam akin	
57	妻嫂	kadam uyi	
58	妻弟	kadam nëkun	kukin
59	妻弟妇	kadam	
60	未婚男青年	urkëkën	

续表

序号	汉语	鄂伦春语	其他发音形式
61	未婚女青年	unaaji	
62	头胎	noogtu	iñgar
63	儿子	utë	
64	儿媳妇	kukin	
65	孕妇	bëyë dabkur	
66	长子	ëgdëñë urkëkën	ëgdëñë utë
67	次子	juuki urkëkën	juuki utë
68	小儿子	niqukun urkëkën	niquhun utë
69	养子	irgiqë urkëkën	irgiqë utë
70	独子	ëmukën urkëkën	ëmukën utë
71	女儿	unaaji	
72	女婿	kurëkën	
73	长女	ëgdëñë unaaji	ëgdë unaaji
74	童养媳	irgiqë kukin	
75	双胞胎	ikiri	atku
76	孙子	omole	omolge
77	孙女	omole unaaji	omolge unaaji
78	曾孙	domole	domolge
79	玄孙	guxi	
80	侄儿	jiu	jiu utë
81	侄媳	jiu kukin	
82	侄女	jiu unaaji	jiu unaaji
83	后代	ënën	ujikta
84	宝贝	bobi	

续表

序号	汉语	鄂伦春语	其他发音形式
85	堂兄	uyël akin	
86	堂姐	uyël akin	
87	堂弟	uyël nëkun	nëkun
88	堂妹	uyël unaaji nëkun	unaaji nëkun
89	兄弟	akindu	
90	姐妹	ëkindu	
91	小姑子	unaaji bënër	bënër unaaji
92	小叔子	bënër	bënër utë
93	妯娌	oyaje	oyale
94	姑表亲	taarali	taarali
95	表姑	taara	bulu
96	表哥	taara akin	buluakin
97	表姐	taara ëkin	buluëkin
98	表弟	taara nëkun	bulunëkun
99	表妹	taara unaaji nëkun	buluunaaji nëkun
100	表兄弟	taara akandu	bulu akandu
101	表叔	taara ëqëkë	bulu ëqëkë
102	表侄	taara jiu	bulujiu
103	亲戚	baldiqa	balqa
104	娘家	naajil	
105	亲家	sadun	kudali
106	亲家公	kuda	kuda balqa
107	亲家母	kudagu	kudagu balqa
108	岳父	kadam amin	

续表

序号	汉语	鄂伦春语	其他发音形式
109	岳母	kadam ënin	
110	小姨子	unaaji bënëri	unaaji nëkun
111	继父	amiran	amiguamin
112	继母	ënirën	amigu ënin
113	养父	irgiqë amin	amikan
114	养母	irgiqë ënin	ënikën
115	外甥	jëyë	jiu
116	外甥子	jëyë utë	jiu utë
117	外甥女	jëyë unaaji	jiu unaaji
118	外孙	jëyë omole	jiu omole
119	姑舅	bulë naqu	
120	姑舅亲	bulë	
121	后世	amigu jalan	amikti
122	后人	amigu bëyë	
123	干爹	taagqa amin	bakaqa amin
124	干妈	taagqa ënin	bakaqa ënin
125	干儿子	taagqa utë	bakaqa utë
126	干女儿	taagqa unaaji	bakaqa unaaji
127	老人	sagdi bëyë	
128	老翁	ëtikëqën	ëtikën
129	老太太	atikaqan	atikan
130	夫妻	ëdi axi	adi ëdi
131	大人	ëgdë bëyë	
132	年轻人	jalu bëyë	

序号	汉语	鄂伦春语	其他发音形式
133	小孩	utë	kookan
134	婴儿	tanbu	nialka/tañki
135	胎衣	tëwëku	
136	男孩	utë	
137	女孩	unaaji	unaaji utë
138	姑娘	unaaji	
139	寡妇	añgir	añji
140	单身汉	ëŋgir	
141	孤儿	añajin	
142	男人	nira bëyë	
143	女人	axi bëyë	asal
144	奶妈	jëmu	ukun ënië
145	贤人	tërdëmqen	ërdëmqi bëyë
146	聪明人	surë	surëtë bëyë
147	机灵人	sërtëñgë	sërtë bëyë
148	巧手者	darkan	darkan bëyë
149	麻利者	soloñgo	soloñgo bëyë
150	智者	mërgën	mërgën bëyë
151	明白人	gëtuñgë	gëtun bëyë
152	神者	sëñgë	sëñgë bëyë
153	预知者	uqikan	uqika bëyë
154	豁达者	ilëtu	ilëgën bëyë
155	能干者	xidaltu	xidalqi bëyë
156	勤俭者	arbiqi	arbiqi bëyë

续表

序号	汉语	鄂伦春语	其他发音形式
157	名人	gërbiqi	gërbiqi bëyë
158	文人	bitëgëñi bëyë	bitëgëqin
159	公务员	albani bëyë	albaqin
160	使者	ëlqin	
161	门卫	urkëqin	urkë iqir bëyë
162	残疾人	abal bëyë	
163	近视眼	baligar	
164	盲人	bali	bali bëyë
165	圆眼者	bultugër	bultugër bëyë
166	哑巴	këlige	këlge bëyë
167	结巴	këlëhë	
168	瘸子	dokolon	dokolon bëyë
169	扇风耳	dëldëgër	dëldëgër bëyë
170	聋子	duli	koŋgo bëyë
171	耳背者	duli	duli bëyë
172	高鼻梁者	obokon	oñgor bëyë
173	塌鼻者	kamqigir	kampir bëyë
174	翻唇者	ërtëgër	ërtëgër bëyë
175	齿露者	sakqakun	sakqakun bëyë
176	扁嘴者	matan	matan bëyë
177	秃子	hojin	hojin bëyë
178	歇顶人	kaljin	kaljin bëyë
179	麻子	qookor	qookor bëyë
180	斜眼	kilan	kilan bëyë

续表

序号	汉语	鄂伦春语	其他发音形式
181	独眼	qoron	qoron bëyë
182	歪脖子	kaljig	kaljig bëyë
183	歪指者	takir	takir bëyë
184	豁嘴	sëmtëg	sëltëg bëyë
185	豁牙	sëntëk	kolog bëyë
186	驼背	mögtör	moroko bëyë
187	鸡胸	buktur	
188	矮子	lata	laka/nëkëku/ lata bëyë
189	罗圈腿	morgo	morgo bëyë
190	手足迟缓者	bokir	bokir bëyë
191	傻子	mënën	mënëkir bëyë
192	疯子	kuudu	kuudu bëyë
193	瘫痪者	tambal	tampal
194	六指者	niuñun uniakan	niuñun uniakan bëyë
195	丫环	suruku	
196	妓女	gisë	yañkan axi
197	荡女	yañkan	
198	姘头	guqi	guqigin
199	佣人	takurawqin	takurar bëyë
200	奴隶	bool	
201	一辈奴	utaki	ëmu uyi bool
202	两辈奴	borji	juu uyi bool
203	三辈奴	borgo	ila uyi bool
204	长工	kuquñki	

续表

序号	汉语	鄂伦春语	其他发音形式
205	木匠	mujan	mujan bëyë
206	铁匠	darkan	darkan bëyë
207	石匠	joloqin	joloqin bëyë
208	瓦匠	waajan	waajan bëyë
209	厨师	iikëqin	iikëqin bëyë
210	老师/师傅	sëw	xilbaqin bëyë
211	徒弟	xabi	
212	伐木工	mooqin	mooqin bëyë
213	水手	muuqin	muuqin bëyë
214	歌手	jaandaqin	jaandaqin bëyë
215	乐手	kugjimqin	kugjimqin bëyë
216	说书人	unugulqin	unugulqin bëyë
217	戏子	xiisi	xiisi bëyë
218	工人	gërbëqin	gërbëqin bëyë
219	农民	tarigaqin	tarigaqin bëyë
220	牧民	aduqin	aduqin bëyë
221	渔民	oloqin	oloqin bëyë
222	猎人	bëyuqin	bëyuqin bëyë
223	商人	maymaqin	maymaqin bëyë
224	医生	ënuku iqir bëyë	
225	萨满	saman	saman bëyë
226	算命人	añaqin	añaqin bëyë
227	先生	mërgën	mërgën bëyë
228	军人	quwani bëyëni	quwani bëyë

续表

序号	汉语	鄂伦春语	其他发音形式
229	兵	quwa	quwan bëyë
230	英雄	baaturu	baatur bëyë
231	摔跤手	bukuqin	bukuqin bëyë
232	闲人	sula bëyë	
233	小姐	unaaji	
234	乞丐	gëlëkqen	gëlëqin bëyë
235	小偷	kulaka	kulaka bëyë
236	土匪	kusë	kusë bëyë
237	强盗	tamqiku	tiimkur bëyë
238	法西斯	tamun	paxis
239	坏人	ëru bëy	
240	无赖	largin	
241	矬子	nëktë	nëktë bëyë
242	酒鬼	sokto	mankir
243	穷人	yadu bëyë	
244	富人	bayin bëyë	
245	瘦高人	gañgakun	gañgakun bëyë
246	粗胖人	babugar	babugar bëyë
247	左撇子	solge	solge bëyë
248	鼻音重者	goñqin	goñqin bëyë
249	身材矮小的人	latagar	latagar bëyë
250	陌生人	ëskun bëyë	
251	独身者	kilkat	
252	伙计	amqa	amqatu

续表

序号	汉语	鄂伦春语	其他发音形式
253	伙伴	kamqa	kamqatu
254	客人	anda	aañnaki
255	女伴儿	nëku	
256	朋友	guqu	
257	密友	andakar	anda
258	女友	nëku	
259	邻居	dërgi	
260	近邻	daga ayil	daga urën
261	近亲	daga baldiqa	daga baldin
262	远亲	goro baldiqa	goro baldin
263	乡亲	ayilqen	urëqen
264	村长	ayilda	urënda
265	乡长	somda	toshuda
266	县长	xenjan	koxuda
267	旗长	qijan	koxuda
268	镇长	ayilda	balgesda
269	族长	mokonda	
270	市长	kotonda	
271	主席	juxi	terigun
272	总理	juñli	daragan
273	总统	guruñda	
274	主人	ëjin	eregeqin
275	武官	quwani noyon	
276	官	noyon	noyo

续表

序号	汉语	鄂伦春语	其他发音形式
277	大臣	amban	amban noyo
278	领导	iruqin	darugan
279	皇帝	kaan	bugada
280	天王	bugada	
281	英雄	baaturu	baatër
282	强者	yañga	
283	职务	tusan	ërëkë
284	官职	ëjëndë	noyo ërëkë
285	职业	gërbë	
286	职工	gërbëqin	
287	干部	albañi bëyë	ganbu
288	教授	sëbu	jioxu
289	老师	sëbu	tatigaqin
290	学生	tatiqin	sebi
291	同学	ëmundu tatqin	tatiqin guqu
292	艺人	uran bëyë	
293	服务员	wëylëqin	wëylëqin bëyë
294	通讯员	mëdëqin	mëdëqin bëyë
295	司机	tërgëqin	tërgën ëlgër bëyë
296	马车夫	moriqin tërgëqin	moriqin tërgën ëlgër bëyë
297	牛车夫	ukur tërgëqin	ukur tërgën ëlgër bëyë
298	马夫	moriqin	moriqin bëyë
299	更夫	manaqin	manaqin bëyë
300	牧马人	aduqin	aduqin bëyë

序号	汉语	鄂伦春语	其他发音形式
301	牛倌	ukurqin	ukurqin bëyë
302	羊倌	kuniqin	kuniqin bëyë
303	牵马人	kutlëqin	kutlëqin bëyë
304	向导	oktoqin	oktoqin bëyë
305	随从	irgilën	daganqin bëyë
306	仆人	takuraqin	takurar bëyë
307	勤务员	goqiku	goqi bëyë
308	送信人	jaxigaqin	jaxigaqin bëyë
309	探子	sërki	gulkin bëyë
310	敌人	bata	
311	奸细	gulduqin	
312	逃犯	uktiliqin	susan bëyë
313	俘虏	olja	jawaqabëyë
314	部族	ayman	
315	民族	uksuri	gurun
316	群众	gërën	
317	代表	ënduqin	daibio
318	中国人	doligu guruñi	juñguë bëyë
319	汉人	nikan	nikan bëyë
320	女真	jurqin	jurqin bëyë
321	满族人	manji	manji bëyë
322	锡伯人	xiwë nan	xiwë bëyë
323	鄂温克人	ëwëñki	ëwëñki bëyë
324	鄂伦春人	orqen	orqen bëyë

序号	汉语	鄂伦春语	其他发音形式
325	赫哲人	hëjë	hëjë bëyë
326	蒙古人	moñgol	moñgol bëyë
327	朝鲜人	soloñgos	soloñgos bëyë
328	美国人	amerik	amerik bëyë
329	日本人	yopon	yopon bëyë
330	黄种人	xiñarin	xiñarin bëyë
331	白种人	baktarin	baktarin bëyë
332	黑种人	koñnorin	koñnorin bëyë
333	人口	añgala	bëyë añgal
334	人群	bëyësël	
335	人体	bëyëñi bëyë	bëyë
336	身体	bëyë	
337	生相	banin	baldin
338	相貌	durun	
339	形相	arbun	aabun
340	形状	dursun	
341	孤身	gan	ëmukën bëyë
342	赤身	julakin	
343	头	dili	da/heki
344	头顶	urkeel	
345	尖头	xolkor	xobtor
346	头皮	koyka	
347	额头	mañeel	
348	凸额	toki	gudugur

序号	汉语	鄂伦春语	其他发音形式
349	凹额	kuñgu	kotogor
350	额角	quñguri	
351	囟门	jole	
352	皱纹	upru	ëwrikë
353	后脑勺	komokon	
354	脑子	irgi	
355	鬓角	qok	
356	耳朵	xeen	xen
357	耳垂	suykë	
358	耳孔	uñgal	
359	眼睛	yesa	yeesa/yeexa
360	眼眶	kontako	koñko
361	眼皮	balikta	
362	眼角	sugum	yesa sugum
363	眼珠	bultuktu	
364	瞳孔	anaha	
365	瞳仁	anag	
366	眼白	saral	qagakta
367	鼻子	oñokto	
368	鼻梁	nala	
369	鼻翼	ërtë	oñoktoñi ërtë
370	鼻孔	neña	
371	嘴	amña	
372	嘴唇	ëmun	ëmukë

续表

序号	汉语	鄂伦春语	其他发音形式
373	嘴角	jabji	amñañi sugum
374	唇下洼处	suñgu	
375	人中	kumun	
376	牙齿	iktë	iiktë
377	门牙	morin iktë	
378	牙床	uman	bul
379	牙花	buyil	
380	牙关	jayin	
381	舌头	iññi	iñi
382	舌尖	iñir	
383	舌根	iññiñgi	
384	舌面	iññilbin	
385	小舌	iñilën	niqukun iñi
386	下腭	sënqikë	sëñki
387	上腭	tañni	tanna
388	腮	jëgi	
389	腮根	xina	ërugun
390	脸	dërë	dërël
391	脸蛋/脸颊	anqin	
392	脖子	nikimna	nikim
393	喉咙	köömö	
394	食道/喉咙	bilga	jalgan
395	喉结	kapakta	
396	气管	ëriñkë	

续表

序号	汉语	鄂伦春语	其他发音形式
397	后颈	giyam	amigu nikim
398	肩膀	miirë	
399	胳膊	mayin	
400	胳肢窝	ogo	oñoni
401	肘	iqën	qaaha
402	手腕子	bagu	bilgër
403	手	nagal	ñaala
404	手掌	algan	arñaarña
405	巴掌	sasaku	
406	手背	arkan	
407	拳头	nurga	bagur
408	手指头	uniakan	
409	拇指	uruwun	
410	食指	julëw	
411	中指	doligu	doligu uniakan
412	无名指	amarku	gërbi aaqin uniakan
413	小指	qimirki	
414	指甲	uxikta	
415	指甲根	juma	
416	指纹	tamma	wërikën
417	虎口	koko	
418	胸脯	këñgër	këntir
419	胸	tiñën	
420	乳房	ukun	uhun

序号	汉语	鄂伦春语	其他发音形式
421	乳头	tomi	
422	奶汁	ukun	uhunki
423	肚子	gudëgë	
424	小肚	niqukun gudëgë	xilhokto
425	肚脐	quñuru	quñur
426	腰	daram	
427	后背	arkan	
428	肋	ëwtë	
429	肋骨	ëwtëlë	
430	肌肉	bulqan	niëni
431	腰眼	xikal	
432	腿	bëldir	algan
433	大腿	oowo	
434	膝盖	ëñën	
435	小腿	xilbi	qaaki
436	屁股	añar	bugsu
437	肛门	mukërtë	
438	脐带	qirën	
439	男生殖器	qikëltë	pëë
440	睾丸	moolen	kapat
441	精液	amir	uktu
442	阴囊	moolen nanan	namna
443	女生殖器	motoko	matugan
444	子宫	tëbki	baldiñku

序号	汉语	鄂伦春语	其他发音形式
445	胯骨	suuji	
446	胯裆	salka	
447	大腿内侧	kawis	
448	脚	bëldir	algan
449	脚面	umkun	
450	脚后筋	borbi	
451	脚后跟	niintë	ëntë
452	脚趾	algani uniakan	
453	脚底	ula	
454	头发	niuriktë	niuktë
455	发髻	soqug	ërkil
456	头发分叉	saqig	
457	辫子	ilqabtun	ilqamal niuktë
458	鬓发	sanqig	
459	眉毛	sarmukta	
460	睫毛	kirimki	kirimkiktë
461	鼻毛	iña	
462	胡子	gurgakta	
463	汗毛	ubqu	
464	阴毛	sabula	
465	骨头	giramna	giram
466	软骨	mugës	
467	脑骨	kot	
468	脑盖骨	oñgor	oñgor giramna

序号	汉语	鄂伦春语	其他发音形式
469	脖颈骨	ildun	
470	锁骨	ëmëkë	miirëñi giramna
471	胸尖骨	bogso	bogso giramna
472	胸岔软骨	xiwëkë	xiwëkë giramna
473	琵琶骨	ixeki	ixeki giramna
474	脊椎骨	sëërë	sëërë giramna
475	尾骨	ujiki	
476	腕骨	sabta	bagu
477	肱骨	kalan	
478	膝盖骨	tobki	
479	腿骨	umëki	
480	大腿骨	ëgdëñë uman	ëgdë umëki
481	小腿骨	bolqigta	niqukun umëki
482	踝骨	xiga	biluki umëki
483	骨髓	uman	
484	脊髓	urka	
485	关节	jalan	giramnañi jalan
486	骨槽	këmu	
487	皮肤	nana	
488	内脏	do	do ërgën
489	五脏	doolo	toñña ërgën
490	心脏	mewan	
491	肝脏	aakin	
492	肾	bosokto	

序号	汉语	鄂伦春语	其他发音形式
493	肺	ëwtë	
494	胆	xiilë	xiillë
495	胃	gudi	
496	肠子	xilukta	
497	大肠子	ëgdi xilukta	xiluktala
498	小肠子	niqukun xilukta	
499	肠子的脂肪	sëmji	xilukta imuksë
500	脾	dëlikin	
501	膀胱	ujikqqan	
502	血	sëëksë	sëksë
503	血管	sudal	sudël
504	脉	sudal	
505	肉中的血水	suusun	suusu
506	肉	ulë	
507	脂肪	imuksë ulë	
508	筋	sumul	muuñi
509	筋头	bulgë	
510	月经	ëkibqun	beega
511	尿	qëkën	
512	屎	amun	
513	屁	mukër	
514	尾部/臀部	ugqi	
515	汗	niëkin	niëki
516	大汗	nërbë	

序号	汉语	鄂伦春语	其他发音形式
517	手足汗	xiwër	
518	眼泪	niamakta	
519	眼眵	loñga	noogo
520	呼吸	ërgë	ërgëqi
521	口水	jaliksa	jalimu
522	鼻涕	iliksa	
523	痰	tomi	jaliksa
524	沫子	köösö	
525	耳垢	kunug	
526	头皮屑	hag	diliñi hag
527	分泌物	ximën	
528	身上污垢	nañgir	

5. 衣食住行类名词

序号	汉语	鄂伦春语	其他发音形式
1	衣服	tëti	tërgëbqi
2	服装	kuna	
3	礼服	turir tëti	
4	上衣（长）	kantas	ñonum tëti
5	上衣（短）	kurum	urumkun tëti
6	衬衫	qamqi	
7	汗衫	kantas	
8	绒衣	roñyi	

续表

序号	汉语	鄂伦春语	其他发音形式
9	棉短衣	kuwun kantas	kuwun tëti
10	袍子	xijigin	suun
11	棉长袍	xijigin	kuwun suun
12	毛皮长袍	dëël	suun
13	单布长袍	gagar	
14	马褂	olbo	olboqi
15	坎肩	kanjal	ëlkëbqi
16	男坎肩	dalgabqi	nira ëlkëbqi
17	女坎肩	këntibqi	axi ëlkëbqi
18	紧身衣	kankibqi	
19	夹衣	ardas	
20	布衣	bëës tëti	tëti
21	棉衣	ulku	
22	狍皮衣	juba	giwqëkqi suun
23	鹿皮衣	kaxik	kumakaqi suun
24	长毛短皮衣	daka	
25	细毛皮衣	suubqi	karimna
26	去毛皮衣	namikqi	karimikqi
27	鱼皮衣	akumi	
28	袍褂	dakabqi	
29	毡褂	jañqi	jañqiku
30	斗篷	nëmëku	
31	雨伞	saran	
32	雨衣	nëmuku tiktëni	nëmuku

续表

序号	汉语	鄂伦春语	其他发音形式
33	衣领	qibkëbtun	
34	垫肩	kibta	
35	皮袄	suubqi	
36	衣面	tëtiñi tullë	qamqiñi tal
37	皮袄布面	buresun	suubqiñi tal
38	衣里	tëtini doola	qamqiñi doola
39	皮衣料	jisuku	taluqi
40	袖子	uksë	
41	袖口	ukan	awka
42	套袖	ulkitun	
43	衣襟	ëwër	
44	袍衣大襟	adasun	suunñi ëwër
45	袍衣内襟	doogu adasun	suunñi doogu ëwër
46	袍衣前襟	korme	suunñi juligu ëwër
47	衣襟角	sugun	
48	袍衣开衩	sëlbën	
49	衣边	këqi	tëtiñikëqi
50	扣子	tobqi	tobkin
51	扣眼	tobqiñi xaran	saran
52	扣襻	sëñgë	
53	衣兜	tëbku	
54	裤子	akur	ërki
55	涉水皮裤	oloñko	olooñko
56	无毛皮裤	aduki	

序号	汉语	鄂伦春语	其他发音形式
57	棉裤	kuwun ërki	
58	女内裤	domoku	axi bëyëñi doogu ërki
59	套裤	goqiku	
60	围裙	akuñka	kommeñka
61	裙子	kuqigan	
62	男裙	duxiki	nira bëyëñi kuqigan
63	女裙	kuxika	axi bëyëñi kuqigan
64	短裤	urumkun ërki	
65	裤腰	tisun	bijër
66	裤裆	salaga	al
67	裤腿	ërkini xolog	
68	裹小腿布	tuyban	ëbkubtun
69	帽子	aawun	
70	护耳帽	xeen aawun	xeentu
71	带耳毡帽	torki	torkitu
72	毡帽	kamtu	kamtu aawun
73	宽檐帽	dogdori	botar
74	凉帽	sar	sërukun aawun
75	草帽	orokto aawun	
76	狍皮帽子	giwqëkqi aawun	nanë sëruun
77	菊花顶帽	mañqon	
78	蚊蝇帽	josama	buriku
79	帽顶	tobko	
80	帽胎	oyo	

序号	汉语	鄂伦春语	其他发音形式
81	帽檐	dëlbin	dëlbiqi
82	帽缨	sorso	
83	帽带子	jala	
84	护耳	sabutun	xeenabqi
85	女用脖套	kubër	ëbkur
86	女用脸罩	injir	
87	围脖	nikimnan	nikimñi ëbkur
88	手套	uluku	bëëli/sarbaka
89	三指手套	osko	
90	手闷子	armë	warka
91	皮手闷子	kaqimi	
92	腰带	tëëlë	
93	长袍腰带	umul	suuñi umul
94	女士腰带	ëbkëku	axi bëyëñi umul
95	腰带饰板	toxiki	umulñi dasan
96	腰带扣环	gorki	umulñi tëbki
97	鞋	sawi	oloqi
98	布鞋	xabu	
99	靴子	gulka	bulka
100	皮鞋	nana sawi	
101	长筒靴	gugda tureqi gulka	xoloqi
102	高跟鞋	gugda ërëqi xabu	
103	鱼皮靴	nañgi ulka	
104	靴腰	ture	gulkañi ture

续表

序号	汉语	鄂伦春语	其他发音形式
105	高腰靴	olonto	goolji/gugda tureqi gulka
106	软皮套鞋	alukqa	
107	矮腰女靴	qulgu	axi bëyëñi nëktë tureqi gulka
108	高腰鞋绑带	ugir	gugda tureqi xabu ugir
109	高腰靴皮绑子	sënqiku	
110	鞋帮子	arka	oloqiñi sugsën
111	鞋底	ërën	ërë/algan
112	鞋底铁掌	tak	oloqiñi tak
113	鞋底木板	taktar	oloqiñi taktar
114	靴里衬皮	danëka	
115	鞋底沿条	kayin	
116	鞋跟	ëñtë	ërë
117	鞋带	sugsën	
118	楦子	gultëku	
119	袜子	dokton	waas
120	皮袜子	utun	
121	毡袜子	omoku	
122	裹脚布	kulibtun	ebhuku
123	麻布	ol böös	ol bëës
124	棉布	böös	ol bëës
125	绸子	dordon	qëusë bëës
126	罗纹绸	qërin	qërin bëës
127	缎子	turga	turga bëës
128	呢子	niisë	

续表

序号	汉语	鄂伦春语	其他发音形式
129	褶子	kompes	
130	纺线车	ëruñku	ërumun
131	兽筋细线	toñgo	sumul xiriktë
132	棉线	xiriktë	
133	布料上画的线	jisun	
134	线头	sumul	
135	线纫头	sëmiku	sëmku
136	线轴	isuku	
137	线桄子	ërudës	tonoku xiriktë
138	绒线	sulin	
139	线麻	oloku	olokto
140	练麻	yëkë	yëk
141	纱	xa	
142	毡子	isik	ixih
143	鱼皮	nañgi	
144	鱼皮衣服	akumi	
145	手帕	tuur	ñaala uñku
146	毛巾	uñku	
147	被子	ula	nëmuñku
148	被头	ulkun	
149	棉絮	kuwun	
150	褥子	dërjë	sëktëku
151	婴孩尿布	wadas	
152	地铺	sëktëg	

序号	汉语	鄂伦春语	其他发音形式
153	坐褥/坐垫	sëktëñkë	tëëñki
154	毡褥	isik sëktëg	isiktë
155	毯子	tans	
156	枕头	dërbu	
157	席子	dërsë	dërsun
158	凉席	xijig	sërukun dërsun
159	席边	maqika	
160	垫子	sëktëñkë	
161	蚊帐	jampan	homoqi
162	弓绷	sëmërkën	
163	皮条	uxi	uxir
164	皮包	nana kapin	
165	烟荷包	kabtarga	kadukan
166	荷包系绳	gurka	
167	荷包穗子	saqug	
168	扇子	ushëku	dëlkuñki
169	羽扇	dëbiñki	dëliku
170	扇骨	kërun	
171	扇轴	tëmulji	
172	马尾掸子	xirbigul	kilgasu nxirbigul
173	短毛掸子	gubin	gubiqi
174	扫帚	ësur	
175	大扫帚	ëgdëñë ësur	ësur
176	簸箕	darkul	

续表

序号	汉语	鄂伦春语	其他发音形式
177	首饰	mayimga	
178	容貌	yañji	
179	耳坠子	anasun	sëkën
180	男用大耳坠	guykën	ëgdi sëkën
181	耳环	garga	
182	戒指	uniakabtun	
183	金戒指	urgëbtun	altan uniakabtun
184	手镯	sëmkën	gilabtun
185	项链	ënkë	
186	手表	ñaala biaw	xiubio
187	钟表	ëgdëñë biaw	junbio
188	头簪子	xiwiki	xibku
189	梳子	igdiwun	igdun
190	篦子	suñku	
191	镜子	biluku	
192	铜镜	toli	geyin biluku
193	刷子	kisag	kisar/kisur
194	镊子	kimki	
195	耳挖子	ugur	
196	肥皂	alman	iisë
197	香皂	xañjo	iisë
198	牙膏	yago	
199	粉	oo	fën
200	胭脂	iñji	dasan bodogan

序号	汉语	鄂伦春语	其他发音形式
201	食物	jibtëñgë	
202	米	jëëktë	
203	面	gurul	
204	饭	köömö	këëmë/jëëktë
205	菜	soge	nuña
206	烩菜	sashan	
207	米饭	jëëktë	
208	米汤	sumukun	jëëktëñi sumukun
209	面片汤	peltan	
210	馅子	xens	
211	粥	sumsun xilë jëëktë	sumsun/xilë
212	奶子/乳汁	ukun	suun
213	奶嘴	ogji	umun
214	酸奶	ayrag	
215	奶皮	urum	
216	奶酪	aaraqi	arji
217	奶渣子	ëëjig	arjim
218	奶豆腐	aarag	arjiku
219	奶油	suun imugsë	xiñarin imugsë
220	奶油糕	ukta	sohun
221	奶饼子	kuru	
222	奶茶	ukun qay	suun qay
223	奶酒	ayrag	arjisu
224	饮料	imoñka	

续表

序号	汉语	鄂伦春语	其他发音形式
225	肉粥	ulëqi jëëktë	
226	肉汤	xiluhë	
227	肉汁	suusu	suuqi
228	肉丁	sakka	
229	汤	xilë	suuqi
230	饺子	benxi	xeen
231	包子	booji	
232	饽饽	böbu	
233	肉饼	ulëqi öwën	xalbin
234	面条	gulin	guli
235	汤面	xilëqi gulin	
236	油	imuksë	
237	豆油	duuyu	imuksë
238	酱油	qiñjan	
239	面酱	misun	
240	醋	qu	
241	盐	dawsun	kata
242	碱	kojir	
243	花椒	koojo	huaju
244	胡椒	guxigun	huuju
245	糖	satan	
246	白糖	bagdarin satan	
247	蜂蜜	balu	balukta
248	鸡蛋	umukta	

序号	汉语	鄂伦春语	其他发音形式
249	蛋黄	yoko	xiñarilji
250	蛋白	xoko	ilakta
251	面包	membo	öwën
252	大面包	kilëëb	öwën
253	炒面	muxin	
254	饼	öwën	
255	糖饼	satanqi öwën	
256	烧饼	xobin	kagrimal öwën
257	油饼	imuksë öwën	yubin
258	麻花	makua	
259	馄饨	kundun	
260	鱼肉	oloyi	
261	兽肉	bëyñëyi ulë	
262	凉菜	lenqay	buktarin sashan
263	酒	araki	
264	红酒	ularin araki	darsun
265	白酒	bagdarin araki	araki
266	黄酒	xiñarin araki	maaraki
267	米酒	bosa	
268	啤酒	piju	
269	茶	qay	qaa
270	咖啡	kafëy	
271	味	wa	uuñ
272	臭味	uguñ	uuñ/wagun

序号	汉语	鄂伦春语	其他发音形式
273	腥味	niñqikun	
274	烟（吸）	damga	
275	烟叶	damgañi labqi	
276	烟袋	day	damgañi day
277	烟斗	turëpku	damgañi turëpku
278	烟嘴	ximën	damgañi ximën
279	糠	kamdal	
280	房子	juu	
281	平房	namtarin juu	nëktë juu
282	砖房	ëiji juu	ularin ëyji juu
283	楼房	dabkur juu	luus juu
284	木房	muulku	moo jun
285	仓库	haxi	haxi juu
286	粮库	jëbtëñi juu	lianku
287	窝棚	ëëpën	
288	撮罗子	qoran	
289	草房	orokto juu	
290	草棚	dëlkën	orokto pën
291	凉棚	lëmpën	sërukun lëmpën
292	帐篷	maykan	janpën
293	帐子	daliñka	
294	游牧包	örgö	
295	亭子	somor	
296	别墅	tobor	moolan juu

续表

序号	汉语	鄂伦春语	其他发音形式
297	圈	kurgan	kure
298	院子	kuwa	kua
299	菜园	kërjë	
300	篱笆	kaxigan	
301	家	juu	tëgën
302	户	juu	kurun
303	房间	juu tëgën	juu
304	墙	dusë	
305	墙壁	këjin	keren
306	山墙	sagan	
307	间壁	geelaku	geelan
308	轩	dën	
309	柁	teebu	niru
310	托梁	taygan	
311	中梁	gol taygan	taygan
312	山柁	ëtur	
313	柱子	tula	tulga
314	斗拱	bantu	tubkur
315	土围子	këjin	tukal këjin
316	板子	habtasun	
317	木料	moo	
318	桩子	solon	tular/toolga
319	木桩子	tular	moo toolga
320	梯子	tuktilën	

续表

序号	汉语	鄂伦春语	其他发音形式
321	门	urkë	
322	院门	duka	kurgan urkë
323	门闩	yakxiku	teliku
324	门槛	bokso	urkë woon
325	门上轴	korgiku	
326	门下轴	xihiku	
327	门转轴	suqig	suqiha
328	合页	kitkan	kabqi
329	榫凸处	kaadi	tumuku
330	榫凹处	këëdi	komoko
331	房脊	niro	mulu
332	檩子	yën	
333	椽子	on	oono
334	房檐	xiki	
335	房柁	taybu	
336	廊	nañgi	goolge
337	房盖	adaar	aggar
338	房顶	oyo	
339	房顶草	ëlbën	juu oyoñi ëlbën
340	廊檐	nañgin	
341	顶棚	adaar	juu oron
342	纸顶棚	qaasun adaar	juu oronñi qaasun
343	柳条笆	basa	xeekta
344	地基	tëgën	

序号	汉语	鄂伦春语	其他发音形式
345	室内地	iildë	
346	砖	ëyji	ularin ëyji
347	瓦	waa	waar
348	瓦垄沟	kol	kowil
349	瓦垄	irun	dëlër
350	烟筒	kula	kuril
351	炕	laka	kulan
352	炕洞	suun	
353	烟筒隔板	dalin	
354	炕沿	tikin	këqin
355	地炕	nakan	
356	炕后头	bëjin	
357	光炕	ilban	
358	床铺	oro	or/sëbtër
359	窗户	qoñko	
360	窗竖棂	dutku	
361	窗台	ëgën	tëëhin
362	窗框	bër	turën
363	窗户木屏	hurgu	
364	窗边框	dabikan	
365	台阶	tuti	kulë
366	墙角	nuwa	noo
367	大房	ëgdëñë juu	ëgdë juu
368	正房	gol juu	

续表

序号	汉语	鄂伦春语	其他发音形式
369	边房/耳房	këqi juu	
370	后房	amigu juu	
371	大厅	tañkin	
372	厨房	iikë juu	köömöñi juu
373	室内地面	iildë	juudoolañi iildë
374	地窖	joro	
375	木房	mokalan	moo juu
376	澡堂	moñqo	bëyë xilkir juu
377	窝	uugi	uuyi
378	鸡窝	kakarani uuyi	
379	猪窝	uñu	
380	猪圈	korin	ulgeen kurgan
381	猪槽	utun	
382	马圈	kërë	morin kurgan
383	饲料	bordor	
384	笼子	korigol	
385	床	oro	kulëër
386	桌子	xirë	
387	座子	tëgëñkë	tëgër xirë
388	餐桌	jëëktëñi xirë	
389	书桌	bitëgëñi xirë	bitëñi xirë
390	办公桌	albañi xirë	
391	抽屉桌	tatukuqi xirë	
392	长桌子	dërtë	ñonum xirë

序号	汉语	鄂伦春语	其他发音形式
393	方桌	durbëljin xirë	
394	圆桌	mokolin xirë	mokol xirë
395	桌面	talgan	xirëñi oroon
396	桌子斗拱	mugu	xirëñi tubkur
397	桌掌子	xidëkun	xirëñi tular
398	桌子腿	xirëñi algan	
399	桌边线	taltan	
400	椅子	iisë	tëgëñkë
401	凳子	bandan	mokor tëgëñkë
402	小凳子	tëgëñkë	
403	板凳	bandan	moo tëgëñkë
404	桌椅踏板	ëkiñkë	
405	盒子	hëës	tëwëñkë
406	柜子	korgo	
407	箱子/卧柜	kurga	tebker
408	皮箱	pijanka	derteki
409	房梁储存处	ëlin	
410	贮银箱	kuju	
411	带把的箱子/抬箱	ëtkun	
412	炕柜	lakargo	laka korgo
413	衣柜	tëtiñi korgo	korgo
414	小柜子	qanda	
415	匣子	kapqan	korgo
416	桦皮篓	kasa	

续表

序号	汉语	鄂伦春语	其他发音形式
417	架子	tag	tagtar
418	碗架	sarka	
419	花架	sulku	
420	帽架子	aawun nëëñkë	
421	衣架	tag	tëtiñi tagjin
422	衣挂钩	lokoñko	tëtiñi lokoñko
423	抽屉	tatku	
424	车	tërgën	
425	汽车	qiqë	qiqë tërgën
426	公共汽车	paas	paas tërgën
427	自行车	jixiñqë	
428	出租车	quju tërgën	qujuqë
429	轿车	joos	joos tërgën
430	轿子	suukë	
431	轿子软塌	tën	
432	轿子帏帘	akuñka	
433	帘子	kaadin	
434	车辕	aral	tërgëñi aral
435	车厢	adaka	tërgëñi adaka
436	车底横掌	xidkun	tërgëñi xidkun
437	车轴	tëñgël	tërgëñi tëñgël
438	车毂	bolun	tërgëñi bolun
439	轴承	gulgun	tërgëñi gulgun
440	辐条	hërusu	hëygës

续表

序号	汉语	鄂伦春语	其他发音形式
441	车轮	mugërë	kurdu
442	车辋	möör	
443	辕头横木	bë	
444	绞杆	tokin	boriji
445	标棍	mukiňki	
446	插绞杆弯木	borgolji	
447	轭	borgulji	
448	火车	sëlë tërgën	höqë
449	飞机	fëyji	
450	船	jawi	porkoor/moñgo/moňko
451	渡船	porkoor	
452	桦皮船	moñgo	moñko
453	独木船	kotoňko	moñgo
454	划行的船	sëligun	
455	帆船	jawi	jaw
456	快艇/快船	gulban	diyar moñgo
457	船舱	bogon	moñgoñi toon
458	船棚子	burkul	moñgoñi burkul
459	船舵	kirwun	moñgoñi kirwun
460	船桨	sëlbin	moñgoñi sëlbin
461	船滑轮	ërgiñkë	
462	船底	ërë	alam
463	船头	koňgo	
464	船艄	kud	

续表

序号	汉语	鄂伦春语	其他发音形式
465	船舷	talta	moñgoñi talta
466	篙子	suruku	tolgun
467	桨桩	xan	
468	划子	sëliku	
469	舟	jawi	ihur
470	木筏	sal	
471	桅杆	xiron	tolbu
472	帆	ëdiwuñki	
473	套马杆	hurga	morin hurga
474	马挠子	samur	
475	笼头	lonto	
476	马嚼子	kadal	
477	鼻钩子	sënjiku	moriñi sënjiku
478	缰绳	jilo	jilobur
479	马绊子	xidër	
480	夹板子	kibsa	moriñi kibsa
481	鼻勒	sanqik	moriñi sanqik
482	蹄子的铁掌	tak	moriñi tak
483	爬犁/大雪橇	paar	
484	雪橇	qirga	
485	狗雪橇	xirgul	ñanakin xirgul
486	牛雪橇	ëgdi xirgul	ukur xirgul
487	马雪橇	diyar xirgul	morin xirgul
488	滑雪板	sëku	sëkin

序号	汉语	鄂伦春语	其他发音形式
489	滑雪杖	malku	
490	溜冰鞋	sëki	xilubiku
491	马车	morin tërgën	
492	牛车	ukur tërgën	
493	风车	kujuku	ëdin tërgën
494	土坯	tupi	tukal ëyji
495	石板	tagan	
496	炉子	birdan	piqëhë
497	铁炉子	guljer	
498	灶	jooko	tukal jooko
499	灶坑	jooko	tukal guljer
500	灶膛	juñgal	
501	锅台	bosug	iikë tig
502	风箱	ëdikuňki	uugubqi
503	风筒	uugun	
504	案板	anban	habtasun tabka
505	擀面棍	birëñkë	
506	模子	durësu	durë
507	庙	sum	mio
508	棺材	baksa	
509	抬棺材的木架子	yugdën	
510	桥	köörgë	
511	独木桥	taakan	gonikur köörgë
512	路	okto	

续表

序号	汉语	鄂伦春语	其他发音形式
513	小路	suwe	niqukun okto
514	小道	jurgu	sunqig okto
515	公路	dasaqa okto	gunlu
516	铁路	sëlë okto	
517	铁轨	sëlëgun	sël tërgu
518	岔路口	sala okto	
519	转弯处	murihan	ërgir buga
520	路中/途中	aldan	oktoñi dolin

6. 生产生活用品用具类名词

序号	汉语	鄂伦春语	其他发音形式
1	用具	jaka	baytalañka
2	锥子	xilgun	
3	锤子	mañqu	alkaqan
4	小锤子	tokxir	
5	斧子	sukë	
6	小斧子	sukëqën	
7	铁榔头	lantu	alga
8	木榔头	mala	moo lantu
9	钳子	kabqiku	ëyugë
10	凿子	quqi	
11	锯	uugun	kirö
12	锯末	urdësun	

序号	汉语	鄂伦春语	其他发音形式
13	钻子	ërun	ëruñkë
14	钻弓	bërlëñkë	
15	铳子	tuyëk	
16	钉子	tibkësun	tibkës
17	穿钉	xibkë	
18	木塞子	xiwa	moo libkir
19	铁锉	irgë	
20	木锉	urun	
21	剜刀	ukuku	ukuku koto
22	弯刀	gikta	gikta koto
23	刻刀	soliku	soliku koto
24	刨子	tuyban	
25	锛子	ëbkër	
26	小锛	oli	niqukun ëbkër
27	镐头	qabqiñka	qabqiku
28	锹	kulduur	
29	采/挖草根木具	suwar	ohuku
30	扁担	damji	
31	扁担钩	dëgë	damjiñi dëgë
32	水龙头	qorgun	
33	叉子	aqa	sabkar
34	肉叉子	xilon	ulëñi sabkar
35	木锹	undëku	
36	草囤	xor	qor

序号	汉语	鄂伦春语	其他发音形式
37	柳编箱	sulku	
38	柳编筐箩	bural	
39	桦树皮篓子	loska	kuñgur
40	筛子	xisëkë	sëylë
41	镰刀	kadiwun	kadir
42	铡刀	jigëwun	jañku
43	菜刀	boodo	
44	刀	uskën	koto
45	刀尖	ilgën	sugur
46	刀把	ëxi	kotoñi ëxi
47	小刀柄	daxin	
48	刀刃	jëyën	
49	刀背	nala	
50	刀鞘	komogon	ënëkin
51	剪刀	kayqi	
52	碗	moro	qaquku
53	大碗	ëgdi qaquñku	
54	中碗	tomor	tomor qaquñku
55	木碗	qarmi	moo qaquku
56	带把木碗	uwoñgi	
57	桦树皮碗	aqaan	tala qaquku
58	瓷碗	qañku	qañku qaquku
59	铜碗	gooli qaquñku	geyin qaquku
60	口大矮碗	qan	

续表

序号	汉语	鄂伦春语	其他发音形式
61	盘子	ila	
62	木盘	tagar	moo ila
63	碟子	pila	dees
64	小碟子	niqukun ila	
65	托碟	ilaga	
66	杯子	qomo	tagan
67	茶杯	qaabëy	qaañi tagan
68	筷子	sarbu	
69	瓢子	mana	
70	木瓢	muxiki	moo mana
71	长把木瓢	masugan	ñonom jawañkaqi moo mana
72	椰瓢	qaka	
73	马勺	masu	
74	勺子	sokoñko	barakqi
75	水果叉子	sërë	sërëki
76	木制小勺	hunan	
77	羹匙	unukan	umkn
78	坛子	botan	
79	瓶子	guu	guun
80	长颈瓶	loñko	morin guun
81	瓷瓶	kobin	
82	插花瓶	tëmpin	ligañi kobin
83	罐子	tamsun	
84	酒杯	kundar	

续表

序号	汉语	鄂伦春语	其他发音形式
85	大酒杯	qomo	arakiñi qomo
86	木酒杯	labar	arakiñi moo qomo
87	高脚杯	suytaku	arakiñi gugdo qomo
88	酒锑	qara	
89	漏斗	tëwëñki	
90	漏勺/笊篱	hërëku	jooli
91	礤床儿	uraku	
92	杵杆	bulkur	
93	烧酒溜槽	qorko	
94	壶	tam	hu
95	茶壶	qaku	qaahu
96	扁背壶	kukur	
97	火壶	togtam	too qaahu
98	浇花水壶	uñkuñku	
99	盆子	akaan	pënsë
100	木盆	mo akaan	
101	铁盆	tumpën	sël akaan
102	火盆	ilaku	tooñi akaan
103	铜盆	galgan	geyin akaan
104	瓷盆	kobon	qañku akaan
105	带把槽盆	yalka	
106	整木槽盆	oton	moo moñgo
107	马槽	kujur	moñgolon
108	整木圆形无把容器	koñkilji	

续表

序号	汉语	鄂伦春语	其他发音形式
109	桶	kunge	tëwëñkë/muuliñki
110	木桶	kuñge	moo kuñge
111	大木桶	kokon	ëgdi moo kuñge
112	桦皮桶	amas	tala kuñge
113	敞口桦皮桶	salkan	
114	铁桶（带把儿）	wëydërë	jawakaqi wëydërë
115	铁水桶	qolug	
116	茶桶	dogomu	qaa tulma
117	小水桶	kobo	niqukun wëydërë
118	提水桶	muulën	muuñi tulma
119	桶提梁	babur	jawaku
120	桶把手	sënji	
121	桶箍	ërën	
122	桶底	ërën	tulmañi ërën
123	锅铲子	ukeñki	
124	炒米棍	kulkul	kulkur
125	锅刷子	kaxeñku	iikëñi kaxeñku
126	锅	iikë	
127	铞	saya	sakë
128	铜铞	qëgqër	geyin sakë
129	小锅	kaquka	niqukun iikë
130	大锅	xintë	ëgdi iikë
131	大铁锅	morin iikë	ëgdisël iikë
132	火锅	ëku iikë	too iikë

序号	汉语	鄂伦春语	其他发音形式
133	吊锅	lokoňko iikë	
134	铜锅	geyin iikë	
135	砂锅	urusun	xagu
136	铫子	uyiku	
137	锅盖	tugun	ukten
138	放锅的铁架子	nëru	nëëňgi
139	锅耳子	jawa	sëñji
140	锅烟子	kö	
141	三木支锅架子	sakur	
142	汤罐	solka	qomko
143	屉子/笼屉	tëliku	
144	蒸笼	tëliku	jëñlur
145	蒸箆子	xigin	
146	水缸	qakam	gañ
147	敞口大水缸	misa	
148	大水缸	jisamal	
149	瓮	malur	
150	盖子	ukten	libkir
151	瓶盖	libkir	guuñi libkir
152	碗架子	sarku	qaqukuñi tig
153	木楔子	xiwa	
154	木阁板	giyas	dëktër
155	支棍	toloňko	
156	罩子	burkul	akum

续表

序号	汉语	鄂伦春语	其他发音形式
157	切菜墩	duñgu	
158	抹布	awañki	mabu
159	垫圈	matar	
160	背物架子	ana	jakaindar jaka
161	灶子	jooko	
162	灶台	usku	tag
163	灶眼	köömö	
164	蜡	la	
165	蜡心	gol	lañi gol
166	蜡台	dobko	lañi tig
167	糠灯	hiyabun	
168	灯	dëñjën	jola
169	油灯	jola	imuksë jola
170	煤油灯	yañdën	
171	灯架	xindak	jolañi tig
172	灯芯	xibërkën	jolañi gol
173	灯笼	dëñlu	
174	灯泡	ulga	
175	火石	qargi	sargi
176	火柴/取灯	gilakur	quydën
177	引柴	suyir	
178	引火木片	koogan	kooga
179	火把	tolon	
180	油松火把	yañga	

续表

序号	汉语	鄂伦春语	其他发音形式
181	薰蚊虫烟火	sañagiyan	
182	荒火/野火	jëgdë	
183	火焰	huurgu	dola
184	火镰子	yatarku	
185	拨火棍	xilugur	tooñi xilugur
186	火钳	babur	
187	柴火	ilañka	
188	火炭	yaga	
189	火灾	tuymur	
190	天灾	gasaka	gaska
191	干旱	kiyag	gañ
192	垃圾	xirtul	
193	泔水	xilgat	xilgatla
194	锈	jiwu	sëptë
195	拐杖	tiwën	
196	摇篮	darda	
197	背带	jilagtu	
198	把手	sëñkën	jawañki
199	包	ëbkëñkë	
200	包袱	kapi	ëbkëku
201	行李	aqigan	nëmë
202	带子	uxibtun	uxi/uyir
203	绳子	urkun	
204	麻绳子	onokto urkun	onokto uxi

序号	汉语	鄂伦春语	其他发音形式
205	皮绳	nana urkun	nana uxi
206	草绳	orokto urkun	orokto uxi
207	树皮绳	xilgakta urkun	xilgakta uxi
208	系绳	uyir	
209	粗绳子	taabtun	
210	细绳子	xijin	uxilën
211	缆绳	argamji	
212	缰绳	jolo	jolobur
213	绳结	jañgi	
214	绳络子	giyal	
215	青麻	kima	
216	线麻	olo	onokto
217	练麻	yëkë	
218	麻绳	onokto uxi	
219	麻袋	made	
220	染料	bodor	jisu
221	秤	gin	
222	镒	gintok	
223	小秤子	dëñnën	niqukun gin
224	秤星	ooxika	
225	秤盘	aliku	nëñkin
226	秤砣	töösë	tirihki
227	秤杆	darku	dañga
228	尺子	këmjëlëñkë	

续表

序号	汉语	鄂伦春语	其他发音形式
229	尺寸	këmjë	
230	针	iñmë	inmë
231	顶针	uniabtun	
232	补丁	sañaalan	sañaabtun
233	线	toñgo	
234	环锥	suribun	
235	熨斗	uyëktë	
236	烙铁	kagriñ	
237	锁头	yosug	guljiñku
238	锁簧	sëñgël	
239	钥匙	anaku	
240	旧式钥匙穿钉	xiwhë	
241	链子	kolgo	garga
242	铁链子	garka	sël garga
243	轮子	kurdu	
244	犁	añjis	sawur
245	犁把手	bodori	bodor
246	犁铧子	alkawun	
247	犁挽钩	salku	
248	犁身	gokqi	
249	耙子	narga	maltaku
250	锄头	ulun	tëxinkë
251	铲子	qabqiku	
252	撒种篓斗	uskë	

序号	汉语	鄂伦春语	其他发音形式
253	木礅子	kubur	moo tirëñki
254	压种子的轱辘	togorku	tiriñku
255	木叉子	aqa	moo aqa
256	铁叉子	sëlë aqa	
257	木棍	gata	moo gata
258	爬子	këdërin	
259	荆囤	sagsun	
260	席囤	kaxig	
261	筐子（柳树）	qëëlqë	xeekta qëëlqë
262	提筐	saisaka	jawañkaqi qëëlqë
263	竹筐	sus qëëlqë	
264	大筐子	kudë	ëgdi qëëlqë
265	荆条篓子	saksa	
266	痰盂	tumunañka	
267	挠痒具	uxika	maxir
268	笤帚	ësur	
269	碾干	gokto	
270	风车	kujuku	kubur
271	笸箩	polor	
272	小笸箩	niqukun polor	
273	针线笸箩	nagbur	
274	熟皮槌子	malu	nañqu
275	熟皮木锯	këdërñkë	
276	熟皮木铡刀	talgiku	jañku

续表

序号	汉语	鄂伦春语	其他发音形式
277	熟皮刮刀	gisuka	
278	磨石	uruň	iň
279	水磨	komo	
280	碾子	niulëku	
281	碓子	ogor	
282	石碓头	koňko	nudun
283	碾杆木	gokto	
284	碓房	ogo	
285	磨刀石	lëk	bilugun
286	杵	qoňkiku	
287	臼	owu	
288	泥抹子	ilbin	nimës
289	磙	ukuňku	
290	军号	burën	
291	盔	saja	sël aawun
292	甲	ukxin	
293	弓	bër	sor
294	弓别	misa	
295	弓玄	uli	uxikën
296	弓脑	bokson	
297	弓梢	igën	
298	弓垫子	tëbkë	
299	弓套	togon	
300	弓罩	oqika	

续表

序号	汉语	鄂伦春语	其他发音形式
301	弓撑子	taañgiku	
302	箭	niru	luki/nor
303	小箭	dolbi luki	niqukun luki
304	大箭	kiwu	ëgdi luki
305	长箭	majan	ñonum luki
306	快箭	kalbiku	kalgi luki
307	水箭	jësër	muu luki
308	火箭	togo luki	too luki
309	哨箭	jan	dilgaqi luki
310	带哨箭	jañga	
311	无哨箭	sudu	
312	梅针箭	xirda	
313	角头箭	jor	irgëqi luki
314	扁头箭	ganda	
315	箭头铁刃	orgi	lukiñi orgi
316	箭头铁脊	kugu	lukiñi kugu
317	箭羽	dëktë	uñgal
318	箭匣	kobdo	
319	箭筒	jëwël	
320	箭罩	yagi	lukiñi yagi
321	弩箭	sërmin	
322	箭靶子	ayigan	garpaku
323	箭靶心	tuqi	
324	箭挡子	dalda	

序号	汉语	鄂伦春语	其他发音形式
325	扎枪	gida	
326	短扎枪	nama gida	urumkun gida
327	带钩扎枪	watañga gida	
328	剑	xor	sëlëmi
329	大刀	jañgu	ëgdi koto
330	腰刀	lokon	lokon koto
331	战刀	sëlëmi	apun koto
332	炮	poo	
333	枪	miwqan	
334	猎枪	kiyañka	bëyuñi miwqan
335	瞄准器眼	sënji	
336	枪冲条	qirgëku	
337	枪机子	këñkilën	jomoku
338	枪套	komkon	
339	子弹	muhalen	moolen
340	火药	dari	uktu
341	火药罐	sumga	dariñi tamsun
342	枪的火门	xeen	
343	导火线	bilda	tooñi xiriktë
344	棍子	mukërin	gatë
345	棒	dëñqi	banqi
346	杆子	oni	xirgal
347	狩猎	bëyun	
348	冬猎	koyikan	

续表

序号	汉语	鄂伦春语	其他发音形式
349	围猎	saka	ab
350	渔猎	butka	
351	鱼叉	jobuku	
352	网	alaga	alga
353	兜网	dayka	tëbkur alga
354	大网	ëgdi alga	
355	网线	algañi xijin	
356	网绳	taabtun	algañi taabu
357	鱼饵	bëtë	mëkën
358	鱼钩尖	ada	
359	鱼钩	ëmëkën	gin umkën
360	小鱼钩	ëmëkëqën	niqukun umkën
361	鳇鱼钩	ërëkën	ajin umkën
362	三齿甩钩	yagar	
363	大掠钩	ëlkun	ëgdi umkën
364	倒须钩	watan	
365	挂钩	dëgë	dëgëqi umkën
366	抄罗子	awsu	qoros
367	鲤鱼钩	duñgu	murguñi umkën
368	拎钩	goholoñko	
369	冰穿子	qalin	
370	冰兜	oog	
371	撬棍	uliñkë	ëtuñku
372	梯子	tugdiwun	

续表

序号	汉语	鄂伦春语	其他发音形式
373	鱼篓子	loska	sëëlji
374	鱼兜子	sodogon	oloñi ulku
375	鱼笼	ukumu	
376	鱼簖子	kaadiñ	
377	鱼罩	kumu	oloñi tiriku
378	鱼漂子	kokton	dëbkë
379	鱼钩线	xilugañ	umkëñi xijin
380	钓鱼竿	mayin	nayi
381	套子	kurka	urka
382	马尾套子	kurka	kilgasun urka
383	猞猁套子	sëbun	tibjikiñi urka
384	鸟套子	masalkun	qiibkan urka
385	走兽套子	ila	uxiñki
386	哨子/鹿哨	piqañka	
387	口哨	piqaku	
388	夹子	kabka	kabkabtun
389	野兽夹子	gëjin	
390	夹子弓	mudan	kabkañi misa
391	夹子嘴	sanqika	kabkañi amña
392	夹子舌	ilëñgë	kabkañi iñi
393	夹子的支棍	soñgiñko	kabkañi tula
394	鹰网	toxika	toron
395	野鸡网	alga	
396	兔网	asun	uku

续表

序号	汉语	鄂伦春语	其他发音形式
397	口袋	ulku	kuudi
398	小口袋	utaka	
399	半大口袋	sumal	
400	细长口袋	ulukun	
401	布口袋	uluñku	bëës ulku
402	皮口袋	mëñgër	nana ulku
403	小皮口袋	uluku	nana ulkuqa
404	装肉的口袋	sunda	
405	装碗筷袋	dobto	
406	小袋囊	juman	
407	褡裢	aktalin	dalin
408	小褡裢	dabarga	niqukun dalin
409	网兜	alun	alga ulkun
410	小木鞍	ërkëlji	niqukun moo ëmgël
411	鞍子	ëmgël	ëmëlgën
412	驼鞍	komo	tëmëgëñi ëmgël
413	鞍鞯	tokom	ëmgëlñi tokom
414	鞍翅	kabtar	
415	鞍鞒	burgen	ëmgëlñi burësun
416	鞍缨	oñgon	ëmgëlñi oñgon
417	鞍座	suwun	ëmgëlñi suwun
418	鞍毡垫	namki	ëmgëlñi namki
419	鞍褥	namuku	ëmgëlñi namuku
420	鞍屉	komo	

续表

序号	汉语	鄂伦春语	其他发音形式
421	鞍笼	burkul	ëmgëlñi burkul
422	鞍铁镊子	xikilën	
423	鞍子皮绳	gañjoka	
424	鞍子细带	ganiku	ëmgëlñi burkul
425	鞍子前肚带	olun	
426	鞍子后肚带	qalbur	
427	鞍子吊带	jirim	
428	肚带铲子	gorki	ëmgëlñi burkul
429	马鞭子	qisug	mila
430	鞍蹬子	durë	ëmgëlñi durë
431	马嚼子	kadal	
432	缰绳皮条	jolo	xilbur
433	偏缰	qilbor	
434	鞧	kudarka	
435	鞧梢	keeka	

7. **社会文化类名词**

序号	汉语	鄂伦春语	其他发音形式
1	国家	gurun	
2	京都	gëmun	mugdun
3	边疆	jëqën	jabka
4	边远	ujan	
5	社会	gërën	

续表

序号	汉语	鄂伦春语	其他发音形式
6	政府	dasan	yamun
7	法律	papun	pabun/kooli
8	法度	papun	
9	法则	këmun	
10	宪法	xenfa	
11	政策	gool	
12	机关	alban	
13	政治	gurunñi bayta	jënji
14	经济	ulin	jinji
15	党	dañ	
16	旗	kiru	qi
17	战旗	tug	
18	旌	dalba	
19	等级	jërgi	dës
20	阶级	uyis	
21	人民	irgën	bëyël
22	关系	dalji	
23	城市	koton	
24	市区	girin	koton buga
25	城墙	këjën	kotoñi këjën
26	围墙	kërëm	
27	隐壁	daldañga	
28	城头望塔	matu	tëktër
29	城墙排水口	xibkur	

113

续表

序号	汉语	鄂伦春语	其他发音形式
30	阁	taktar	
31	楼/楼阁	taktar	lëus
32	月台	sëligër	
33	栏杆	kaadi	kaxilan
34	哨楼	somor	
35	瓮城/小城	bogon	niqukun koton
36	朝廷	yaamun	
37	宫	ordon	
38	殿	dëyën	
39	郊区/城外	kawir	kotoñi jabka
40	集市	meme	jaka nuniir buga
41	巷	goldon	dalaiñi nëëkë
42	关口	boomgo	iir yuur amña
43	豁口	sëntëku	
44	裂口	yar	gar
45	隘口	habqil	habqiku
46	公园	guñyen	
47	省	amban	moji
48	内蒙古	doola moñgol	moñgol
49	黑龙江	suñgari	
50	辽宁	lioniñ	mugdën
51	吉林	jiilin	girin
52	新疆	xinjiañ	
53	青海	qiñkay	

序号	汉语	鄂伦春语	其他发音形式
54	甘肃	gansu	
55	北京	bëyjiñ	bëëjin
56	上海	xañkay	
57	天津	tianjin	
58	台湾	taywan	
59	县	xen	
60	乡	xañ	niru
61	牛录/乡	niru	
62	村	gasan	ajil
63	农村	targan urilën	targan ajil
64	部落	ayman	
65	屯子	urilën	
66	山寨	kaji	ur ajil/urgën
67	塞子	ayil	
68	街道	gay	gee
69	牌匾	qamha	
70	邻居	dabke	dabke juu
71	原籍	tëgën	utar
72	衙门	yamun	
73	堂	tañkin	ëgdë juu
74	馆/所	kurë	sañ
75	库	namun	
76	仓房	sëlu	kaxi
77	办事处	baytani buga	

续表

序号	汉语	鄂伦春语	其他发音形式
78	案件	bayta	
79	内容	baktagabun	jaligan
80	特长	öntökön	
81	优点	aya buga	
82	缺点	ëru buga	
83	错误	taxen	taxeen
84	过错	ëndëbun	
85	悲伤	gasan	
86	灾祸/累赘	jogol	lobqi
87	困倦	aami	
88	刑	ërun	tamun
89	枷锁	sëlkën	
90	任务	tusan	tuxal
91	计划	bodolgo	
92	计谋	bodogon	arga
93	态度	banin	agabur
94	行为	yabun	gurgubur
95	稀奇	geekan	
96	玩笑	yoolon	iniëktëm
97	意见	iqilgi	
98	教育	taqigalga	qilbawun
99	思想	gunin	jalibun
100	道德	jub	
101	意识	guniñga	saabun

序号	汉语	鄂伦春语	其他发音形式
102	度量	kĕñgĕr	
103	感情	ayibun	guniñga
104	回忆	joomun	
105	兴奋	dĕëwĕn	
106	高兴	agdabun	urgulĕn
107	兴趣	taalan	ayabun
108	兴味	ximtĕn	ximgin
109	心情	doolo	
110	觉悟	sĕrgĕlgĕ	sĕrĕl
111	革命	kobirgan	gĕmin
112	过程	yabubun	yabun
113	经验	nukqibun	dulĕbun
114	讲话	gisulĕn	
115	报告	alan	jiñjibun
116	民主	irgĕqĕn	
117	自由	doronji	sulabkun
118	平等	tĕgĕrin	ĕmun adal
119	和平	taypin	
120	变革	kubilgan	
121	运动	gurgulbun	gurgun
122	卫生	arun geejikĕn	
123	艺术	uran	mujar
124	文化	tatin	
125	文明	pabun	aya banin

续表

序号	汉语	鄂伦春语	其他发音形式
126	科学	irkëxil	ukalji
127	工厂	guŋqan	
128	企业	qiye	gërbëñi buga
129	产业	ëtsun	
130	矿业	nëmu	ulëbqi
131	公司	guñs	
132	工业	gërbëlën	gërbëbqi
133	农业	tarilañ	tarigabqi
134	畜牧业	irgil	irgibqi
135	牧场	oñko	adsun ulëbur buga
136	游牧区	nukto	
137	财产	ula	
138	工作	wëylë	gërbë
139	劳动	gërbë	
140	观察仪	xiñjilën	
141	仪器	tëgun	iiqi
142	电报	denbo	
143	电话	denkua	xiriktë
144	电脑	denno	
145	数字	toon	too
146	号码	noor	hau
147	数学	bodoqin	xuxue
148	机器	maxin	jiqi
149	拖拉机	tulaji	

序号	汉语	鄂伦春语	其他发音形式
150	技术	ërdëm	
151	事情	bayta	jaka
152	买卖	mayma	uniibun
153	抵押品	damabun	dampa
154	价格	kuda	uliin
155	税	gayli	
156	自由市场	basar	
157	商店	mayman	xanden
158	宾馆	ëwër buga	binguan
159	饭馆	jëëktëñi buga	köömöñi juu
160	酒家	arakiñi buga	arakiñi juu
161	宿驿	ëwër buga	
162	当铺	dampul	irëëktë jakañi puus
163	铺子	puus	
164	杂货	jaka	kaqin jaka
165	杂货店	jahuden	kaqin jakañi puus
166	小卖部	puus	niqukun xanden
167	货币/钱	jiga	mëgunn
168	零钱	jiga	
169	工资	salin	
170	奖励	kukibun	
171	罚金	tawukañka	tawumji
172	票	pio	
173	股票	gus	

序号	汉语	鄂伦春语	其他发音形式
174	算盘	suampan	jiga suanler jaka
175	账	dans	jan
176	银行	yinkan	
177	利息	madagan	tami
178	利益	tus	axir
179	人行道	bëyëñi okto	
180	路灯	oktoñi dëñjën	oktoñi jola
181	红灯	ularin dëñjën	ularin jola
182	绿灯	quuturin dëñjën	quuturin jola
183	黄灯	suyan dëñjën	suyan jola
184	车站	tërgëni buga	qëjan
185	驿站	gamun	
186	码头	ëdëlgë	
187	报纸	sërgin	bauji
188	信	jaxigan	
189	信封	dobton	jaxigan tëbku
190	邮票	jaxiganni mugun	
191	邮局	jaxiganni buga	
192	学校	taqiku	
193	大学	ëgdëñë taqiku	ëgdë taqiku/daxel
194	中学	doligu taqiku	junxel
195	小学	niqukun taqiku	xioxel
196	私塾	juuni taqiku	
197	幼儿园	kookannibuga	yoryen

续表

序号	汉语	鄂伦春语	其他发音形式
198	课程	kiqën	
199	教养	taqigal	tatigabun
200	纸	qaasun	qaasu
201	字	kërgën	bitëg
202	书	bitëgë	bitëg
203	一套书	dobton	
204	传	ulabun	
205	史册	ëjëwun	
206	史书	sudur	tëbkur
207	经书	nom	ëbkëmël
208	演义	nimagan	gunëgun
209	典章	geen	
210	颂文	maktan	
211	档案	dans	tëbkur
212	资料	jilio	
213	套书	tugën	tugën bitëg
214	刊物	kañwu	kanwu
215	稿件	ñaala bitëgë	goos
216	奏章	iltun	
217	证件	tëmtër bitigë	tëmtër
218	文章	ugqën	
219	论文	ugqën	lunwën
220	通知/布告	ulkiwun	
221	题目	joriñga	gërbi

续表

序号	汉语	鄂伦春语	其他发音形式
222	序	sutuqi	urqil
223	章	kësëg	jañ
224	节	badag	
225	段落	mëyën	
226	续篇	xirawun	
227	注解	sukën	guurul
228	书页	dërë	
229	书签	xiki	xikiqi
230	劝告	tawulan	
231	警告	targan	saakanan
232	启文	alibun	
233	敕令	kësër	
234	导言/引言	irun	taawu
235	序言	irugan	
236	戒备	sëër	sëërji
237	言论	gisun	urguqëlbun
238	语言	gisun	urguqën
239	协定	toktobon	urgulbun
240	思考	anagan	jalabun
241	估量	tusug	
242	商量	këwxëñ	
243	矛盾	karqandun	urkubun
244	问题	añun	urgun
245	原因	turgun	

序号	汉语	鄂伦春语	其他发音形式
246	借口	anagan	
247	考察	iqilgë	iqibkin
248	考试	qindën	
249	呈文/上书	alibun	
250	判断	bagsalan	tëjigun
251	思路/谋略	bodowun	bodon
252	目标	jorin	
253	办法	arga	paas
254	记忆力	ëjiggë	
255	记录	ëjibun	
256	抄录	sarigin	
257	编撰	jobkelga	jobken
258	分类	alga	ilgabun
259	句子	ugqën	ug
260	句子间隔	uxilgë	kakqann
261	逗号/点	toñki	doson
262	句号	qig	
263	标记	ëjiñkë	
264	标志	tëmdër	
265	本	dëbtër	bënsë
266	册子	dëbtëlin	
267	笔	bi	biir
268	钢笔	gambi	misun biir
269	铅笔	qembi	

续表

序号	汉语	鄂伦春语	其他发音形式
270	毛笔	mobi	iñakta biir
271	笔画/字牙	iktë	
272	墨	bëkë	
273	砚	iiñki	inni
274	牛角砚	ugasa	ukur inni
275	镇纸	gidaku	
276	圆形镇纸	mugër	
277	浆糊	laktugañka	laktur
278	铅饼	jusuñku	
279	墨水	bëkë	misun
280	黑板	këyban	
281	书库	namun	
282	书店	bitëgëñi buga	xuden
283	书包	bitëgëni tëbku	
284	书信	jaxigan	
285	书架	bitëgëñi tag	
286	书面语	bitëgëñi ugqën	
287	谜语	onokqu	taar urgur
288	书刊	bitëgë olon	
289	书籍	bitëgë nam	
290	画	nerugan	
291	画线	jisun	jisun xiriktë
292	墨线	miska	miska xiriktë/misun xiriktë
293	雕刻	suylën	

序号	汉语	鄂伦春语	其他发音形式
294	地图	bugañi nerugan	didu
295	图谱	durugan	
296	图书	bitëgëñi tamar	
297	图章/印	doron	tamar
298	账单/档案	dans	
299	牌子	uxikën	
300	故事	nimakan	gunugul
301	传说	niman	ulabun ugqën
302	诗	xi	
303	词	gisun	ugqën
304	词典	jiden	ugqën biluku
305	邀请	solin	solimka
306	电影	denyiñ	
307	俱乐部	kuraabu	
308	席位	tëgëñkë	tëgër buga
309	音乐	kumun	kugum/kugjim
310	歌	jaandan	
311	流行歌	ëxibte jaandan	
312	舞	ëkilën	ëkëën
313	戏	xii	
314	琴	kitukan	
315	提琴	tatukan	
316	胡琴	kogor	koor
317	口琴	qoroñ	qoroñki

续表

序号	汉语	鄂伦春语	其他发音形式
318	琴弦	xirgë	
319	鼓	tuñku	këñgër/këñgëkqi
320	手鼓	untun	
321	敲鼓棒	utun	tuñkubqi
322	锣	qañka	
323	钹	qañqiku	
324	唢呐	bilëri	
325	笛子	limbu	diis
326	箫	piqañku	
327	笙	baksañga	
328	瑟	jatug	
329	琵琶	salar	piba
330	号角/军号	bure	laaba
331	喇叭	laaba	
332	管	xikaku	saaku
333	胡笳	qoron	
334	声音	dilgan	anir
335	话	gisun	
336	例子	tawar	
337	球	bumbun	qiul
338	皮球	piquul	piqiul
339	篮球	lanquul	lanqiul
340	毽子	pëykëlëñkë	teqian
341	哨子	piqaku	

续表

序号	汉语	鄂伦春语	其他发音形式
342	牌	sasuku	pai
343	骨牌	gilogoñ	giramna pai
344	纸牌	qaagan	qaasun pai
345	扑克	puukël	kaart/puukël pai
346	棋/围棋	tooni	
347	黑白棋	banji	
348	象棋	xañqi	xiañqi
349	棋盘	tooniñko	tabka
350	风筝	dëyiliñki	
351	秋千	gaaku	gaakulji
352	游戏	ëwin	
353	羊拐游戏	galaka	ayubkan ëwin
354	风俗	tatiwun	
355	习惯	tatin	taqin
356	性格	baniñga	banin
357	本性	baniñ	balqa banin
358	季节	ërin	
359	节日	ayi inën	urgun inën
360	大年/春节	ani	aññani
361	元旦	irkëkin ani	
362	清明节	kañxi	
363	腊八	jorgon	jorgon inën
364	重阳	mudurgën	mudur inën
365	端午节	duanwu	duanwu inën

序号	汉语	鄂伦春语	其他发音形式
366	中秋节	beegalgan	beega inën
367	吉日	jiyalgan	jiyaqi inën
368	诞辰	jalabun	
369	敖包节	obo	obo urgun inën
370	狂欢节	sëbjin	sëbjin urgun inën
371	爆竹	pojan	
372	媒人	kuda	ugqin
373	证婚人	gërëqin	
374	婚姻	uyëbun	
375	婚礼	kuda	uyëbun
376	婚宴	sarin	uyëbun sarin
377	喜酒	maarar araki	uyëbun araki
378	婚礼礼物	jawan	jawar jaka
379	洞房	irkëkin juu	
380	坐月子	beega tëën	
381	生日	baldiqa inëyi	
382	礼节	geen	taqin
383	礼仪	pabun	taqigan
384	礼物	bëlër	jawabun
385	礼服	lifu	
386	招待	kunduwun	
387	力气	kuqun	kuqun tëñkë
388	劲头	idë	idëñgi
389	力量	pël	

序号	汉语	鄂伦春语	其他发音形式
390	精力	tëñkë	
391	本事	ëtëbun	unëñgi qidal
392	才能	ëtëgën	ërdëm
393	能力	qidal	
394	梦	tulkin	
395	影子	anan	
396	相片	xampel	nirum
397	脚印	algan	algan anagan
398	样子	yañsa	durusun
399	模样	durun	duruñgu
400	容貌/体格	dursun	
401	样款	kaqin	
402	声调	ayiñga	ayi
403	消息	alduur	aldur
404	声势	urakin	
405	声望	uragan	
406	声誉	aldakun	aldar
407	兴旺	mukdën	
408	事物	jaka	baita
409	姓	kala	
410	名字	gërbi	
411	同名	aminde	ëmun gërbi
412	称号	sol	
413	表字	tukil	

序号	汉语	鄂伦春语	其他发音形式
414	年纪	nasun	
415	寿命	jalgan	nasulan
416	福气	kuturi	
417	幸运	mayin	jiya
418	运气	këxir	
419	平安	ëlkë	
420	吉兆	bëlgë	aya bëlgë
421	仁	guqin	ëniñgër
422	慈	jilan	ënigën
423	义	jurgan	
424	恩	këxir	
425	忠	tondo	golqi
426	正	towo	towqi
427	平等	tëgëri	tëgqi
428	恩惠	kurësun	
429	宽恕	aalag	
430	包容	tëwën	
431	道理	geen	
432	信心	agdan	meeganqi

8. 宗教信仰类名词

序号	汉语	鄂伦春语	其他发音形式
1	宗教	takin	xaxin

序号	汉语	鄂伦春语	其他发音形式
2	信仰	xitun	
3	咒	tarni	
4	戒	sëër	
5	法术	pa	
6	神	burkan	sëwën
7	转世	sujala	
8	神兽	bugan	buma
9	萨满神	saman	samanltu
10	萨满神院	samadir	saman kotu
11	萨满神屋	samadu	
12	神祇	sogor	
13	神龛	ërëgun	
14	神杖	jañ	solobtun
15	神乐	kum	
16	神鼓	tuñku	burkanñi untun
17	神学	ënduri tatigan	
18	神权	kawugan	
19	萨满男鼓	imqin	amiñga këñgërgë
20	萨满女鼓	untun	ënimgë këñgërgë
21	萨满腰铃	xiska	
22	萨满神医	saman oktoqen	
23	萨满神灵	uquku	
24	神槌	uwun	tisaw
25	神符	karmani	

序号	汉语	鄂伦春语	其他发音形式
26	护心镜	tula	
27	护背镜	dula	
28	神镜	biluku	turul
29	神杆	somo	sologon
30	神幡	girdan	
31	神铃	kuñgilan	
32	神刀	sëriñ	
33	神树	xilutan	
34	萨满刀梯	qakur	takur
35	猎神	mayan	
36	山神/山路神	baynaqa	ueñi burkan
37	打猎神	manikan	manikan burkan
38	鹰神	kori	kori burkan
39	熊神	ëtirkën	ëtirkën burkan
40	鹿神	alun	alun burkan
41	狼神	yoron	yoron burkan
42	马神	morin burkan	
43	豹神	yargan burkan	
44	虎神	tasaki burkan	
45	獭神	juukin burkan	juurkan
46	蟒神	tabjin burkan	
47	天神	bugada	bugada burkan
48	生命神	ërgënqi	ërgëtu
49	福神	jiyaqi	jiyaqi burkan

序号	汉语	鄂伦春语	其他发音形式
50	门神	bumburi	bumburi burkan
51	大地神	nagan	nagantu
52	土地神	banaqa	banaqa burkan
53	疾病神	dëlgi	dëlgi burkan
54	石神	jolo burkan	
55	山路神	bodi	bodi burkan
56	婚神	sarin	sarimtu
57	猎神	baynaqa	abkatu
58	偶神	urën	urën burkan
59	司鬼神	buwën	buwën burkan
60	司鬼娘娘	ënigën	ënigën burkan
61	男神	ëdëgën	ëdëgën burkan
62	女神	adagan	adagan burkan
63	野神	këwër burkan	
64	阎王	ërlig	
65	灶君	julki burkan	
66	龙王	mudur han	mudur burkan
67	雷公	agdi burkan	agdiqa
68	佛	burkan	
69	转世佛	ënduri	
70	喇嘛	lam	
71	尼姑	qibagaqi	qibagan
72	和尚	nomgo	hëëxën
73	道士	bombo	

续表

序号	汉语	鄂伦春语	其他发音形式
74	祈祷者	nominaqin	jalbaqi
75	帝王	bugada	
76	帝基	soori	
77	菩萨	pusa	ënikën burkan
78	仙女	tabi	
79	神仙	arxi	
80	圣主	ënduri ëjin	ënduri burkan
81	圣母	ënduriñgë ëmë	
82	圣像	ënduri dërën	ëndurinirun
83	圣书	ënduri bitëgë	
84	圣谕	ënduri hësë	
85	圣训	ënduri tatigan	ënduri pabun
86	圣神	ënduri sëñgë	
87	圣人	ënduri mërgën	ënduriñkë
88	神像	urëg	anikan/burkan nirun
89	神祇	soko	sokogol
90	神杆	iligan	sologon moo
91	神果	soro	soro
92	祭祀	takin	takil/ominan
93	祭品	amsun	amsun takil
94	祭奠	gisan	
95	祭文	tañgar	
96	经书	non	
97	塔	soborgo	

序号	汉语	鄂伦春语	其他发音形式
98	寺	uxika	mugdun
99	庙	sum	
100	香	kuji	
101	香桌	ënki	kujiñi tag
102	香墩	tëgëm	
103	香筒	kujiñkë	
104	钵盂	badir	
105	墓	baksa	
106	尸体	giran	
107	灵魂	sunusun	
108	迷信	kulibun	
109	上供	takil	
110	戴孝	xinakin	
111	孝服	xinaki	xinañi tëti
112	孝带	subëkë	xinañi umul
113	阴曹	ilëmun	
114	地狱	gindan	tamun
115	地道	guldun	tamukto
116	鬼	xirkul	
117	怪	ibag	mañge
118	妖精	boon	
119	恶魔	mañgas	
120	魔鬼	buñ	
121	鬼怪	bom	bomnës

续表

序号	汉语	鄂伦春语	其他发音形式
122	恶鬼	ximnos	
123	女妖怪	ëlgu	axi xirkul
124	狐狸精	sulagen	
125	鬼火	xirkul too	
126	鬼祟	mañgin	
127	野鬼	anakan	ibagan
128	野怪	ënëkën	kutugu
129	鬼魂	ximnon	sunësun
130	妖术	adagan	
131	凶兆	gasan	këtu
132	罪孽	nigul	
133	罪	wëylë	
134	忌	sëgër	

9. 医学类名词

序号	汉语	鄂伦春语	其他发音形式
1	医院	ënuku iqir buga	iyan
2	医生	oktoqi	
3	护士	kuxi	
4	药方	dasargan	
5	药	okto	ëëm
6	草药	orokto ëëm	tom ëëm
7	丸药	toñgor ëëm	mokoli ëëm

续表

序号	汉语	鄂伦春语	其他发音形式
8	膏药	labtagar ëëm	
9	牛黄	isko	
10	灵丹	nakta	
11	麻醉药	mënrëkën	mënëbtun
12	毒	kor	
13	毒药	kor ëën	
14	医用针	namna	namlar inmë
15	病	ënuku	
16	疾病	jadgan	ënuku takul
17	痨病	yadgan	
18	感冒	xeñka	
19	痰喘病	yam	
20	哮喘	keku	kikkar/ëërgërën
21	腹胀病	köön	
22	瘟疫	kirig	
23	伤寒	xeñka	
24	疟疾	indë	takul
25	痢疾	xisag	qiqag
26	癫痫	tam	
27	疯病	galxu ënuku	
28	瘫痪	mampa	dampa
29	病弱	yadar	
30	残疾	jëntëg	abal
31	流行病	jiraga	

续表

序号	汉语	鄂伦春语	其他发音形式
32	麻疹	mapa	
33	天花	mama	ilga ënuku
34	淋巴结	qiliqi	dargan
35	小儿病	takul	
36	痱子	ulaga	
37	水痘	muyulën	muuyuktu
38	狐臭	koloň	
39	疖子	këtus	
40	疮	ukxin	ildë
41	疮痂	kutkë	
42	痔疮	uragun	
43	疥疮	uskëktë	qawu
44	牲畜疥疮	hasan	
45	黄水疮	namgu	
46	毒疮	qikag	
47	梅毒	surgen	tumpu
48	癣	kitag	ildë
49	口疮	namna	qimkun
50	唇疮	ërëg	
51	疮疤	urawukta	
52	针眼	kibgakta	karikta
53	鸡眼	ëwër	ëwëktë
54	腘子	iirigtë	
55	瘊子	uu	ëntë/uuktu

续表

序号	汉语	鄂伦春语	其他发音形式
56	痣	bëlgë	
57	痦子	samukat	
58	雀斑	bëdër	bëdërgë
59	脓	niakqi	
60	脓水	suusu	
61	黄水	xiñarin muu	
62	伤	xirka	urawun/gën
63	伤口	uradan	yar
64	冻伤	toñotogto	
65	伤痕	anagan	qorbi
66	按摩	iligën	
67	火罐	somgan	
68	仇	kinun	

10. 方位时间类名词

序号	汉语	鄂伦春语	其他发音形式
1	方向	dërën	jug
2	东	jëëñgu	diliqa yuurëkkëki
3	东方	diliqaki	jëëñgidë
4	南	juligu	julidë
5	南方	juligilë	juligidë
6	西	barañgila	barañgida
7	西方	barañgila	barañgida

续表

序号	汉语	鄂伦春语	其他发音形式
8	北	amigu	amida
9	北方	amirgila	amirgida
10	上	uyilë	uyigu
11	下	ërgilë	ërgigu
12	左	jëyin	jëyilë
13	右	aan	aanla
14	中	dolin	dolila
15	中间	xirdën	dolimdu
16	当中	dolindu	
17	正中	tob	
18	旁边	oldon	oldodu
19	左边	jëyinge	
20	右边	aan	kusge
21	周围	togorin	ërilë
22	里面	doogola	doola
23	外面	tullë	tulë
24	向外	tullëqiki	
25	附近	dagke	dagakan/daali
26	跟前	daka	
27	对面	julëtiki	
28	前	julilë	julilgu
29	前面	julidë	
30	后	amila	amigu
31	后面	amida	

续表

序号	汉语	鄂伦春语	其他发音形式
32	上面	uyidë	uyilë
33	下面	ërgidë	ërgilë
34	正面	xig	dërëlkëki
35	往东	diliqa yuubkëki	dilaqiki
36	往西	dilaqa tihëbkëki	
37	往前	julixi	juligudu
38	往后	amiqiki	amigudu
39	往上	uyixi	
40	往下	ërgixi	
41	角/角落	kuñqug	kuñqu
42	时间	ërin	
43	年	ani	aññani
44	鼠年/子	xiŋëri aññania	xiñañña
45	牛年/丑	ukur aññani	ukañña
46	虎年/寅	tasaki aññani	tasañña
47	兔年/卯	tuksaki aññani	tuksañña
48	龙年/辰	mudur aññani	mudañña
49	蛇年/巳	kulin aññani	kuliañña
50	马年/午	morin aññani	moriañña
51	羊年/未	kunin aññani	kuniañña
52	猴年/申	monio aññani	moniañña
53	鸡年/酉	kakara aññani	qokañña
54	狗年/戌	ñanahin aññani	ñanahiañña
55	猪年/亥	ulgeen aññani	ulgñña

续表

序号	汉语	鄂伦春语	其他发音形式
56	今年	ëri ani	ënañña
57	明年	guqin ani	guqiñña
58	去年	teñan	teñañña
59	来年	ëmër ani	ëmañña
60	后年	guqin qaawudu	guqin qaawuñña
61	前年	teñña qaawudu	teñña qaawuñña
62	大前年	teñña teññañi qaawudu	teññañi teñña qaawuñña
63	大后年	guqin guqin qaawudu	guqiñi guqin qaawuñña
64	岁数	baa	nasun
65	周岁	baaru	bukul nasun
66	百岁	niamaaji baa	niamaaji nasun
67	寿	jalaburin	
68	月	bee	begë
69	正月	ani bee	ëmbe
70	二月	juur bee	juube
71	三月	ilan bee	ilabe
72	四月	diyin bee	diyibe
73	五月	toñña bee	toñbe
74	六月	niuñun bee	niube
75	七月	nadan bee	nadabe
76	八月	jakun bee	jakube
77	九月	yëyin bee	yëyibe
78	十月	jaan bee	jaabe
79	十一月	jaan ëmun bee	jaan ëmbe

序号	汉语	鄂伦春语	其他发音形式
80	十二月	jaan juur bee	jaan juube
81	本月	ërë bee	
82	来月	ëmër bee	
83	单月	soñqoh bee	danbe
84	双月	dabkur bee	
85	月初	bee irkëkin	
86	月中	bee dolin	
87	月底	bee irgi	
88	日	iniyi	
89	每天	iniyiniyi	
90	今天	ënniyi	ëniyi
91	昨天	tiinëwë	tinu
92	前天	tiinëwë qaawudu	tinuqau
93	大前天	tu tiinëwë qaawudu	tu tinuqau
94	明天	timaana	tima/timaqin
95	后天	qaawudu	qau
96	大后天	timaana qaawudu	timaqau
97	白天	iniyi	inën
98	早晨	ërdë	
99	晚上	yamji	xiksë
100	夜晚	dolbo	
101	每晚	dolbotula	
102	午前	inëyijulidë	injulidë
103	中午	inëyi dolin	indolin

续表

序号	汉语	鄂伦春语	其他发音形式
104	午后	inëyi amida	inamida
105	黄昏	xiksë	baada
106	整夜	dolboñgir	
107	半夜	dolbo dulin	
108	除夕	butu	
109	初一	irkin	irkin ëmun
110	初二	irkëkin juur	irkin juu
111	初三	irkëkin ilan	irkin ilan
112	初四	irkëkin diyin	irkin diyin
113	初五	irkëkin sunja	irkin toñ
114	初十	irkëkinj aan	irkin jaan
115	十五	irkëkin tobhun	irkin jaan toñ
116	春	nëlki	nëlkir
117	夏	juga	jugar
118	秋	bolo	bolor
119	冬	tuwë	tuwër
120	古代	ayibte	ayibter
121	从前	daaqi	daaqir
122	以内	doola	
123	开始	ëëbkën	
124	末尾	ujidu	irgi
125	自	ëduki	taduki
126	现在	ëxi	ëhi
127	当今	ëxibte	ëhiktë

续表

序号	汉语	鄂伦春语	其他发音形式
128	世纪/时代	jalan	
129	闰	anagan	
130	小时/钟头	ërin	sag
131	时分	fën	
132	时秒	miyo	mio
133	一刻	ëmkët	
134	机会	nasku	

11. 国家名称类名词

序号	汉语	鄂伦春语	其他发音形式
1	中国	doligu gurun	dolin gurun
2	外国	tuligu gurun	
3	美国	ameerik	meiguë
4	英国	aañgil	yinguë
5	法国	farans	faguë
6	德国	girman	deguë
7	意大利	idali	
8	加拿大	kanada	
9	俄罗斯	looqa	
10	印度	indu	
11	土耳其	turqi	turku
12	蒙古国	moñgol	moñgol
13	日本	ribën	

续表

序号	汉语	鄂伦春语	其他发音形式
14	韩国	juligu soloñgos	hanguë
15	朝鲜	amigu soloñgos	soloñgos
16	越南	yonan	
17	老挝	loowo	bitinam
18	新加坡	xiñgapor	
19	泰国	tay gurun	
20	菲律宾	pëylibin	
21	缅甸	menden	
22	柬埔寨	jimpuse	

二 代词

序号	汉语	鄂伦春语	其他发音形式
1	我	bi	ëm
2	你	xi	
3	您	su	
4	他	tari	tar/noo
5	他/她（褒义）	nugan	noo
6	他/她（贬义）	tayya	taya
7	她	tari	tar
8	它	tari	tar
9	我们	bu	
10	你们	su	

续表

序号	汉语	鄂伦春语	其他发音形式
11	他们	taril	taqqil/talur
12	咱们	miti	
13	大家	gërën	walan
14	人们	ulur	bëyëqël
15	全部	gubji	
16	全	biqirlë	
17	都	gub	gur
18	所有	uguri	
19	其他/另外	öntö	
20	别人	öntö bëyë	
21	某个/某些	ëmum	
22	自己	mëëni	mëën
23	各自	mëënikël	
24	谁	ni	
25	那	tari	
26	那（远指）	tari	taari
27	那样	taktu	
28	那样的	tannaqin	
29	那些	taril	
30	那边	tarigi	tala
31	那里	tadu	
32	那时	tari ërin	
33	那么	tobkin	tomi
34	这	ëri	

序号	汉语	鄂伦春语	其他发音形式
35	这些	ëril	ësël
36	这样	ëgtu	
37	这样的	ënnëgëñ	
38	这边	ërigi	ëlë
39	这里	ëdu	
40	这时	ëri ërin	
41	这么	ëttu	ërëm
42	如此	ëralin	
43	为何	ima	
44	什么	yokun	ikun
45	怎么	oni	
46	怎样	iktutkën	iktu
47	如何	iktu	iimë
48	几个	adi	
49	多少	oki	
50	哪个	iri	
51	哪里	ilë	irilë
52	哪儿	idu	iridu
53	到处	iqinakil	
54	什么时候	iri ërin	

三　数词、量词

序号	汉语	鄂伦春语	其他发音形式
1	一个	ëmukën	ëmul
2	一	ëmun	ëmu
3	二	juur	juu
4	三	ilan	ila
5	四	diyin	diyi
6	五	sunja	toñña/ton
7	六	niuñun	niu
8	七	nadan	nada
9	八	jakun	jaku
10	九	yëyin	yëyi
11	十	jaan	jaa
12	十一	jaan ëmun	jaamu
13	十二	jaan juur	jaaju
14	十三	jaan ilan	jaalan
15	十四	jaan diyin	jaadin
16	十五	jaan toñña	jaaton
17	十六	jaan niuñun	jaaniu
18	十七	jaan nadan	jaanad
19	十八	jaan jakun	jaajaku
20	十九	jaan yëyin	jaayëyi
21	二十	urin	uri
22	二十一	urin ëmun	urimu
23	二十三	urin ilan	urilan

续表

序号	汉语	鄂伦春语	其他发音形式
24	二十五	urin toñña	uriton
25	二十八	urin jakun	urijaku
26	三十	gutin	gut
27	四十	děki	děk
28	五十	tuñañi	
29	六十	niuñunñi	niuñuñi
30	七十	nadanñi	nadañi
31	八十	jakunñi	jakuñi
32	九十	yëyinñi	yëyiñi/yëyëën
33	百	niamaaji	niama
34	二百	juur niamaaji	juuniama
35	千	miñga	miña
36	三千	ilan miñga	ilan miña
37	万	tumë	tum
38	亿	buna	bun
39	半	dulin	
40	第一	ëmuki	ëmdu
41	第二	juuki	juudu
42	第三	ilaki	iladu
43	第四	diyiki	diyidu
44	第五	toññaki	tondu
45	一次	ëmurë	ëmu ërin
46	二次	juurë	juu ërin
47	三次	ilara	ila ërin

续表

序号	汉语	鄂伦春语	其他发音形式
48	星期一	libe ëmun	xinqi ëmun
49	星期二	libe juur	xinqi juur
50	星期三	libe ilan	xinqi ilan
51	星期四	libe diyin	xinqi diyin
52	星期五	libe toñña	xinqi toñña
53	星期六	libe niuñun	xinqi niuñun
54	星期日	libe iniyi	xinqi ini
55	冠军	ëmuki	turugun
56	亚军	juuki	juurki
57	季军	ilaki	
58	份（一份）	kowi	
59	封（一封）	fëmpil	
60	杆（一杆）	gat	
61	趟（一趟）	mudan	tan
62	回（一回）	mar	ërin
63	张（一张）	abka	dalka
64	棵（一棵）	tëkën	gulji
65	把（一把）	asuk	
66	束（一束）	baksa	
67	块（一块）	mokoli	
68	堆（一堆）	owo	
69	面（一面）	tal	
70	方（一方）	targi	dërgi
71	朝（一朝）	ërin	

序号	汉语	鄂伦春语	其他发音形式
72	代（一代）	jalan	
73	则（一则）	ëmutë	
74	边（一边）	karqin	talgi
75	片（一片）	lapta	dalka
76	带（一带）	ërgi	
77	页（一页）	daliku	dalka
78	卷（一卷）	moñoli	morki
79	套（一套）	boki	
80	朵（一朵）	ulkan	
81	只（一只）	gagda	ëmkël
82	枝（一枝）	garga	
83	双（一双）	juuru	tëëri
84	绳（一绳）	uta	
85	串（一串）	xor	
86	连（一连）	xira	
87	阵（一阵）	jërgi	
88	场（一场）	aligan	
89	滴（一滴）	sabdan	jurigikti
90	层（一层）	dërgi	
91	间（一间）	geelan	
92	包（一包）	ukun	ëbku
93	座（一座）	aligan	
94	站（一站地）	dëdun	urtë
95	柄（一柄）	daxin	

续表

序号	汉语	鄂伦春语	其他发音形式
96	扇（一扇）	gargan	
97	轴（一轴）	tëmkë	
98	盒（一盒）	tëbku	
99	根（一根）	xirkëg	hojor
100	行（一行）	jurgan	
101	丝（一丝）	xirgë	
102	粒（一粒）	bëlgë	mokoli
103	服（一服）	ëbkër	
104	公斤	kilo	gonjin
105	斤	gin	jin
106	两	lañ	
107	分	pën	
108	钱	qen	jiga
109	丈	jañ	
110	里（一里）	buga	
111	庹	daar	
112	米	miitër	mi
113	尺	iisën	qi
114	寸	toñoor	cun
115	拃	tawar	
116	升	moro	geexa
117	斗	keesa	xim
118	升斗	bandu	
119	亩	imari	mu

续表

序号	汉语	鄂伦春语	其他发音形式
120	晌	qamar	
121	顷	dělikë	
122	元（一元）	yan	
123	一些	majig	amka
124	几个	adi	

四 形容词

序号	汉语	鄂伦春语	其他发音形式
1	颜色	bodor	uñgë
2	红	ularin	
3	鱼尾红	ularikan	
4	水红	ulbir	
5	桃红	ulgar	
6	白	bagdarin	gilbarin
7	蛋白	giltabtin	
8	雪白	gilbarin	
9	淡白	bagdarikun	ñëërin
10	黑	koñnorin	konnorin
11	淡黑	koñnor	konnor
12	乌黑	koñnoggon	konnoggon
13	黄	suyan	xiñarin
14	橘黄	sokon	
15	蛋黄	sokokon	

续表

序号	汉语	鄂伦春语	其他发音形式
16	微黄	xiñariñqala	xiñalbin
17	焦黄	sokokor	
18	黄黄的	sokolgan	xiñaggan
19	蓝	qañgen	
20	绿	quturin	quuturin
21	深绿	qëñgër	
22	松绿	nugan	
23	青	yaqin	kuku
24	粉色	durbarin	yaarin
25	紫	misun	
26	深紫/酱色	misur	
27	灰色	buriñgi	buurul
28	暗灰色	sëñgëgër	tëëñkër
29	暗色	aktabdi	
30	深色	pagdir	hagdir
31	深蓝	lamun	
32	浅色	seebur	
33	混浊色	bogan	
34	亮色	gilañga	gilgan
35	光亮色	ëldëñgë	gilbar
36	米色	sukun	
37	棕色	ëëkir	
38	古铜色	kurën	gurun
39	驼色	bor	

续表

序号	汉语	鄂伦春语	其他发音形式
40	花的	ilgalki	alaar
41	花斑的	qookor	
42	浓密的	luku	iqur
43	好	aya	
44	极好的	suguri	ayabkan
45	坏	ëru	
46	善	ëniñgër	ëniñgë
47	恶	ximnoñgar	ërubti
48	真	tëji	
49	真实的	jiñkin	unënti
50	荣	dërëñgë	
51	辱	girumsun	
52	假	ölöök	
53	实	unëñgi	
54	虚	oktug	hulugur
55	空	oktug	aaqin
56	空旷的	sëlu	kundi
57	空余的	solo	
58	新	irkin	irkëkin
59	旧	irëëktë	gorobti
60	锐利的	daqun	ëmër
61	钝角的	mokur	mampa
62	富	bayin	
63	贵（贵重）	urgu	

续表

序号	汉语	鄂伦春语	其他发音形式
64	穷	yadakun	yadar
65	贱（下贱）	puxikun	dakjin
66	孤独	ëmukën	goñgor
67	贵（价格）	kudaxi	
68	便宜	kinda	
69	快	diyar	turgun
70	慢	ëlkë	
71	高	gugdo	
72	低	nëktë	
73	矮	lata	nëktë
74	凹的	kotgor	
75	凸的	dugdukun	gudgur
76	凸起的	bultakun	
77	深	sumta	sunta
78	浅	arba	
79	宽	ëñgë	
80	心宽的	ëlëkun	ëñgël
81	窄	awirkun	xilimkun
82	长	ñonum	
83	短	urumkun	
84	短缺的	mokto	abilku
85	断头的	moktor	
86	远	goro	
87	近	daga	

序号	汉语	鄂伦春语	其他发音形式
88	亲近	kalin	dagakin
89	硬	katan	
90	软	dëyë	dëy/ibgën
91	粗	bargun	diram
92	粗糙的	bugdi	bokir
93	粗壮的	ëtuñgi	dëpur
94	褴褛	lataki	latara
95	臃肿	këwusëkun	piltakun
96	草率的	dërgi	
97	细	narikun	nëmni/narin
98	细长的	naribkun	
99	细致的	narin	
100	细小的	ikar	
101	直	tondo	qiqur
102	弯	mogqika	
103	弯曲的	matun	matugar
104	弯弯曲曲	moxildiku	
105	大	ëgdëgë	ëgdi/ëgdëñë
106	小	niqukun	
107	多	baraan	ëlkër
108	众多	gërën	
109	许多	baraali	
110	少	kondo	aqukun
111	矮小的	pakqa	bakqa

序号	汉语	鄂伦春语	其他发音形式
112	瘦	turgan	yada
113	厚	diram	
114	薄	nëmkun	
115	圆	mokolin	toñgorin
116	方	durbëljin	
117	扁	kaptaki	
118	平	nëqin	namtarin
119	平平的	nëqibgën	
120	正	tob	tëëñ
121	整个的	gurkun	gub
122	反/颠倒	urgiñga	
123	偏	oldoki	
124	歪	mukqeku	moxir
125	横	këtu	suldu
126	竖	gulda	
127	纵	jubtëkëki	
128	顺	yolku	naar
129	斜	këltiku	
130	陡	kakqin	qiqor
131	重	urgë	
132	轻	ënihkun	ëyëmkun
133	早	ërdë	
134	迟	dilda	
135	强	ëtukun	kata

续表

序号	汉语	鄂伦春语	其他发音形式
136	弱	ëbër	
137	柔软	dëyëbkun	
138	怕事的	gibku	
139	干	olgon	olgokon
140	湿	olobkon	nialakin
141	潮湿的	dërbëkun	
142	紧	tira	kañki
143	松	sula	yumbu
144	松软	këwër	
145	结实	agdon	buku
146	坚固的	bëki	kata
147	坚定的	bat	katañgi
148	坚决的	pita	
149	皮实的	xilëmin	xilëm
150	稳妥的	tomorgon	
151	稳重的	labdun	toktun
152	不稳重的	dimka	debkun
153	不踏实的	daddaku	dëwë
154	轻浮的	olbin	
155	轻薄的	obdon	dëwën
156	勉强的	arañkan	albaki
157	固执的	doroñgir	jukqëki
158	倔强的	mojikto	manki
159	锋利的	daqun	sërbi

续表

序号	汉语	鄂伦春语	其他发音形式
160	尖	xilugun	nudanin
161	有刃的	jëyiqi	
162	钝	mumurin	molgor
163	秃头	mukur	molkor
164	秃尾	moktor	
165	大头的	lëntu	
166	短粗的	pokqon	
167	佝偻的	mukqun	muktur
168	宽大的	lëtëku	lëtgër
169	敞口的	dalbagar	
170	漏洞的	sëlpëk	lëppëk/ultug/solpok
171	残缺的	abal	
172	尖腮	xobtor	xobkor
173	滑	nilugun	
174	光滑	baldike	
175	光明的	ëldëñgë	ilaanga
176	平面的	bisun	
177	精致的	goñgo	
178	精巧	narin	
179	模糊	mumurkun	burbugur
180	热	ëku	ëkugdi
181	凉	sëruun	
182	寒	bëywun	
183	冷	iniñi	iniñ/iñi

序号	汉语	鄂伦春语	其他发音形式
184	暖	niamagdi	
185	冰凉	buktarin	buktakda
186	难	mañga	mooqon
187	容易	amal	kimda
188	简单	kimda	
189	顺利的	ijiskun	
190	现成的	bëlëki	bëlën
191	聪明	surë	
192	伶俐	sërtë	
193	笨	mondu	bërë
194	笨重的	dëëpu	
195	拙	mojun	moñgi
196	痴呆	mënën	moñkor
197	糊涂	kulkin	jëki
198	邋遢的	latar	
199	愚蠢	dulpa	mënëñ
200	傻	xogol	
201	迟钝	udan	moñko
202	老实	nomoki	
203	温和的	namnakan	nama
204	柔和的	nilukan	
205	温顺的	nomokon	
206	和睦的	ëwë	ëyëñgi
207	幸福的	kuturiñga	

续表

序号	汉语	鄂伦春语	其他发音形式
208	纯真	aruma	
209	小气	kimarga	
210	狡猾	jaliñga	jaliqi
211	狡诈	koyimli	
212	可恶	sëskun	
213	细心的	narin	
214	轻快	ënihkun	
215	勤劳的	wëylëqin	gërbëqin
216	懒	baanuke	ënëlkë
217	臭	waaqi	nukumu
218	苦	goxikta	guti
219	香	antanqi	
220	酸	jisun	
221	甜	amtanqi	
222	酸甜	juyan	
223	辣	goxikun	koroqi
224	咸	guti	
225	涩	ëksun	
226	臊	uñusun	koloñgo
227	膻	sañgir	xoñgir
228	腥	xooñgo	ili
229	稠	tumin	tibka
230	稀	uyan	
231	稀疏的	sargin	kolgir

续表

序号	汉语	鄂伦春语	其他发音形式
232	有汤的	xiluqi	
233	淡	sula	
234	清	tuñga	nëërin
235	浑	buruñgi	bugan
236	腻	niologon	niolon
237	胖	targun	burgu
238	瘦（一般用）	gañgakun	gañga/ëqën
239	瘦削的	gëkdëkun	
240	脆弱的	kuwur	kapir
241	单薄	nëkëlin	
242	虚弱	sular	ëbur
243	贫穷的	yadar	yadu
244	闲	sula	
245	空闲	bayidi	sölö
246	忙	ëksëkun	uutaki/ëlin
247	满	jalun	
248	平整的	tëkqin	tëkqi
249	乱	paqukun	lëën
250	蛮干的	lëntus	
251	清洁/干净	arun	
252	脏	bujar	akti
253	污	nantuku	laibër
254	明亮的	giltar	giltagar
255	明显的	ilëkën	

续表

序号	汉语	鄂伦春语	其他发音形式
256	公开的	ilë	
257	明的	gëtuñgi	
258	暗的	daliñgi	akdirin
259	清楚	gëtukun	
260	新鲜	irkikin	
261	鲜活的	inikin	
262	活的	ignikin	iinkin
263	模糊不清的	buruñgu	
264	不清楚的	butukin	buruk
265	相干的	daljiqi	
266	类同的	dursuki	
267	一样的	adal	ëmun adal
268	闷的	bukqin	butu
269	暗黑的	bali	buru
270	灰暗的	buruñgir	burhug
271	黑暗的	parhan	paktëri
272	阴天的	tuksuqi	
273	美的	nanda	ayaman
274	秀美的	giltukan	
275	英俊的	giltuñga	gañga
276	鲜艳	goñgo	
277	闪亮的	gilta	
278	耀眼的	giltakun	gilga
279	秀气的	gosgon	

续表

序号	汉语	鄂伦春语	其他发音形式
280	美好	nandakan	
281	愉快	sëbjin	
282	安宁	taywan	ëlkë
283	丑陋的	ërukën	
284	丑的	bojiki	
285	醉酒的	sokto	soktoku
286	烂烂的	lanlar	
287	危险	tukxin	ñëëlëki
288	险恶	ërukën	
289	奇怪的	kaqin	
290	稀奇的	komos	komor
291	古怪的	dëmuñgë	
292	广阔	nëlin	ëñgël
293	生	ësukun	ëxikin
294	熟	urakun	irikin
295	老	sagdi	
296	年轻	askan	jalu
297	男的	nira	
298	女的	axi	asali
299	公的	aminan	
300	母的	ëminën	
301	嫩	nëmër	nerka
302	巧	dëmgi	dëñgi/iltan
303	厉害	ërsun	ñëëlëmu

序号	汉语	鄂伦春语	其他发音形式
304	专横	ëtëñgi	
305	暴躁	akjun	dokqin
306	狂妄	balam	
307	直心眼的	qodor	qoqur
308	自夸	bardagña	
309	自傲	qoktor	
310	残酷	karkis	këjur
311	吝啬	kimki	mënikir
312	抠门儿	gaajas	
313	啰唆的	yargin	
314	麻烦的	largin	larji
315	有名的	gërbiqi	
316	有力的	kusuqi	pëliqi
317	可爱的	gujëmugdi	
318	可笑的	iniëmugdi	iniëmu
319	可惜的	kayran	kormukti
320	悲伤的	gasalamu	
321	可恨的	qiqirke	
322	可恶的	kordomo	ëgëmu
323	可耻的	aktimu	golomu
324	不要脸的	aljimu	
325	可怜的	gujëye	
326	可怕的	ñëëlëki	ñëëlëmu
327	惊怕的	oloki	ñëëñigdi

续表

序号	汉语	鄂伦春语	其他发音形式
328	滑稽的	monio	xolgin
329	怪异的	geekamugdi	
330	高兴的	agdamugdi	
331	吉祥的	jiyañga	urgun
332	仁慈的	goxiñga	
333	痛快的	sëlugun	
334	厌烦的	akamugdi	akamu
335	讨厌的	galamu	
336	惆怅的	munakun	itagan
337	单的	ëmukun	
338	双的	dabkur	
339	不对称的	suljir	jurin
340	相等的	jirgë	tëkqi
341	正面的	iskun	
342	公正的	tob	goltu
343	理性的	geeñga	
344	重要的	oyoñgo	
345	错误的	taxeen	taxen
346	自夸的/傲气的	bardan	

五　动词

序号	汉语	鄂伦春语	其他发音形式
1	闻	ñoko-	

序号	汉语	鄂伦春语	其他发音形式
2	呼吸	ërigëlë-	ëri-
3	吸气	taa-	ërgëlë-
4	呼气	uugub-	
5	吮吸	ximi-	imo-
6	张（嘴）	añge-	
7	咬	kika-	kik-
8	嚼	nanuqi-	nannaqi-/xee-
9	嚼（无牙者）	mömörö-	mëmër-
10	啃	këpëkë-	kënkë-
11	吃	jëb-	
12	吃饭	köömölö-	
13	含	amña-	
14	喝	imo-	im-
15	吸	ximë-	
16	吞	nimñë-	
17	咽	niñë-	nimñë-
18	卡住	kaka-	
19	噎住	irku-	jañgiri-
20	喂	irgi-	
21	喂饲料	bordo-	irgi-
22	饱	ëlë-	
23	消化	xiñgë-	
24	饿	omina-	jëmu-
25	渴	añka-	

续表

序号	汉语	鄂伦春语	其他发音形式
26	吹	puligi-	pulii-/uu-
27	喊	kuuni-	
28	说/讲	ulguqë-	ugqë-/gu-
29	述说	këënnë-	ulgub-
30	称/道	gu-	
31	吩咐	jaki-	jakila-
32	点名	toñkila-	toñki-
33	聊天	kööröldi-	
34	说梦话	ëbugi-	ugli-
35	结巴	këlëgedë-	
36	耳语	xuxugina-	qibana-
37	打听	aldumu-	
38	窃听	xiñna-	xilikxi-
39	解释	jiñjibu-	
40	叙述	gisumbu-	ulgubu-
41	表达	iltugë-	
42	说理	geenla-	geen ulguqë-
43	传播/宣传	sëlgi-	
44	啰唆	yayi-	
45	唠叨	pëludë-	
46	唠唠叨叨	yañqi-	nonnoqi-
47	出声/吭声	dilga-	
48	吟	gëñqi-	
49	嘟囔	bubunë-	

序号	汉语	鄂伦春语	其他发音形式
50	嘟哝	dunduri-	dumburi-/loñqi-
51	胡扯	ëmbirë-	qolqi-
52	瞎说	balqi-	
53	瞎扯	qëlimlë-	
54	折腾	dëbkërë-	
55	读	tuurë-	nonnaxi-
56	背（诵）	sëëjilë-	ëjib-
57	问	aññu-	añu-
58	笑	iniëktë-	inië-
59	嘲笑	basu-	goqilo-
60	开玩笑	yoolo-	
61	舔	ilikë-	ilëdë-
62	呕吐	iximki-	
63	吐痰	tumu-	
64	噘嘴	yarbalji-	xorbeha-
65	哭	soño-	
66	呜咽	sokxi-	sorkira-
67	哭泣	gëñgëni-	
68	哄（孩子）	ondo-	
69	叫	ëëri-	
70	喊叫	kuuni-	kagisa-
71	大声喊叫	barkira-	
72	响/回响	ura-	
73	吼	buuni-	

续表

序号	汉语	鄂伦春语	其他发音形式
74	狗叫	gogo-	ëkqu-/hokqi-
75	狼嚎	buuni-	
76	马嘶	iñqagla-	iñala-
77	牛叫	möörö-	
78	羊叫	miira-	miila-
79	鸡叫	ñugula-	gogogla-
80	母鸡叫	gurgur-	
81	母鸡叫小鸡	gogolo-	
82	鸟叫	tuurë-	jirjigna-
83	喜鹊叫	qakqi-	
84	乌鸦叫	gaara-	
85	布谷叫	gëbkulë-	gëkulë-
86	斑鸠鸣	turigi-	
87	蛐蛐叫	qorgi-	
88	嚷	samura-	saagi-
89	劝说	dabula-	kaxege-
90	告诉	xilba-	
91	转告	jiñjibu-	ulguqëbu-
92	答应/接受	ali-	alim ga-
93	回答	karula-	
94	听	dooldi-	
95	眼睛发亮	gilbata-	ilga-
96	看	iqi-	
97	看见	iqiwu-	iqim baka-

续表

序号	汉语	鄂伦春语	其他发音形式
98	看守	saki-	
99	看病	ënuku iqi-	
100	观察	iqimqi-	iqiktë-
101	窥视	qilgiqi-	iqibki-
102	学	tati-	
103	写	ara-	oo-
104	草写	laqiki-	
105	抄写	sarki-	
106	起草	jisëlë-	jixilë-
107	写诗	xilë-	
108	遇见	bakaldi-	
109	见/接见	aqa-	bakaldi-
110	行礼	dorolo-	yoslo-
111	介绍	taaldika-	
112	认识	taga-	taab-
113	打	munda-	gugu-
114	捶打	lantula-	tanda-
115	拳打	nurgala-	babuda-
116	拍打	saskala-	
117	冲突	karquldi-	agqaldi-
118	愁闷	gusqu-	gusku-
119	打盹	toñkoqi-	aamaka-
120	打扮	yañjila-	dasa-
121	打饱嗝	këkërë-	

序号	汉语	鄂伦春语	其他发音形式
122	打嗝	jokdo-	
123	打喷嚏	iqki-	ixki-
124	打哈欠	këwxe-	qooni-
125	打呼噜	korkira-	kokira-
126	打寒战	xilki-	
127	打踉跄	ëqitë-	bëdër-
128	打闹	apu-	apuldi-
129	打赌	mëktë-	
130	打扫	ësu-	
131	打雷	agdiru-	
132	打闪	talke-	taliniw-
133	刮风	ëdu-	ëdi-
134	飘荡/飘扬	ëdimu-	
135	裂缝	jabkara-	
136	裂开	gabkara-	
137	裂口	sëbtëg-	ëltërgë-
138	倒塌	norga-	
139	心跳动	tukxi-	
140	着急	paqikexi-	uuta-/ëliinqë-
141	忙碌	bëgëqë-	bëndë-
142	急躁/发急	dabdagna-	
143	忍耐	tësu-	
144	累	usun-	usu-
145	劳心	jogo-	jobo-

序号	汉语	鄂伦春语	其他发音形式
146	辛苦	qañgal-	
147	歇	ërgë-	amra-
148	伸手	sone-	soone-/gini-
149	招手	ëlki-	
150	指给	juri-	qilba-
151	指示	qilbaki-	
152	碰	naab-	penne-
153	碰见	bakaldi-	
154	借	aksu-	akqi-
155	租	turi-	
156	偿还/还	tawda-	buurgi-
157	要	ga-	
158	摸	bili-	tëmi-
159	摸黑找	tëmtëri-	
160	摸索	tëmilë-	
161	抚摸	ili-	
162	推	ana-	anab-
163	推辞	xilta-	xiltagla-
164	敲	tokxi-	toñki-
165	拉	taa-	iru-
166	拽	jukta-	
167	按/按摩	muru-	ilibki-
168	压	tiri-	
169	抓	jawa-	

续表

序号	汉语	鄂伦春语	其他发音形式
170	握	asugla-	jawa-
171	挠	uxi	uxikala-
172	掐	kakuri-	
173	捂	aku-	butulë-
174	接	ali-	
175	拿	ga-	
176	拿走/拿去	ëlbu-	ëlbug-
177	采	urë-	
178	捧	komla-	qomolo-
179	夹	kabqi-	
180	挟	ogonilo-	
181	搓（绳）	toñko-	tono-
182	拧（衣）	xirë-	
183	拧（螺丝）	murki-	
184	捏	qimki-	kimqigla-
185	拔	tagdi-	
186	连根拔	boltat-	
187	摘（花）	wata-	
188	摘（野菜）	mara-	
189	摘（野果）	muru-	muli-
190	摘（帽子）	sugu-	
191	摘选	xilë-	soñgo-
192	揪	logta-	lorgi-
193	抠	koñki-	

续表

序号	汉语	鄂伦春语	其他发音形式
194	擤鼻子	xile-	
195	放下	nëë-	
196	放走	tii-	tiim ulikënë-
197	松开	sulala-	sulla-
198	禁止	papula-	
199	放盐	dawsula-	katala-
200	放牧	adula-	
201	吃草	oñko-	
202	扔	nooda-	garunda-
203	扔石头	jolodo-	joldo-
204	投	garunda-	
205	摔出	dëñkë-	larki-
206	找	gëlëë-	
207	捡	tëmku-	
208	拾	tiwa-	tumëkë-
209	舀	soko-	
210	撇浮油	alge-	hali-
211	倒掉	yëëbku-	
212	遗失	ëmmë-	ëmë-
213	扛	miirëlë-	uwo-
214	抬	uyii-	
215	抡	dalge	
216	提	ëlgë-	ëlgëbu-
217	抱/搂	kumnë-	

续表

序号	汉语	鄂伦春语	其他发音形式
218	搂怀里	ëwërlë-	
219	背（孩子）	jaja-	
220	背（物）	iñi-	inda-
221	穿	tëti-	
222	戴	aawula-	
223	脱	luku-	lok-
224	盖	nëmu-	libki-
225	装入	tëwë-	tëw-
226	靠	nalu-	tuxi-/tuti-
227	靠近	laktu-	
228	依靠	aanag-	
229	倚仗	ërtu-	ërëmki-
230	站立	ili-	
231	起来	yuu-	
232	坐	tëë-	tëëb-
233	跪	ëñëntë-	mëlkib-
234	盘膝	jebi-	jewi-
235	爬（人）	mirki-	
236	爬（虫）	kuli-	
237	爬山	maqu-	
238	攀登	tubtugë-	maqubki-
239	勤奋	kuqulë-	
240	蹲	qomqi-	
241	撅屁股	toñge-	

序号	汉语	鄂伦春语	其他发音形式
242	掉	tiki-	tik-
243	俯卧	kummixilë-	
244	仰卧	tañgexila-	
245	出溜	kalturi-	kaltiri-/kaluri-/kaliri-
246	跌倒	tiki-	
247	跌价	ëwë-	tikib-
248	躺下	kulëë-	ulëë-
249	扭	morki-	kuri-
250	回头	orgi-	ëtëë-
251	背手	ñaala noda-	
252	挺胸	këkti-	ërki-
253	俯身	mëku-	
254	弯腰	moro-	
255	歪斜	kayda-	kaje-
256	四肢伸展	sarbe-	
257	翻	kurbu-	ukëy-
258	更新	irkinlë-	
259	翻寻	susë-	
260	翻跟头	toñkoli-	pukëqi-
261	翻转	kurbulji-	
262	推翻	tiku-	anamtiku-
263	超越	daba-	dabam yuu-
264	超群	qolgura-	
265	仔细查找	kimna-	kimqik-

续表

序号	汉语	鄂伦春语	其他发音形式
266	垮台	mugë-	
267	转过去	orqi-	urgi-
268	返回	muqu-	kari-
269	退回	muquka-	
270	绕弯子	qëkëëri-	
271	缩小	soyi-	niqukun oo-
272	缩口	uru-	
273	缩短	urumkud-	urumkun oo-
274	缩回	timara-	
275	缩紧	gokoro-	
276	卷	uku-	
277	刀刃锩	mumuri-	umkur-
278	毛发卷	mokli-	
279	卷衣袖	xima-	xilam-
280	卷曲	uturu-	
281	掘	ëtu-	
282	滚	umpuri-	ukël-
283	踩	ëki-	
284	踢	pisgulë-	piskulë-
285	跳	ëtëkë-	
286	蹦跳	ëtëkëqë-	
287	心跳	tukxi-	
288	跳舞	ëkilë-	ëtëkëlë-
289	唱歌	jaanda-	

续表

序号	汉语	鄂伦春语	其他发音形式
290	走	yabu-	
291	徒步行走	yookolo-	gira-
292	迈步	algaqi-	
293	散步	ulikëqi-	
294	闲逛	tëkëri-	gikutë-
295	摸黑走	bëtëri-	tëmulë-
296	大步走	jorolo-	
297	串门/旅游	tëkëëri-	
298	踏	ëkilë-	
299	弯腰走	qomqo-	
300	离开	ëylë-	
301	离婚	ëymu-	këymu-
302	摆脱	moltag-	
303	逃脱	tuksa-	bultag-
304	解开	moltolo-	bëri-
305	步行	yookolo-	gira-
306	越过	dulë-	
307	过河	ëdël-	
308	涉水	oloo-	
309	横跨	aktala-	alamki-
310	过分	daba-	
311	过火	këtrë-	
312	过错	ëndë-	
313	挑拨	suxiki-	ubku-/arkimaqi-

续表

序号	汉语	鄂伦春语	其他发音形式
314	弄错	taxera-	taxeera-
315	移	guri-	gurgul-
316	排队	miirëlë-	
317	退出	mita-	muqu-
318	跟	aañi-	
319	追	amqa-	niamnia-/asu-
320	追寻	nëkë-	
321	让步	anabu-	
322	允许	ayib-	ooxi-
323	佩带	tulu-	
324	带路	aañika-	
325	经过	dulëbu-	nukqi-
326	路过	daari-	
327	来	ëmë-	
328	进/入	ii-	iinë-
329	去	ñënë-	
330	出去	yuu-	
331	上	tukti-	yuub-
332	上升	uyixilë-	
333	上去/登上	yuu-	tuktik-
334	兴起	mukdë-	
335	下	ëwu-	
336	起云	tuksulë-	tuksuxi-
337	云堆积	böömörö-	

续表

序号	汉语	鄂伦春语	其他发音形式
338	下雨	udi-	tikdë-
339	下雪	iman-	ima-
340	天晴	gaal-	buga aril-
341	天阴	burku-	buga iintë-
342	晚/迟	amandi-	
343	迟延长久	guyida-	uda-/ëlkëqi-
344	加快	diyarla-	
345	过	dulë-	
346	过期	nugqi-	ëriñi dulë-
347	过瘾	sëlëbu-	
348	失误	ëndëbu-	
349	跨越	ala-	dabu-
350	跑	tugtuli-	tusa-
351	小跑	soñqi-	
352	奔跑	taqikina-	
353	马小跑	katra-	morin katra-
354	马小步快走	soñqi-	morin soñqi-
355	马尥蹶子	bulgi-	morin bulgi-
356	马受惊吓	urgu-	morin urgubu-
357	马拉套	sokda-	
358	骑马	morila-	morin ug-
359	策马	dabki-	morin dabki-
360	牛顶	sukila-	murgu-
361	飞	dëyli-	

续表

序号	汉语	鄂伦春语	其他发音形式
362	出发	gurgul-	
363	到	iqi-	iqina-
364	到达	iqina-	iqim ëmë-
365	降落	doo-	
366	落下	ëwë-	dooñki-
367	栖息	doomu-	
368	等待	alaqi-	alaaqi-
369	有	bi-	
370	得到	baka-	
371	丢	ëmëë-	
372	收回	gajargi-	kubtu-
373	回去	ñënu-	
374	送	iraa-	
375	送行	udë-	yuugu-/ëwërkë-
376	送到家	iqiwu-	
377	回来	ëmërgi	
378	转弯	ërgi-	oggi-
379	弯曲	mori-	
380	扭曲	moxigildi-	
381	扣弦上弓	tabu-	yakqi-
382	锯掉	hogda-	uugunda-
383	切	jigë-	
384	剔肉/剥皮	goo-	
385	和面	nuku-	gulin nuku-

序号	汉语	鄂伦春语	其他发音形式
386	发面	paala-	gulin paala-
387	割（刀）	mii-	jisu-
388	割（镰刀）	kadi-	
389	划开	jisu-	
390	扎	arki-	
391	用扎枪扎	gidla-	arki-
392	扎针	namala-	immë arki-
393	刻	gëyi-	sëyi-
394	雕刻	suylë-	
395	砍	qabqi-	
396	劈	dëlkë-	iwë-
397	砸碎	biqla-	
398	分/分解	uyëlë-	
399	分配	uuqa-	uuqam buu-
400	区分	ilga-	
401	结合	holbo-	
402	分开	kakqala-	
403	裂开	kakqa-	sëktëg-
404	开	lañi-	nañi-
405	开始	ëwurkë-	
406	开线	kanjira-	
407	裂开（布）	sëjirgi-	
408	揭露	ilatga-	wata-
409	花怒放	ulkura-	

序号	汉语	鄂伦春语	其他发音形式
410	闭（眼）	nindë-	
411	吹口哨	piqakula-	piqaku uugub-
412	圈起来	kori-	
413	下纲套	turu-	gantos nëë-
414	围猎	kukala-	
415	打猎	bëyu-	butaka-
416	锁	gulji-	
417	闩上门	yakqi-	
418	出	yuu-	yuub-
419	出来	yuum ëmë-	
420	露出	bulti-	
421	住	tëë-	aaña-/ëwë-
422	闭眼	nindë-	bali-
423	睡	aaqi-	
424	哄孩睡	bëëbulë-	
425	瞌睡	gëkëxi-	aami-
426	醒来	sërë-	sër-
427	清醒	gëtë-	sërgi-
428	休息	amra-	
429	安定	ëlkënë-	ayamaqi-
430	享受	jirga-	bañkura-
431	照	ilaa-	
432	照射	ilaanta-	ilaanka-
433	照镜子	bilukudë-	

续表

序号	汉语	鄂伦春语	其他发音形式
434	编辫子	ilqa-	niuktëji ilqa-
435	梳头	igda-	niuktëji igdu-
436	剃头	kanna-	niuktëji kanna-
437	漱口	bolok-	amñaji bolok-
438	洗	xilki-	
439	洗锅	kaxi-	
440	洗牌	saqu-	
441	游泳	ëlbëxi-	ëlpët-
442	害羞	ilint-	ilimt-
443	害臊	alja-	
444	理睬	kërqë-	iqihi-
445	理解	guuru-	
446	谗	ëyëqi-	
447	尝	amtala-	amtla-
448	尝试	qindë-	
449	含着	amña-	
450	包含	bakta-	ooqi-
451	点火	tëñki-	
452	烟熏	saññantka-	
453	烧	dalga-	
454	烧火	togolo-	ila-
455	烧红	uti-	sërë-
456	烧烤	xila-	dalga-
457	烤焦	kaksa-	dalgabu-

续表

序号	汉语	鄂伦春语	其他发音形式
458	发烧	ёkugdilё-	
459	燃烧	lurgi-	
460	火旺	kukji-	
461	烧开水	uyukё-	muu uyukё-
462	水开	uyi-	
463	灭亡	muku-	
464	消灭	mukukё-	
465	泯灭	xiibkё-	arila-
466	炒	kulku-	
467	扬（茶）	samra-	
468	冒烟气	suma-	paagi-
469	做	oo-	
470	办事	iqige-	
471	烤	xila-	uli-
472	烤火	ilёqi-	kaga-
473	炸	qaru-	
474	煨（用火）	igi-	uyёktёlё-
475	煨（用水）	boldok-	
476	冒烟	sañña-	
477	炖	nuñala-	dunlё-
478	烙	kagri-	
479	煎	qaru-	jella-
480	煮	ölöö-	
481	蒸	jёññё-	

序号	汉语	鄂伦春语	其他发音形式
482	用热水烫	buldu-	bulduk-
483	热	ëkulgi-	
484	扇	dëbi-	
485	磨面	musulu-	indë-
486	磨损	manawu-	manu-
487	磨墨	bëhëlë-	
488	磨墙	nila-	
489	揉	moñi-	nukaqi-
490	筛	sayjila-	sayi-
491	挤奶	saga-	
492	挤干	xiri-	
493	盛	soko-	sokob-
494	饭变味	uum-	uunlë-
495	变馊	jisulë-	jisun oo-
496	腌咸菜	dawsulo-	
497	发酵	jisulë-	
498	想	joo-	bodo-
499	猜	tulbi-	taa-
500	估计	anabu-	
501	信	akda-	tëjiqi-
502	回忆	joomu-	
503	思念	joo-	
504	怀念	mërugi-	jooñko-
505	记住	ëji-	

续表

序号	汉语	鄂伦春语	其他发音形式
506	忘记	omño-	
507	怀疑	sëgi-	sëjibki-
508	爱	ayawu-	
509	吻/接吻	noka-	uunqi-
510	爱护	mula-	
511	宠爱	huñala-	ërkëlëhë-
512	溺爱	bobila-	
513	珍惜	narila-	
514	爱惜	gujë-	
515	喜欢	tikala-	taala-
516	尊敬	gugdaxi-	
517	尊重	urgëlë-	
518	行孝	gosula-	ayabu-
519	戴孝	xinakila-	
520	重视	oyobo-	
521	款待	kundulu-	
522	伺候	arqa-	aqa-
523	包容	baktaga-	tëwu
524	体谅	nagali-	guuru-
525	放宽	ëñgëli-	
526	感谢	banikala-	agda-
527	祝贺	urgunlë-	
528	谢绝	anaki-	
529	恨	kinu-	kënë-

续表

序号	汉语	鄂伦春语	其他发音形式
530	憎恨	qiqirë-	qiqir-
531	怀恨	ëgëdë-	
532	讨厌	jubuqi-	
533	抱怨	gasla-	
534	怨恨	usuga-	jusug-
535	埋怨	gëgëni-	
536	腻烦	anibki-	
537	烦恼	aka-	
538	哀伤/悲痛	gasa-	goxi-
539	为难	mañgat-	jogo-
540	生气	panqa-	
541	赌气	ale-	butu
542	消气	tiimu-	
543	骄傲	omogxi-	biike-
544	兴奋	dëwë-	
545	高兴	agda-	urunë-
546	过年	anela-	
547	奇怪	geeka-	sonimki-
548	吃惊	olo-	
549	惊呆	bëktë-	
550	惊动	urgu-	
551	惊慌	burgi-	purgima-
552	惊厥	kuli-	
553	惊怕	sëqulë-	olobki-

续表

序号	汉语	鄂伦春语	其他发音形式
554	可怜	ënibu-	
555	帮助	ayaxila-	ayxila-
556	使用	baytala-	
557	用	takura-	baytala-
558	雇佣	turi-	turim takura-
559	派（去）	tomila-	
560	派遣	ñënukë-	
561	求/请求	gëlëë-	amña-
562	央求	yanda-	
563	托付	jaki-	gëlëb-
564	称赞	këënnë-	
565	决定	tokto-	
566	同意	tikala-	oomxi-
567	批评	pilë-	
568	断绝	lakqi-	
569	稳重行事	labdula-	ëñgëli-
570	立春	nëlkilë-	nëlki ii-
571	天气回暖	butu-	
572	立夏	juglo-	juga oo-
573	开荒	suksala-	jëgdi-
574	开垦	sëqi-	
575	犁地	añjila-	lañi-
576	耙地	narga-	malta-
577	种	tari-	tara-

序号	汉语	鄂伦春语	其他发音形式
578	翻地	urbuka-	
579	浸种子	dëbtukë-	
580	撒种子	usë-	urë-
581	收割小麦	maysë uru-	
582	发绿	quturi-	nogoro-
583	发芽	xihilë-	uruku-
584	长出来	urgu-	yuu-
585	开花	ilgala-	naptara-
586	立秋	bollo-	bolo ii-
587	结果	tëgë-	
588	成熟	ura-	
589	收割	kadi-	
590	簸	suksu-	dëbë-
591	立冬	tuwëlë-	tuwë ii-
592	挖	ëtu-	ëtë-/ulë-
593	剜/挖	ëtu-	koñki-
594	掏/挖井	malta-	
595	插（秧）	xixi-	
596	栽（苗）	tëwu-	tëwëkë-
597	浇	uñku-	
598	倒水	yëëbku-	
599	降霜	gëbti-	ikxan-
600	搓	tomu-	
601	纺线	ëru-	nëkë-

续表

序号	汉语	鄂伦春语	其他发音形式
602	搬/运	jugu-	iru-
603	搬迁	niulgi-	
604	游牧/迁徙	nuktolo-	
605	变化	kuwil-	ukiiki-
606	变老	sagdira-	sagdi oo-
607	变弱	ëwrë-	
608	变穷	yadura-	yadun oo-
609	受苦	mogo-	jogo-
610	变富	bayiji-	bayin oo-
611	拖延	ëlkëxi-	
612	耽误	karta-	saata-
613	转动	ërgi-	qëkër-
614	撞	murgu-	
615	分解	ëylë-	
616	捣/舂	nuku-	nukub-
617	杵	qokqo-	
618	染色	bodo-	
619	退色	ëwërë-	
620	退缩	mita-	amaqikila-
621	涂油	imuksëlë-	
622	蘸	ulga-	duru-
623	晾	olgi-	
624	溅出	qalge-	uñku-
625	喷出	puqu-	

序号	汉语	鄂伦春语	其他发音形式
626	抽出	sugu-	
627	捞出	xigu-	
628	刺入	gidala-	gidla-
629	插入	arki-	
630	塞入	xigqi-	
631	弄满	jaluka-	durgi-
632	缺	abal-	
633	漏	sabda-	qantu-
634	滴	qorgi-	
635	塞	xiwa-	xibqi-
636	堵	kaadi-	aku-
637	和泥	niuk-	suu-
638	垒/砌	saga-	
639	抹泥	xiwa-	tilpa-
640	陷入泥泞	xiwarda-	
641	下沉	yuru-	ëwë-
642	塌方	nurga-	
643	浮出来	dëgdë-	
644	漂浮	ëyëmu-	
645	流	ëyë-	ëyëë-
646	泼水	qaqu-	
647	洒（水）	uñku-	
648	涨水	uyilë-	
649	泛滥	uyibu-	

续表

序号	汉语	鄂伦春语	其他发音形式
650	溢	bilta-	miltë-
651	沸	uyi-	
652	掺	suwali	urku-
653	缠绕	ërkë-	uqi-
654	蛇缠	kagi-	
655	缠扰	kalgi-	karxe-/kaadi-
656	缠	ërë-	
657	绊脚	budri-	
658	绊住	dëgëlë-	
659	阻挡	dali-	
660	阻塞	libki-	aku-
661	拦阻	kaadi-	akubu-
662	拦截	taguka-	
663	绊住（马）	xidërlë-	qidërlë-
664	陷害	korlo-	
665	诬陷	gëgdë-	
666	诽谤	ëëlë-	ëruki-
667	整人/害人	yodolo-	bëyëwë korlo-
668	陷落	gawu-	
669	挣扎	bënqi-	
670	拉扯/抚养	iro-	irom irgi-
671	拉扯/用力	lorgi-	
672	牵扯	labtu-	daljibu-
673	断掉	tuxibu-	

续表

序号	汉语	鄂伦春语	其他发音形式
674	弄断	puxit-	qakabu-
675	撅断（棍）	koñqot-	
676	折断	qakala-	qakabu-
677	割断	tuxibu-	
678	砍断	moktolo-	
679	裂纹	garga-	
680	出豁口	koltog-	sëntëg-
681	弄成圆	mokoli-	
682	甩	laxiki-	larki-
683	拴	hërkë-	
684	钉	tibkë-	hadi-
685	钉铁掌	takla-	
686	顶/撑住	tulga-	tula-
687	顶替	orlo-	
688	顶嘴	ëmudi-	akqala-
689	小孩顶嘴	akqatkila-	
690	立起来	ilu-	ilibka-
691	扣放	uñkë-	kumug-
692	挂住	tabu-	
693	套车	toko-	
694	驾车	ëlgë-	tërgën ëlgë-
695	套笔帽	homkolo-	
696	套马	hurgala-	morin hurgala-
697	蒙盖	kumi-	

续表

序号	汉语	鄂伦春语	其他发音形式
698	捂（头）	uku-	
699	铺/垫	sëktë-	denlë-
700	撒网	sari-	sëskebu-
701	垫平	tëgëli-	
702	刨平	tuybala-	karu-
703	增加	noñi-	
704	缩减	ibka-	abqi-
705	迟缓	goyda-	
706	重叠	dabkurla-	
707	双人骑马	sundala-	
708	折叠	kutë-	komi-
709	挂	loko-	
710	钩	goholo-	
711	钩上/别上	tabu-	tabuka-
712	钩住	dëgëlë-	
713	用脚钩	taxi-	
714	勾结	suwëldi-	surgildi-
715	勾引	gorolo-	xirgut-
716	勾销	makla-	
717	钓	ëmëkëndë-	
718	动	gurgul-	
719	动用	gurgukë-	
720	动手	ñaalada-	ñaala ii-
721	摆动	laqila-	gakulj-

序号	汉语	鄂伦春语	其他发音形式
722	上下摆动	ëwkëljë-	
723	摆弄	baqila-	
724	挪动	guribu-	
725	隔开	gayla-	
726	搅动	kotko-	ubku-
727	修理	dasa-	
728	整理	tëkqilë-	
729	劳动	gërbëlë-	
730	努力	kuqukilë-	ximkë-
731	扫地	ësu-	
732	挑担	damjila-	
733	划船	sëlbi-	sëli-
734	抽烟	damga taa-	
735	冻	gëkti-	gëbti-
736	冻僵	bëbrë-	
737	雪面变冻硬	qagji-	qargi-
738	结冰	umuksulu-	
739	江河上面冻薄冰	qarqa-	
740	溶化	uu-	wëë-
741	晒蔫	abgu-	niampa-
742	枯萎	nagu-	kobkor-
743	干枯	olgo-	
744	腐烂	munu-	
745	生锈	jiwurë-	

续表

序号	汉语	鄂伦春语	其他发音形式
746	晒干	ulgi-	katga-
747	涸干	kaga-	xirgi-
748	晒太阳	kaaga-	
749	晒谷物	sara-	
750	变坏	ёrut-	ёru oo-
751	反目	ёruldi-	juka-
752	破损	manawu-	
753	得病	ёnukulё-	
754	发愁	jogo-	jog-
755	心里感到郁闷	gibka-	bokini-
756	包药	ёbkё-	
757	包	ёbkё-	
758	捆	uku-	ёbkё-
759	治病	dasa-	
760	用偏方治病	domno-	
761	刮毛	kaña-	
762	刮皮子	xilo-	goso-
763	刮掉	ёru-	
764	刮鱼鳞	ёru-	
765	剪掉	kayqila-	
766	擦	awa-	iki-
767	抹药	oktolo-	
768	膨胀	kёwё-	
769	胀肚子	mada-	kёwё-

续表

序号	汉语	鄂伦春语	其他发音形式
770	泻肚子	qiqira-	
771	发水	uyuwu-	
772	发木	monoro-	
773	发呆	mënërë-	
774	发懒	baa-	ënëlkën-
775	发掘	ëtu-	
776	发情（马）	giru-	
777	发送	yabuka-	
778	发抖	xilgiqi-	xigxi-
779	发配/流放	tamuki-	
780	发誓	gasku-	
781	发奋	kuqujë-	
782	发光	ëldënë-	ilaan-
783	闪光	ilaan-	
784	发亮光	giltagna-	
785	发扬	ilaant-	
786	急喘气	badaraha-	oogila-
787	晕	sëgri-	ërigi-
788	昏厥	aruun-	mënët-
789	昏迷	magar-	mañgar-
790	眩晕	ilgana-	burulj-
791	摇晃	laxiki-	këlbëljë-
792	摇头（一次）	laxi-	larki-/saji-
793	摇头（不断）	laxiki-	larkiki-/sajiki-

续表

序号	汉语	鄂伦春语	其他发音形式
794	摇尾	xirba-	
795	翘尾巴	gёdёnё-	
796	摇动	kaygulji-	kaygu-
797	痛	ёnu-	
798	瘸	dokolo-	
799	拄拐棍	tiwёqi-	
800	烫手	kalgi-	qargi-
801	卷缩	moro-	ёgёrё-
802	皮破肉出	ularga-	
803	变皮包骨	gañgami-	
804	变罗锅	mukquru-	mukturё-
805	变瞎	bali-	
806	瞪眼	bultaxi-	
807	生活	baldi-	
808	准备	bёlёk-	bargi-
809	出嫁	uyё-	uyёw-
810	结婚	kodala-	uyё-
811	结亲	sadula-	
812	娶妻	uyёmu-	uyёёb-
813	邀请	soli-	
814	等候	alaat-	
815	迎接	oktu-	agqa-
816	给	buu-	
817	给彩礼	qantula-	

序号	汉语	鄂伦春语	其他发音形式
818	献给	alibu-	alim buu-
819	发放	buu-	
820	客气	anatkila-	
821	繁殖	pusubu-	
822	怀孕	dabkur oo-	bëyëb-
823	生/生子	baldi-	urul baldi-
824	分娩	iqiwu-	
825	起名	gërbilë-	
826	坐月子	beega tëë-	beegala-
827	吃奶	uku-	
828	活	iinig-	
829	长	usu-	
830	淘气	pëkxi-	xeenag-
831	表现轻佻	dëgdëgnë-	dagdagna-
832	挽裤腿	ximal-	xima-
833	表现麻木	mënrë-	
834	感到酸麻	xini-	xili-
835	肿	këwë-	këwu-
836	抽筋/抽搐	taamu-	
837	孵	nëpqë-	
838	酿酒	bura-	nërë-
839	醉	sokto-	
840	拉屎	amu-	
841	撒尿	qëkë-	

续表

序号	汉语	鄂伦春语	其他发音形式
842	把尿	ali-	
843	发痒	otu-	
844	瘙痒	jiyili-	otugë-
845	起红肿	guru-	
846	生疮	ukxi-	
847	化脓	naakqila-	idëlë-
848	发霉	uu-	munu-
849	发臭	waala-	
850	蹭破	qilbug-	
851	蹭	iñki-	
852	碾伤	neljig-	nelgu-
853	血凝结	nuru-	nujibu-
854	着凉/冷	bëgi-	
855	发冷而卷缩	gokaro-	komqi-
856	乘凉	sëruuqi	
857	出天花	bayilka-	
858	传染	iqëbu-	tara-
859	咳嗽	qimki-	
860	病重	urgëlë-	urge ënuku baka-
861	贴上	laktuka-	
862	粘住	laktu-	laktuli-
863	吓唬	ñëëlukë-	
864	吓一跳	olu-	
865	赌博	jiga ëtëldi-	

序号	汉语	鄂伦春语	其他发音形式
866	眼红	ulii	ulga-
867	皱眉	atori-	
868	斜视	kili-	kilii-
869	蔑视	uqikulë-	
870	眨眼	samni-	
871	输	ëtëwu-	ëtu-
872	赢	ëtë-	ëtëb-
873	偷	kulaka-	
874	撒谎/骗	ölököqi-	
875	撒酒疯	suku-	solera-
876	发疯	galjura-	
877	撒娇	ërkëlë-	
878	撒野	ëtuk-	
879	称霸	ëtuku-	
880	隐瞒/隐藏	jayi-	dalu-
881	讨饭	gëlëë-	köömö gëlëë-
882	耍赖	gërdë-	laila-
883	耍心眼	jalida-	
884	胡搅	dayxe-	kotko-
885	逞狂	balamda-	
886	夸耀	bardañila-	
887	骂	niñi-	niñii-
888	大声吵闹	durgi-	
889	诅咒	noñqi-	

续表

序号	汉语	鄂伦春语	其他发音形式
890	吵嚷	saagi-	saagildi-
891	吵嘴	këruldi-	
892	吵架	soogildi-	
893	打架	mondaldi-	duktumaxi-
894	杀	waa-	
895	屠杀	gidu-	
896	宰	uguqi-	ugqi-
897	饲养	ulëbu-	irgi-
898	叮	sari-	
899	皲裂	ëne-	
900	接近	añqila-	
901	亲近	dabke-	dagaki-
902	接替	orlo-	
903	对着	akqala-	
904	玩耍	ëwi-	koñalki-
905	接续	xira-	
906	操练	urëbu-	
907	测量	këmjëlë-	liañlë-
908	秤	ginlë-	
909	比	adalita-	biilë-
910	比喻	dursulë-	
911	模仿	alma-	
912	比量	qëlë-	tëmnë-
913	比赛	mëljë-	

序号	汉语	鄂伦春语	其他发音形式
914	用劲	kuqulë-	
915	缓慢的动作	bëbuljë-	aaliga-
916	笨拙的动作	moñkido-	
917	区分开	kakqala-	
918	区别	ënqulë-	öntölö-
919	战斗/打仗	apuldi-	
920	征战	dayla-	apuldibu-
921	武装	ukqilë-	
922	侵犯	nëqi-	ëjik-
923	乱扑乱打	apu-	
924	弄脏乱	balqi-	pasun ooxi-
925	散乱	pasuku-	
926	射	garpa-	utë-
927	打偏	këltërë-	
928	打中	naw-	nawka-
929	结束	ëtë-	
930	结交	guqulë-	
931	摔跤	jawaldi-	
932	结盟	guquku-	
933	上吊	paxi-	kakuri-
934	死	bu-	
935	埋葬	bërki-	bula-
936	祭祀	omina-	taki-
937	祭酒	kisala-	

续表

序号	汉语	鄂伦春语	其他发音形式
938	敢	ëtërgë-	mewala-
939	表现英勇	baturla-	
940	会	ëtë-	
941	救	ayabu-	iinëmkë-
942	得	baka-	
943	对	joki-	
944	不是	öntö	
945	点头	doki-	këku-
946	尝试	amtala-	
947	祈祷	jalbari-	
948	祷告	irugë-	nami-
949	跳神	samada-	samani-
950	招魂	korila-	
951	受伤	urawu-	
952	记仇	kinula-	
953	忌恨	kilgida-	jiwuxi-
954	忌讳	sëgërlë-	sëji-
955	低头	tiri-	dilitiri-
956	磕头	murgu-	
957	怕	ñëëlë-	ñëlë-
958	畏惧	tukqi	olo-
959	惊吓	olo-	
960	颤抖	xilgixi-	
961	躲藏	jayi-	

序号	汉语	鄂伦春语	其他发音形式
962	躲闪	gilbu-	jayila-
963	逃跑	ukti-	
964	败逃	burula-	
965	擒拿	jawa-	
966	藏起来	diki-	jagi-
967	遮挡	dali-	
968	撕破	kooli-	
969	撕开	xidë-	
970	撕碎	urë-	suilë-/uruli-
971	破	ëbdu-	
972	破碎（布）	urëwu-	
973	破碎（碗）	biqira-	suig-
974	碾碎	niqala-	
975	破损	ludra-	ëbdu-
976	损失	kokira-	
977	破产	suntu-	
978	掠夺	duri-	
979	抢	tii-	
980	抢劫	tabqila-	gisu-
981	逼迫	ërgëlë-	
982	羞辱	giru-	
983	欺负	ëruqi-	
984	剥削	gëjurë-	
985	捆绑	boki-	

序号	汉语	鄂伦春语	其他发音形式
986	赶走	asa-	taxi-
987	赶（车）	gëlë-	gëlgë-
988	围堵/赶围	kaxi-	
989	骑	ug-	ugë-
990	开车	ëlgë-	kailë-
991	牵引	kutlë-	
992	牵连	kolboldi-	kolbowu-
993	驮带	aqi-	
994	阉割	akta-	mii-
995	啄	tonto-	
996	钻研	xiligi-	xiñki-
997	钻入	surgi-	
998	人群里钻来钻去	golduri-	sulgiri-
999	用钻具钻	ërundë-	
1000	钻洞	guldari-	
1001	钻透	kultulë-	
1002	陷入	ëwërë-	
1003	抽打	qibkida-	xabku-
1004	鞭打	qisugda-	qisugji monda-
1005	棒打	gasuda-	banqida-
1006	用刑	ërulë-	tamla-
1007	扑	tobko-	
1008	扑空	boltoklo-	oktugbu-
1009	澄清	gëtukulë-	gëtkulë-

续表

序号	汉语	鄂伦春语	其他发音形式
1010	感到幸福	kuturi-	
1011	感到快乐	sëbjilë-	
1012	感到舒畅	sëlu-	sëlgë-
1013	知道	saa-	
1014	清醒	gëtu-	
1015	懂	guru-	
1016	炼（钢）	urbu-	
1017	铲	qabqi-	tëxi-
1018	锄草	yañsa-	
1019	堆	mukala-	bukala-
1020	堆起	obolo-	
1021	堆积	uruu-	
1022	灌溉	muulë-	
1023	发潮	qiktë-	
1024	湿透	nëbtërë-	tantara-
1025	渗透	lëbtërë-	
1026	扎透	solpot-	lëpbu-
1027	装订	dëbtëlë-	
1028	装套	doktolo-	
1029	泡	dërbi-	dëbtëgë-
1030	浸泡	dëbtëgë-	ëyë-
1031	穿线	sëëmi-	
1032	缝	uldi-	uldib-
1033	细缝/缉	xiji-	

续表

序号	汉语	鄂伦春语	其他发音形式
1034	绷	tobki-	
1035	织	nëkë-	
1036	绗	xirdë-	toñño-
1037	纳鞋底	algala-	uxë-
1038	连接	xira-	
1039	补衣服	saa-	sañab-
1040	捶衣服	malu-	
1041	扣扣子	tobqila-	
1042	解绳索	buri-	
1043	系鞋带	uxilë-	uyi-
1044	系腰带	umula-	
1045	绣花	sëylë-	ilga arki-
1046	捻	xibëri-	
1047	改	kaala-	
1048	换	jumqi-	
1049	选	soñgo-	
1050	挑选	xili-	ilga-
1051	转	sëlgikë-	qëkër-
1052	用刀	kotolo-	
1053	磨刀	lëkdë-	iwu-
1054	磨亮	nila-	giltuka-
1055	摩擦	irku-	
1056	磨蹭	largila-	
1057	脱落	moltog-	kobkoro-

序号	汉语	鄂伦春语	其他发音形式
1058	弹奏	itga-	
1059	唱	jaanda-	
1060	讲故事	nimaka-	
1061	完结	mana-	ëtë-
1062	告状	kabqe-	
1063	教	xilba-	tatiga-
1064	教育	tatiga-	qilba-
1065	做生意	kudala-	jaka unii-
1066	做买卖	maymala-	
1067	做工	wëylë-	grebe oo-
1068	做细/弄细	narikula-	
1069	行事谨慎	jalimu-	
1070	做梦	tulkiqi-	
1071	买	uniim gada-	gada-
1072	卖	unii-	
1073	欠债	tambu-	urtë-
1074	抵押	damtula-	
1075	赔偿	tawuda-	tama-
1076	省钱	mula-	
1077	节约	kimqala-	
1078	攒钱	uruu-	mugun uruu-
1079	创造	uyisëlë-	
1080	建设	iliw-	
1081	奋斗	julku-	

续表

序号	汉语	鄂伦春语	其他发音形式
1082	发展	badara-	mugdë-
1083	提高	ugiqilëkë-	
1084	争先	nëkidë-	timqëldi-
1085	强化	bëkilë-	
1086	管理	kadla-	
1087	治理	dasa-	
1088	照看	ondo-	
1089	伺候	aqila-	sëhulë-
1090	干预	daljila-	
1091	投合	jokiwu-	jubki-
1092	合适	aqana-	juk-
1093	合作	korqi-	
1094	开会	gisala-	
1095	讨论	këwxe-	këbxildi-
1096	议论	ulgumëqi-	
1097	动员	gurgukë-	
1098	聚集	ura-	
1099	领导/指引	iru-	añiwka-
1100	号召	ëlki-	sëlgë-
1101	统一	ëmulë-	
1102	解放	sulëlë-	tii-
1103	胜利	ëtë-	tërëë-
1104	翻身	urgi-	uyi-
1105	传达	ula-	

续表

序号	汉语	鄂伦春语	其他发音形式
1106	支持	kuqulë-	
1107	保护	koomogqilo-	karma-
1108	保留	ulgë-	
1109	报答	karula-	
1110	表扬	kënnë-	ayaxi-
1111	夸奖	ugribu-	
1112	勉励	kukikë-	kuqubu-
1113	奖赏	xañna-	hënnë-
1114	检查	bayqa-	bayqam iqi-
1115	争辩	akqat-	
1116	斗争	tëmqë-	tëmsëldi-
1117	平息	nëqiki-	
1118	迷路	tëëri-	
1119	失败	upa-	ëtëwë-
1120	成功	bukala-	
1121	违背	bukala-	
1122	叛变	urbu-	
1123	罚	tawuka-	tabka-
1124	批评	taxiga-	
1125	反对	akqala-	
1126	处治	iqige-	
1127	歼灭	gisabu-	waa-
1128	侵略	tii-	
1129	发生混乱	pasukura-	samura-

序号	汉语	鄂伦春语	其他发音形式
1130	捣乱	dayxe-	
1131	流放	ala-	qulë-
1132	流浪	toñqi-	
1133	浪费	manuka-	suygë-
1134	拥挤	xika-	
1135	挤虱子	niqala-	
1136	数	toola-	tañi-
1137	算	bodo-	tañit-
1138	剩	ulë-	
1139	留下	duta-	
1140	狩猎	abala-	bëyu-
1141	打野兽	bëyu-	gurële-
1142	冬猎	koyakala-	
1143	围猎	sakala-	
1144	渔猎	butkala-	olo jawa-
1145	搜山	nëñi-	
1146	巡逻	qagda-	
1147	埋伏	bukqi-	dikib-
1148	埋	bula-	umi-
1149	能	ëtë-	
1150	逞能	ëtëñgilë-	
1151	叫作/道	gu-	
1152	干什么	ikono-	ikon/ooni
1153	别	ëji	ëgan

序号	汉语	鄂伦春语	其他发音形式
1154	没有	aaqin	aayin
1155	有/在	bi-	
1156	够	iqi-	
1157	平均	tëkqilë-	
1158	行/可以	oo-	
1159	对	tëji	jukrën
1160	不/不是	ëqin	ëyin

六 虚词

序号	汉语	鄂伦春语	其他发音形式
1	早就	këjëni	
2	早已	alibti	aalibti
3	早先	noobti	
4	早点	ërdëkën	
5	原来	dadi	daadi
6	以前	julëbti	
7	从前	agibti	niodu
8	从来	daqibti	
9	从而	tërëqin	tiqën
10	从此	ërëqin	ëwxikën
11	以上	tërëqin ugidë	tërgin
12	以下	ërëqin ërgidë	ërgin
13	以来	uuqigi	

序号	汉语	鄂伦春语	其他发音形式
14	近来	uquri	dagakir
15	最近	dagki	
16	以后	amaqigi	amilan
17	以及	oon	
18	已经	ëmutëri	
19	已然	toon	
20	已往	dulëki	
21	才	tëlikën	tëlimku
22	刚才	tëlin	ëxikëdu
23	刚刚	arankan	
24	马上	ëxitu	maaxin
25	尚未	ëqë	
26	快速	digar	
27	片刻	dirti	
28	立刻	iliki	
29	赶快	gibqun	
30	正在	tob	yag/jiñ
31	当即	nërgin	daru
32	有时	aadaduwi	
33	往后	amixi	ujidu
34	非常	ësukuli	
35	格外	mujiku	
36	太	ërsun	
37	很	mani	

序号	汉语	鄂伦春语	其他发音形式
38	十分	ëgënti	
39	特别	ënqukuli	öntökuli
40	极其	këti	
41	最	miin	
42	最最	miinti	
43	更	ëli	gëñ
44	愈	nian	
45	更加	ëlimë	ënimë
46	相当	ani	
47	真	jiñkin	unëñgi
48	的确	yarigin	tëji
49	确实	mëtër	
50	厉害	mañga	mandi
51	完整	gulkun	
52	一半	koltoko	
53	都	gum	gub/bambur
54	凡是	buk	
55	各种	kaqin	
56	全都	hobko	gub
57	一下子	ëmurëkën	
58	恰好	tobkin	
59	正好/刚好	jëëkin	
60	共同	ëmundu	ëmukur
61	和	okqi	

续表

序号	汉语	鄂伦春语	其他发音形式
62	只	ëmkun	
63	只是	dam	dan
64	一直	tondokon	
65	直直地	tondoggon	
66	光	ëmul	dan
67	就	utke	
68	就此	ërëqin	ërëdi
69	大概	barga	ëgdëdi
70	好像	ayadakan	
71	故意	jorte	
72	突然	gayta	
73	猛然间	gëntkën	xibkur
74	忽然	gaytikan	
75	猛然	dolkun	
76	慢慢	ëlkëkën	ëñgëlkën
77	差一点	gël	
78	稍微	askun	
79	经常	daktan	
80	常常	alikat	
81	平常	yërdi	
82	依然	këmji	taril
83	依照	ogiñji	
84	永远	alidukat	
85	长久	odan	

序号	汉语	鄂伦春语	其他发音形式
86	必须	iktukat	iktun
87	每	tagin	
88	好好	ayaji	ayakan
89	好多	bekal	
90	过分	dabañgi	nuktën
91	一次	ëmtan	ëmu madan
92	一点	ëmukël	
93	一旦	ëmudën	
94	一面	talgi	
95	一起	ëmudu	ëmundu
96	一共	ugëri	
97	一样	adal	ëmun adal
98	一并	ëmurël	ëmudu
99	一概	ëmkil	
100	一贯	yëril	yëridi
101	一气	ëmuqur	
102	一同	sut	ëmudu
103	一切	ëtin	gur
104	一一	ëmumtil	ëmu ëmuji
105	一再	ojira	
106	一会儿	kiyur	
107	一早	ërtëli	ërtëdu
108	一直	daqiduk	daaqiduk
109	一向	sëwëni	

续表

序号	汉语	鄂伦春语	其他发音形式
110	一顺儿	ëmunan	
111	一瞬	kiyurtël	ëkton
112	一时	umukël	ëmudul
113	还	naan	hay
114	还是	kaxil	
115	也	naan	
116	先	noogu	
117	先前	daaqi	
118	预先	noorim	juligin
119	起初	turtan	
120	直到	jabka	
121	白白	bay	oktur
122	随便	jalikili	
123	随意	jaliji	juqëhu
124	随后	amigiji	
125	勉勉强强	arañkan	albaji
126	同等	jërgi	ëmukuldu
127	互相	doolowol	
128	又	daki	naa
129	或者	ëmbiki	ëwiki
130	或	ëqiki	
131	要么	ëmunki	
132	再	daki	
133	重新	dasam	irkiñji

续表

序号	汉语	鄂伦春语	其他发音形式
134	反复	dakim	
135	再三	dakin dakin	
136	为了	jaarin	
137	如果	ayiki	ëyiki
138	若是	oki	
139	因为	duni	odi
140	所以	togdi	togon
141	虽然	bijalin	
142	虽则	oqowi	
143	不过	ëqiki	
144	然后	toon	
145	然而	toomi	toomikqi
146	而且	tookqi	
147	可是	toosokat	
148	暂且	ëqidi	ërildu
149	向	jug	
150	越	ëli	
151	顺着	aañim	dahanam
152	逆着	akqalam	akqabki
153	横着	këtrëm	
154	竖着/纵	guldu	
155	嗯	ooñ	oo
156	嘿	këy	
157	嗳	ay	

续表

序号	汉语	鄂伦春语	其他发音形式
158	呀	ya	
159	啊	a	aa
160	啊（疑问）	ñi	
161	咳	kay	he
162	哟	ara	arara
163	哼	ëñ	
164	呸	pëy	
165	呸呸	pëy pëy	akti akti
166	哈	ha	
167	哈哈	ha ha	
168	哎	ay	
169	喂	wëy	
170	唉	aayi	
171	哎呀	ayya	
172	哎哟	ara	ayyo
173	吁	aya	
174	哦哟	ak	oyo
175	嘶	si	
176	吗	gi	
177	吧	ba	
178	呵	kë	
179	呀	ay	ayi
180	啊呀	are	
181	别	ëji	

续表

序号	汉语	鄂伦春语	其他发音形式
182	不	hëy	
183	好吧	oon	tëji
184	嗨	eeda	
185	啊哟	aqu	
186	唉呀呀	arara	aiyaya
187	啊呀呀	ëbëki	
188	嗨哟	ëre	ërere
189	天哪	bugda	bogkon
190	噢	oo	
191	嗬	kë	ñëh
192	嘻	kuuy	
193	哼哼	ëñ ëñ	hëñhëñ
194	呼呼	kur kur	
195	呼噜呼噜	kor kor	
196	嗡嗡	uñ uñ	wëñ wëñ
197	喔喔	gok gok	
198	呜呜	kur kur	
199	嘣嘣	tuk tuk	tub tub
200	咕咚	guduñ	
201	给	ma	

第三部分
鄂伦春语词汇索引

241

H

331

第四部分
汉语词汇索引

C

X

441

参考文献

朝克：《鄂温克语口语词汇调查资料》（1—18），1981—2012。

朝克：《鄂伦春语口语词汇调查资料》（1—14），1982—2010。

朝克：《赫哲语口语词汇调查资料》（1—9），1983—2012。

朝克：《满语口语词汇调查资料》（1—13），1984—2010。

朝克：《锡伯语口语词汇调查资料》（1—11），1987—2011。

朝克：《中国通古斯诸语基础词汇对照》，日本小樽商科大学，1997。

朝克：《满通古斯语比较研究》，民族出版社，1997。

朝克：《通古斯诸民族及其语言》，日本东北大学，1999。

朝克：《楠木鄂伦春语研究》，民族出版社，2009。

朝克：《满通古斯语族语言词汇比较》，中国社会科学出版社，2014。

朝克：《满通古斯语族语言词源研究》，中国社会科学出版社，2014。

朝克：《满通古斯语族语言研究史论》，中国社会科学出版社，2014。

韩有峰：《鄂伦春语》（上下册），延边教育出版社，2004。

韩有峰、孟淑贤：《鄂伦春语汉语对照读本》，中央民族大学出版社，1993。

韩有峰、孟淑贤：《简明鄂伦春语读本》，黑龙江教育出版社，2013。

何青花、莫日根布库编著《鄂伦春语释译》，紫禁城出版社，2011。

胡增益：《鄂伦春语研究》，民族出版社，2001。

萨希荣：《简明汉语鄂伦春语对照读本》，民族出版社，1981。

后　语

　　鄂伦春语词汇搜集整理工作从 20 世纪 80 年代初启动至今，已经走过了 30 余年的岁月。这期间，由于出国留学、出国讲学或从事合作研究工作，以及自己所承担的其他科研工作，加上行政管理工作任务过重，被搁置过好几次。另外，正如前言中所说，由于鄂伦春语进入严重濒危状态，该语言词汇的搜集整理尤其是早期基本词汇的田野调研工作，遇到意想不到的诸多困难和问题。但想到该项科研工作的重要性，想到再过若干年这些语言完全消失所带来的损失，想到自己是中国社会科学院从事满通古斯语族语言研究的一名专家，如果不坚持做下去，如果不完成这一历史使命，愧对民族语言研究事业，愧对这些严重濒危的民族语言，愧对祖国和人民的养育之恩，愧对中国社会科学院及诸多专家学者多年来的精心培养。基于这样的思想基础、敬业态度，以及中国社会科学院专家学者应有的甘于清贫、甘于寂寞、甘于坐冷板凳、敢于探索、勇于挑战、乐于无私奉献的学术精神，这么多年我一直默默无闻地支撑和推动着这项工作。其间，经过无数次的艰难险阻，接受过无数次的挑战和考验，走过风雨、走过磨难、走过坎坷、走过曲折和艰辛。回首看，确实走了一条十分不容易的学术之路。令我感到欣慰的是，一路走来，得到前辈们、老师们、同事们的关心和鼓舞。正是有了他们的关怀和支持，我才能够有勇气、有能力完成这项任务。尤其感到欣慰的是，经中国社会科学院专家委员会评审，在中国社会科学院科研局的支持下，本书入选中国社会科学院 2019 年创新工程学术出版资助项目，被纳入第四批"中国社会科学院国情调研丛书"。毫无疑问，这不仅给满通古斯语族严重濒危语言的抢救保护、搜集整理工作提供了丰厚的资金支持，更为重要的是给这项研究事业注入了强盛的活力和精神力量。

在原有工作的基础上，经过这两年的补充调研，基本上完成了严重濒危鄂伦春语基本词汇的搜集整理工作。正如前言里所说，该词汇集主要以黑龙江省大兴安岭、小兴安岭深处的鄂伦春语为主，兼顾内蒙古大兴安岭地区的鄂伦春语。其实，鄂伦春语没有明显的方言差别，不同地区的鄂伦春人完全可以用彼此熟悉的母语无障碍地进行交流。如果说其中存在差异的话，更多地表现在不同程度丢失的母语词汇方面。相比之下，黑龙江地区的鄂伦春语保存的母语词汇要比内蒙古地区多一些。内蒙古鄂伦春语词汇里借入了不少鄂温克语、达斡尔语、蒙古语词语。

在这里，非常感谢在田野调研时进行发音合作的鄂伦春族同胞们，尤其是鄂伦春族老人们，感谢风雨无阻地陪伴身边协助调研的乡村领导和工作人员，以及为我们提供方便条件的旗、县民委及相关部门的领导及工作人员。说实话，没有他们的发音合作，没有他们的协助调研，没有他们的帮助和支持，我根本没有能力完成这项学术任务。在此，向他们表示深深的谢意。我还要感谢把我带入这一学术生涯的胡增益老师和李淑兰老师两位恩师，正是他们对我的启蒙教育，对我不倦的教诲和鼓励，使我成为学术领域一名合格的学者。

任何一项科研成果都可能存在不足和缺点，我的这项成果肯定也存在不少问题和不足，对处于严重濒危而变得很不完整、很不系统、很不全面的鄂伦春语基本词汇的搜集整理，会有不少遗漏或不尽如人意之处。在此，真诚希望诸位同仁提出宝贵意见。

朝　克

2020 年 1 月

图书在版编目（CIP）数据

人口较少民族严重濒危语言词汇抢救性调研：全二卷．严重濒危鄂伦春语词汇系统／朝克等著．--北京：社会科学文献出版社，2021.3（2022.11 重印）

（中国社会科学院国情调研丛书）

ISBN 978 - 7 - 5201 - 7039 - 0

Ⅰ.①人…　Ⅱ.①朝…　Ⅲ.①鄂伦春语 - 词汇 - 调查研究　Ⅳ.①H2

中国版本图书馆 CIP 数据核字（2020）第 137862 号

·中国社会科学院国情调研丛书·

人口较少民族严重濒危语言词汇抢救性调研（全二卷）

——严重濒危鄂伦春语词汇系统

著　　者／朝　克　卡　佳　塔米尔　索努尔

出 版 人／王利民
组稿编辑／刘　荣
责任编辑／单远举　朱　勤　岳　璘
责任印制／王京美

出　　版／社会科学文献出版社（010）59367011
　　　　　地址：北京市北三环中路甲 29 号院华龙大厦　邮编：100029
　　　　　网址：www. ssap. com. cn
发　　行／社会科学文献出版社（010）59367028
印　　装／北京虎彩文化传播有限公司

规　　格／开　本：787mm×1092mm　1/16
　　　　　本卷印张：28.75　本卷字数：424 千字
版　　次／2021 年 3 月第 1 版　2022 年 11 月第 2 次印刷
书　　号／ISBN 978 - 7 - 5201 - 7039 - 0
定　　价／498.00 元（全二卷）

读者服务电话：4008918866

目　录

前　言

一

　　赫哲语属于阿尔泰语系满通古斯语族通古斯语支语言，同满通古斯语族的满语、锡伯语、鄂温克语、鄂伦春语以及蒙古语族语言和突厥语族语言等阿尔泰语系诸语言间具有复杂多变的同根同源关系。作为满通古斯语族语言的一个重要组成部分，赫哲语与该语族的语言间具有特殊的亲近关系，同鄂温克语和鄂伦春语间的关系最为亲密。据不完全统计，赫哲语跟同语支语言有同源关系的词汇几乎达到 86%，同语族语言之间的同源关系词也有 80%，同语系语言的同源词占比一般保持在 35% 至 52% 之间。毫无疑问，所有这些和阿尔泰语系语言之间彼此分离的时间的长短，相互间的接触关系及往来频率的高低，进入各自发展轨道以后产生的变化，包括受阿尔泰语系之外语言或周边语言的不同程度的影响等有必然联系。甚至，一定程度地影响到基本词汇，进而对于语音系统也产生一定影响。很有意思的是，一些原有的基本词汇的词义内涵也出现了变异。尽管如此，赫哲语还是用她那强有力的生命力，保存并传承了相当数量的本民族语原有词汇、原有的语音系统和错综复杂的语法关系，这给我们课题组完成该研究任务提供了保障。毋庸置疑，从历史文化与文明层面来看，赫哲族较完整地保存并传承了远古海洋渔业生产生活以及与此密切相关的生产生活用语和词汇系统，从而给满通古斯语族语言乃至给阿尔泰语系语言留下弥足珍贵的文化遗产。众所周知，赫哲族是个跨境民族，除了我国境内生活的赫哲族之外，在俄罗斯也有相当多人口，被称为那乃人。另外，日本的民族

I

学家认为，早期在日本网走地区生活的乌依拉塔人很可能是属于赫哲族的一部分，也是通古斯诸民族的一个组成部分。换句话说，包括赫哲族在内的通古斯诸民族在早期白令海、鄂霍次克海、日本海等辽阔海域从事渔业生产，从北部打通了与日本的海上贸易通道，用中国大陆的丝绸、陶瓷及生活用品与日商进行贸易。后来，由于国际局势的变化和连续不断的战争，其中一部分通古斯人从海洋渔业生产生活中退居下来，迁移到我国黑龙江三江流域开辟了温寒带地区江河文明与早期三江渔业生产，正因为赫哲族始终没有离开渔业生产生活，所以在他们的母语里至今还保存并传承相当数量的满通古斯语族语言远古时期的海洋渔业或江河流域渔业生产生活基本词汇。

我国境内的赫哲族现在主要生活在黑龙江省同江市街津口赫哲族乡、八岔赫哲族乡以及饶河县西林子乡的四排赫哲村等地。另外，在同江市、佳木斯市、抚顺、桦川、富锦等地也有一些散居的赫哲族。据最新人口统计，赫哲族现有 5300 多人。赫哲族的先民在先秦时归属于肃慎的一个分支，后汉、魏、晋时属挹娄部族，北魏时隶属于勿吉部，唐代属黑水靺鞨，隋朝时属黑水部，辽代时属阿里部，金代属兀底改或乌第赫，元代称兀者或叫兀者野人，明代初期称野人女真或称赫哲喀喇，清代时叫黑斤或赫哲，民国时称赫哲人。赫哲族在不同朝代、不同历史时期虽然有过不同称谓或叫法，隶属过不同部族，但他们坚持认为本民族在历史上的称谓就是 nanai（那乃）。赫哲语里 nanai 一词是由 na 和 nai 两个名词组成的合成词。其中，na 表示 "地"，nai 则表示 "人"。很显然，由 na 和 nai 合成的名词 nanai 是 "陆地人" 或 "陆地上的人" 或 "河岸上的人" 之意。这一叫法，或许和他们的先民离开海洋渔业生产生活，开始从事江河流域的渔业生产活动有关系。尽管他们从海洋走向了江河流域，但总的来讲渔业生产生活的本质特征没有产生根本性变化，渔业作为该民族传统的生产方式依然被保存和传承了下来。让人遗憾的是，伴随三江流域渔业生产活动的不断增加，渔业产业的不断扩大，产业工人的不断增加，赫哲族赖以生存的三江鱼类品种和数量不断减少，导致该地区渔业产量不断下降，结果从事传统渔业生产的赫哲族越来越少，渔业也从支柱产业下滑为辅助性产业。许多赫哲族只进行季节性的短期渔业生产，其他时间主要从事农业生产或畜牧业生产，或从事民族特色旅游业、民族特色饮食服务业，或销售民族特色土特产品或手工艺制品等。伴随生产关系、生产方式、生产内容和活动的变化和变迁，作为社会交流工具的语言也不断产生变化，那些极其丰富而独特的早期渔业文化和文明也随着传统渔业生产生活的淡化而逐渐被人们边缘化或遗忘，取而代之的是以现代农业化、商业化、市场化、城市化为核心的文化和文明。例如，赫哲族的鱼皮衣服、鱼皮鞋、鱼皮帽、鱼皮屋、鱼皮或鱼骨生活用具、鱼肉美味食品等逐渐远离现代文明和文化。虽然近些年来实施的抢救和保护濒危或严重濒危的优秀传统文化、弘扬优秀传统文化、打造优秀传统文化品牌、大力扶持优秀传统文化传承人等一系列举措给严重濒危的赫哲族语言文化注入了一定活力和生命力，赫哲族传统文化具有了更多市场化、商业化、节日化、旅游化特色，但只是在局部或某一特定文化传承人中产生了一定效益，在赫哲族民众中没有引起太大太深太广的反应。换句话说，没能根本上扭转赫哲族语言文化的严重濒危现象。

二

我国境内的赫哲族没有本民族文字，俄罗斯赫哲族在 20 世纪 30 年代创制过斯拉夫字母的那乃文，主要用于小学教育、本民族语言文化资料的搜集整理、民间口头文学的记录、特定学术范畴的科研工作等方面。由于我国境内的赫哲族没有本民族文字，适龄孩童几乎都到用汉语汉文授课的幼儿园、小学、中学、大学读书，学习掌握文化知识。到了工作岗位之后，也都用汉语文从事各种工作。正因为如此，汉语文对于赫哲族语言使用影响很大，从刚刚学会说话的孩子到年老的人都会说汉语，汉语已成为他们日常交流的用语。这也是现存的严重濒危的赫哲语里汉语借词越来越多的原因所在。

根据我们 20 世纪 90 年代实地调研资料，从 20 世纪 80 年代开始赫哲人的汉语化现象变得十分突出，赫哲族老人除了懂本民族语外基本上都掌握了汉语。现在的赫哲族懂本民族语者多为 70 岁以上的老年人，70 岁以下的人中精通母语者寥寥无几，60 岁以下的赫哲族里只有个别人能听懂本民族语，能用母语进行简短交流，50 岁至 40 岁左右的中青年赫哲族里很少有会用本民族语的人。不过，中青年中极个别的人能勉强听懂简单用语。40 岁以下的赫哲族基本上都不懂本民族语，他们的日常交流语言全部是汉语。他们跟赫哲族老人说话时也都使用汉语，只有赫哲族老人间有时用本民族语交流。不过，夫妇俩都是赫哲族，而且家里有赫哲族老人的情况下，有时为了不让旁人听懂他们谈话的内容，包括不让自己不懂本民族的孩子们听懂，就会用母语进行交流，但这种家庭用语实例不多。在社会活动或集市里，懂本民族语的赫哲族老人相见时，首先用母语相互问好，用母语进行简单交流，谈话的内容多了或交流时间长了，就会出现母语和汉语混合使用或完全使用汉语的现象。赫哲族青少年及参加工作的中青年，由于从幼儿园就开始通过汉语文学习文化知识，加上看的电视或报刊书、听的广播、用的手机和电脑，都无一例外地使用汉语汉文，所以他们基本上听不懂本民族语，汉语成为他们唯一的交流工具和使用语言。

令人感到欣慰的是，同江市街津口赫哲族乡中心学校以 2004 年内部印刷的《赫哲族文化课程》为教材给赫哲族学生教初级母语，每周分上下两个班给赫哲族学生上母语课。然而，由于教材编写不科学，教赫哲语的老师也是现学现教、不精通母语，教学效果不理想。现在，赫哲族老人、赫哲族有识之士、地方政府都认为，给赫哲族学生教母语非常有必要，这是抢救和保护严重濒危赫哲语的最佳方案、最佳措施，也是最好最有效的手段和方法。在他们看来，只有全民族、全社会都重视起来，赫哲族严重濒危的语言文化才能够在他们中间延续更长的生命。

赫哲语主要分街津口和八岔两种方言，但方言之间的差别不太明显，不同方言间的赫哲人可以用彼此熟悉的方言进行交流。尽管如此，他们还是能够区分彼此使用的母语间存在语音方面的微妙差异或不同之处。从严格意义上讲，赫哲语中的方言差别更接近于地方性土语差异。根据我们掌握的赫哲语第一手口语资料，该语言里最具代表性的是属于街津口的赫哲语，因此许多赫哲语研究成果都以该地区赫哲语为据展开语音、词汇、语法方面的学术讨论。

　　根据课题组对黑龙江省同江市赫哲族生活区的实地调查，该地区的赫哲族主要居住在街津口赫哲族乡、八岔赫哲族乡、四排赫哲村地区。这三个赫哲族较为集中生活的民族乡里，街津口的赫哲语口语相对而言保存较好。本研究成果的赫哲语口语词汇以及语音系统主要以街津口的赫哲语口语为基础。街津口赫哲族乡位于同江市东北部45公里处，土地面积为43万亩，其中耕地面积为5万亩、江河水占有面积是8万亩、山林草原面积30万亩。街津口的赫哲族在18世纪初叶就生活在该地区，当初主要从事渔业生产，住的是简陋的打鱼草棚，穿的是鱼皮衣，吃的主要是鱼肉，喝的是鱼汤，江河上的主要交通工具是鱼皮船，是地道的以渔业生产生活为主的北方民族。他们创造过我国北方著名而独到的寒温带地区江河渔业生产、渔业文化、渔业文明、渔业历史。随着历史的进程及人类文明的进步，街津口赫哲族渔民村不断扩大，到了20世纪中叶，该地区的赫哲族达到94人，在此基础上于1953年成立了赫哲族行政村。1963年，该行政村的赫哲族达到112人，在此基础上建了赫哲族民族乡。现在街津口赫哲族乡有6个行政村，907户人家，有3400人，其中赫哲族有近500人。街津口赫哲族乡有中心学校，适龄儿童上学率为100%，赫哲族学生都是通过汉语文学习文化知识。该乡还建有18万平方米的立体地展示赫哲族的传统文化及渔业生产生活（包括衣食住行、风土人情及宗教信仰等物质生活和精神生活）的赫哲族博物馆、赫哲族传统文化旅游村和文化基地等。街津口赫哲族乡的赫哲族中，只有55岁以上的中老年人不同程度地使用母语，更准确地讲只有在特定语境下使用本民族语。学生和老师、学生和学生甚至学生和家长之间都用汉语交流。不只是赫哲族中小学生使用汉语文，连幼儿园的儿童都用汉语文接受启蒙教育，受孩子影响和社会用语的影响，家长在家庭和社会中也都使用汉语。其结果，这里的赫哲族青少年的思维方式、语言表达方式等变得同汉族没有什么区别。他们的孩子长大成人后，无论在街津口还是在其他赫哲族地区就职，在工作中使用的都是汉语汉文。街津口地区的赫哲族青少年和中老年人之间也用汉语说话，家族成员间的语言交流也都使用汉语。壮年人和老年人之间偶尔说些简单的赫哲语，不能往深入交流，说多了就很难用母语延续话题。街津口的老年赫哲族，尤其是 65 岁以上的老人，在家庭范围或特定社会语境中，他们喜欢用母语说话，也希望尽量用本民族语交流，但他们的交流中往往掺杂大量的汉语借词。由于该乡的赫哲族老人都能熟练地掌握汉语，对于他们来讲使用汉语已不成问题，所以更多的时候用汉语和赫哲语构成的混合语言进行交流，甚至会用汉语做没有任何障碍的会话。从这个意义上讲，街津口赫哲族乡的赫哲族都懂汉语。总之，该乡只有 65 岁以上的极少数老人使用本民族语，55 岁至 65 岁之间的一些人略懂本民族语，中壮年人当中有个别人会说一两句或能听懂一两句简单的母语。可是，他们已经进入不用母语而用汉语交流的语言社会。

三

有关赫哲语专题性研究的论著并不很多，对该语言的语音系统、词汇结构、语法关系的某一方面或特征进行分析研究的论文也很少，赫哲语语音、词汇、语法等方面的研究内容往往含括在赫哲语全面系统研究的专著类成果之中。

在我国，赫哲语方面的讨论，据课题组掌握的资料，最早出现在凌纯声写的《松花江下游的赫哲族》（上下册，1935）的下册中。该书以"赫哲的语言"为题，初步分析了赫哲语语音、词法和句法，还附上了赫哲语部分词汇。可以说，这本书对了解 20 世纪 30 年代的赫哲语提供了初步的语音、词汇及语法资料。

对于赫哲语展开较全面研究的是中国社会科学院民族研究所语言室的安俊出版的《赫哲语简志》（1986），该书由概况、语音、词汇、语法、方言及词汇附录等内容组成。他认为赫哲语有 a、ə、i、o、u、y、œ 7 个短元音，ai、ao、əi、əo、ia、iə、io、iu、ua、ui、uo、oi、ya、yə 及 iao、uai 16 个复元音，b、p、f、w、m、d、t、n、l、r、s、dz、ts、dʑ、tʂ、ʂ、z、 ʤ、tɕ、ç、g、k、x、ŋ、j、G、q、χ 28 个辅音，lt、bt、χt、xt、ŋt、rt、rk、rx、rf、lg、ŋk、ŋç、χs、ms 14 个复辅音。他还提出，赫哲语有元音和谐与词重音现象。元音和谐分阳性元音（a、o、œ）、中性元音（i、u、y）、阴性元音（ə），词重音一般都在第一音节的元音上。赫哲语词汇讨论中，安俊阐释了词汇中的固有词和借词、派生词和非派生词及合成词的构成；赫哲语语法语句里，安俊深入浅出地论述了不同词类的结构特征、语用关系、语法功能作用等。在他看来，赫哲语的名词类词有数、格、人称、级等语法范畴，动词类词有极其复杂的态、体、式、形动词、副动词等语法范畴，除了个别语法概念用词根或词干表示之外，绝大多数语法概念均用特定词缀来表示。他还从句法角度阐明了赫哲语的主语、谓语、表语、宾语、补语、修饰语、限定语等句子成分，以及陈述句、祈使句、感叹句、疑问句、单句、复句等句子结构。该书的方言部分主要对奇勒恩赫哲语和赫真赫哲语在语音、词汇、语法方面的区别进行言简意赅的论述。该书附录中收入 900 余条赫哲语基本词汇。毫无疑问，该成果的出版可以使人们较为全面地了解赫哲语语音、词汇、语法结构特征。

对赫哲语进行较全面分析的成果还有张彦昌等撰写的《赫哲语》（1989）一书，该成果着重讨论赫哲语的语音系统、基本特征、语法关系、句子结构等。该书第一章概述了赫哲语元音、辅音、语音变化、元音和谐、音节、重音等，第二章阐述了名词、代词、数词、形容词、动词、副词、连词、感叹词、拟声拟态词及语法关系，第三章着重叙述了赫哲语句子结构特征及主语、谓语、补语、宾语、状语、定语等句子成分。书末还附有同英语对照的 1300 条赫哲语基本词汇。

在这里，还应该提出的是尤志贤和傅万金合写的内部油印本《赫哲语汉语对照读本》（1987）。该成果指出，赫哲语有 a、ə、i、o、u、y 6 个短元音，ai、au、əi、əu、ia、iə、io、iu、ua、uə、ui、oi、ou 13 个复元音，b、p、f、w、m、d、t、n、l、r、s、ʤ、tʂ、ʂ、ʤ、tɕ、ç、g、k、x、ŋ、j 22 个辅音。另外，还探讨了赫哲语的构词手段、不同词类在语句中发挥的不同语法作用、句子构成原理和句子成分等。《赫哲语汉语对照读本》和

《赫哲语简志》两本书分析并归纳出来的赫哲语语音系统虽然存在一些差别，但在许多方面保持了一致性。另外，在语法形态变化的分析上也出现了一些异同现象，对动词类词语法现象的讨论存在不少分歧。

另外，朝克在他的《满通古斯诸语比较研究》（1997）一书里也分析过赫哲语语音和语法。他认为赫哲语有 a、ə、i、e、o、u、y、œ 8 个短元音，aa、əə、ii、oo、uu 5 个长元音，ai、əi、oi、ui、ia、iə、io、iu、au、əu、ua、uə 12 个双元音，iau、uai 2 个三合元音，b、p、f、w、m、d、t、n、l、r、s、ʤ、ʧ、ʃ、g、k、x、ŋ、ȵ、j 20 个单辅音，rt、rk、rx、rf、lt、lg、ms、ŋt、ŋk、ŋʃ、xt、xs、bt 13 个复辅音，ŋŋ、nn 2 个叠辅音。他还指出，赫哲语词的音节结构主要有 V、VC、CV、VCC、CVV、CVVC、CVC、CVCC 等 8 种类型；赫哲语的元音和谐规律中阳性元音有 a、e、o、œ，阴性元音为 ə，中性元音有 i、u、y。另外，他指出赫哲语语法的名词类词有复数形态变化现象（-sal、-səl ~ -sər ~ -xal ~ -xəl、-kə、-ri）、格形态变化语现象（领格-ni ~ -ji、宾格-wə ~ -mə、与位格-du、造格-ʤi、从比格-tiki、方向格-tki ~ -dulə）、人称领属形态变化现象（单数第一人称-mi ~ -ji、第二人称-ʃi、第三人称-ni 及复数第一人称-mu ~ -mun、第二人称-su ~ -sun、第三人称-ni）、级形态变化现象［次低级-ʧaka ~ -ʧəkə ~ -ʧoku ~ -kali ~ -kəli ~ -koli ~ -kuli，低级-xan ~ -xun，最低级-kalixan ~ -kəlixən ~ -kolixon ~ -kulixən ~ -ʧakakan ~ -ʧəkəkən ~ -ʧokokən ~ -ʧukukən ~ -xankali ~ -xənkəli ~ -xonkoli ~ -xunkuli，次高级-rgan ~ -rgən ~ -rgon ~ -rgun，高级用重复词首音节形式或用程度副词 murə 或 okiə（很）来表示，最高级用程度副词 ʧikən（最）表示］等。同时，他认为，赫哲语动词有态形态变化现象（主动态用动词词根或词干表示、被动态用-wə ~ -wu 表现出来，使动态词缀为-ku ~ -wə ~ -wu、互动态词缀为-lʤi ~ -maʧi ~ -məʧi、共动态词缀为-ʧi ~ -ti）、体形态变化现象（进行体-m 用助动词 birən 表示、完成体-xai ~ -xəi 用助动词 bixəi 表示、执行体-na ~ -nə ~ -n、多次体-t、未进行体-kʧi、一次体词-maki、未完成体-ʤi、开始体-du）、陈述式形态变化现象（现在时单数第一人称-mi ~ -ji ~ -jə、第二人称-ʃi、第三人称-ni 及复数第一人称-wu、第二人称-su ~ -so、第

三人称-ran～-rən，现在将来时单数第一人称-xəji、第二人称-xəʃi、第三人称-xəni 及复数第一人称-xəwu、第二人称-xəsu～-xəso、第三人称-xəni，过去时单数第一人称-ʤiji、第二人称-ʤiʃi、第三人称-ʤini 及复数第一人称-ʤiwu、第二人称-ʤisu、第三人称-ʤini）、祈求式形态变化现象（单数第一人称-ə、第二人称-kiʃo～-kirə、第三人称-kini 及复数第一人称-kiwu、第二人称-kisu、第三人称-kini）、命令式形态变化现象（用动词词干或特定词缀-kin 来表示命令，用词缀-r～-rə 表示表示禁止）、假定式形态变化现象（-ki）、副动词形态变化现象（联合副动词-mi～-m、延续副动词-gan～-ge～-xe～-rdəm～-rnəm、让步副动词-kəw、条件副动词-ki、紧接副动词-kin、完成副动词-mak～-mək～-ma～-mə、并进副动词-rə、前行副动词-ŋələ、立刻副动词-kil、目的副动词-nəm、趁机副动词-dui）、形动词形态变化现象（现在时-m～-jir、现在将来时-r、过去式-xən̩）、助动词形态变化现象（否定助动词 aitʃin～aitʃi～antʃi、肯定助动词 bi～bi-～si-、判断助动词 o-～bi-、应许助动词 atʃərən、能愿助动词 rnutə-～tiaxərə-～ulxi-）等。朝克还在《满语研究》1997 年第 1 期上发表论文《论赫哲语动词陈述式》，以 20 世纪 80 年代初至 20 世纪 90 年代末多次对赫哲语口语语法进行田野调查的第一手资料为依据，研究过街津口赫哲语动词的式形态变化语法现象。在他看来，赫哲语的动词式形态变化语法现象是一整套极其复杂而细腻的语法结构系统。对此问题的学术讨论往往关系到赫哲语语法形态变化现象的核心问题，那就是该语言的语法形态变化究竟复杂到何种程度，那些复杂多变的语法形态变化现象是如何将人们要表达的概念表现得如此精确。他认为，由于该语言严重濒危，许多严格意义上的语法使用关系与特征不断趋于弱化，开始出现语法词缀混用现象。另外，张嘉宾还在《黑龙江民族丛刊》1987 年第 2 期上刊发《赫哲语词汇初探》一文，分析过赫哲语词汇的基本结构。何莫日奇也曾以《赫哲语语音系统》为题，讨论过赫哲语语音系统。

　　20 世纪 90 年代以后，相继出现一些关于赫哲语使用情况的学术报告或专题研究论文。例如，姜洪波在《满语研究》1990 年第 2 期上发表《赫哲

语现状及其发展对策研究》，从语用学角度分析了赫哲语使用的社会环境及
其语言活力，指出了抢救和保护的重要意义，强调了搜集整理赫哲语长篇
故事和史诗资料的重要性。最后，他还认为，为了抢救和保护赫哲语，必
须将赫哲语教学工作纳入当地小学之中。朝克在《满语研究》1992 年第 2
期刊发《关于街津口赫哲族的语言文字使用情况》一文，讨论了街津口赫
哲语的使用情况及教学情况，以及受汉语文影响出现的严重濒危现象。20
世纪 80 年代中后期以后，赫哲语受汉语文影响变得越来越大。毫无疑问，
这种现象的出现同汉族移民的不断迁入、汉族与赫哲族通婚现象的不断增
多、以汉语文为主的报刊广播电视电脑手机的普及等有关。朝克在《关于
赫哲语使用现状分析》中进一步阐述了 21 世纪初赫哲语所处的严重濒危状
态，以及赫哲语在语音和语法形态变化等方面出现的萎缩现象、使用人口
状况、语言分布情况、本民族母语认知态度及使用汉语的程度等。另外，
还有一些学者在《满语研究》、《中央民族大学学报》等学术期刊上先后刊
发《赫哲语使用情况》（王庆丰，1994）、《抢救赫哲语刻不容缓》（李伟
佳，1996）、《赫哲语言丢失的社会文化因素分析》（何俊芳，2002）、《赫哲
语使用现状的调查与分析》（吴宝柱，2003）、《街津口赫哲语使用情况调
查》（何学娟、吴宝柱，2004）、《濒危赫哲语》（何学娟，2005）等论文讨
论赫哲语的使用价值、濒危原因、抢救保护的手段、包含的社会文化因素
等问题。值得一提的是，《赫哲语与那乃语》（张嘉宾，1993）、《赫哲语和
朝鲜语的拟声词对比》（朴莲玉，1992）等论文探讨过我国的赫哲语和俄罗
斯的那乃语在语音和语法上存在的异同现象，以及赫哲语和朝鲜语在拟声
词上的相同之处。朝克在《满通古斯诸语比较研究》（1997）、《中国通古斯
诸语对照基础词汇集》（1997）、《通古斯语支语言文化》（1999）、《满通古
斯语族语言词源研究》（2014）、《满通古斯语族语言基本词汇》（2014）等
学术著作里，从词汇学、词源学、构词学、语用学、社会语言学等角度，
将赫哲语同满通古斯语族语言和阿尔泰语系语言间展开过比较研究。

　　查阅有关赫哲语文献资料可以发现，对于赫哲语话语资料及基本词汇
进行搜集整理的成果也有不少，同时也有用特定转写符号或用国际音标转

写的赫哲语民间故事等。例如，尤志贤编译的《赫哲族伊玛堪选》（1989）用国际音标转写了赫哲族民间故事"伊玛堪"。另外，《满语研究》刊发了尤志贤用国际音标转写的"希尔达鲁莫尔根"、"香叟莫日根"、"安徒莫日根"等长篇民间故事，以及尤金良的"得勒气老人的传说"等赫哲族民间故事和神话传说。尤志贤和傅万金合著的《赫哲语汉语对照读本》，也于1987年由黑龙江民族研究所刊印。该书由语音、词法、句法分析、赫哲语汉语基本词汇对照、赫哲语汉语对照会话资料等内容组成。而且，书末还附有用国际音标转写的赫哲语民间故事"蛤蟆耗子和四不象"和"安徒莫日根"，并用汉语作了对译和意译。这是一本将赫哲语的基本词汇、会话资料、神话故事合为一体的很有研究价值的语言资料。2004年，街津口赫哲族乡中心校刊印荆长志主编的《赫哲族文化课程》，主要用于赫哲语小学教育，包括人体结构、亲属称谓、家庭用语、生产生活用语、衣食住行用语、动植物名称、基本数词、地名知识等内容。毫无疑问，这些资料对于已进入严重濒危状态的赫哲语的保护和抢救发挥了重要的作用。

20世纪80年代以后，有一些国外专家学者到赫哲族地区对赫哲语口语开展过实地调研，还发表过有关文章。例如，日本北海道大学的津曲敏郎根据调研资料撰写了《中国黑龙江省赫哲语调查》，还发表了《赫哲语形态特征和满语的影响》（1993），分析赫哲语的名词的格、人称领属形态变化语法现象、动词命令式形态变化语法现象及满语的影响等。此外，风间申次郎在对街津口赫哲语实地调查的基础上，在《环太平洋的语言》1998年第4期上刊发论文《关于赫哲语的系统性》，对赫哲语和满通古斯诸语的同源词进行比较研究，阐明了赫哲语的语音系统和语法系统存在的诸多独到特征。韩国方面，金东昭于1986年在韩国首尔出版的《伯民、金宰浩博士花甲纪念论文集·国语学论丛》中发表《中国赫哲语研究概要》。此外，韩国首尔大学的金周源于1988年在韩国的《国语学》上发表《赫哲语元音和谐律》。韩国发表的这两篇学术论文主要是对现存赫哲语的基本情况以及元音和谐现象作了较为深入的分析研究。

总的来看，我国赫哲语的研究从20世纪初至21世纪初的百年当中取得了较好的科研业绩。不过，绝大多数论著是在 20 世纪 80 年代以后公开出版或发表。而且，对于赫哲语复杂多变的语音现象和语法形态变化现象进行专题研究的成果不是太多。相反，多数成果属于综合性研究或概括性分析，其中有不少是论述赫哲语的使用现状或赫哲语的濒危现象的调查报告和一般性论文。具体来讲，从 20 世纪初到 40 年代后期是赫哲语研究的第一阶段，我国民俗学和民族语言学领域的学者发表或出版的论著中不同程度地涉及赫哲语语音、词汇及语法方面的内容。20 世纪 40 年代后期至 70 年代后期是我国赫哲语研究的第二阶段，在此期间主要对赫哲语开展较全面系统的田野调查，收集整理了大量的第一手口语资料，同时做了相当有价值的分析研究。然而，公开发表或出版的论著不多。20 世纪 70 年代后期至 21 世纪初的 40 年是我国赫哲语研究的第三阶段。在这一时期，赫哲语研究事业取得了较理想的学术成绩。主要表现在，收集整理了相当丰厚的赫哲语口语第一手资料，培养了赫哲语研究专业化人才，成立了赫哲族研究会及赫哲语研究社团组织，发表了 30 余篇赫哲语语音、词汇、语法以及比较研究、语言接触与影响、语言濒危现象研究等方面的论文，出版了有关专著和词汇集等。在这个阶段，还完成了一些国内重大项目和国际合作课题等。可以说，赫哲语研究第三阶段是赫哲语学术研究事业快速发展的 40 年，也是充满收获的 40 年。换句话说，我国赫哲语研究从 20 世纪初至 21 世纪初的百余年里，走过了不寻常的发展之路，取得了较为理想的学术业绩，建立了我国赫哲语研究的初步理论体系。然而，对于已进入严重濒危的赫哲语来说，赫哲语研究要做的工作还很多，赫哲语语音系统和音变规律、词汇结构体系及词义解释、语法形态变化现象等方面值得深层次讨论。这需要更长时间的艰苦努力，也需要更严肃认真的科学研究和理论探索。

四

本书包括 20 世纪 80 年代初以来课题组到街津口赫哲族乡开展实地调研获得的第一手赫哲语资料，也包括从八岔赫哲族乡以及饶河县西林子乡的四排赫哲村等地搜集的词汇，以及一些已成为赫哲语词汇组成部分的汉语借词等。这是因为，新事物的名称或叫法上用了不少汉语借词，所以我们在词汇集里将那些无法用赫哲语说清楚的汉语借词等列入其中。另外，我们还将那些对于一个事物的不同说法列入"其他发音形式及说法"栏里，目的是更好更多更全面地记录和保护严重濒危赫哲语的词汇系统。在我们看来，对同一个词，在同一种语言、同一个村落甚至同一个人中出现不同的说法确实令人感到十分惊讶。毫无疑问，语言中类似现象的出现，从另一个角度充分说明该语言的严重濒危程度。这也和该民族语言的不规范性、不系统性、不完整性、不经常性使用以及借词的不断增加出现的语言混合使用现象等有关。从这个意义上讲，我们可以通过严重濒危赫哲语，进一步科学把握和论述一种语言到了严重濒危的程度后，可能出现同一个词的多样化发音、多样化语音结构、多样化使用形式等特殊现象。然而，所有这些，给赫哲语基本词汇的搜集整理工作带来不少困难和麻烦。在实际调研时，经常会遇到同一个村落、同一个家庭、同一个发音合作人对于同一个词出现不同的发音。下面用一些具体例子进行说明。①

（1）同一个词义用不同说法表示的情况，如把"地"、"冰"、"霜"、"泊"、"狼"、"车"、"牧马人"等说成 na、jukë、gësun、ëlgën、niohë、tërgën、aduqi 的同时，还发音为 buga、ëmug、sayinksë、nor、nëluki、sëjën、moriqin 等。可以看出，这两套说法虽然都表达的是同一个概念，但它们表现出完全不同的语音结构形式。另外，我们也发现同一个词义使用三种不同说法的案例。

（2）同一个词义同时用单纯词和合成词表示的情况，如"公狍"、"母黄羊"、"老獾"、"膝盖骨"、"面条"等用单纯词 guran、onon、ahdan、tobgi、ufa 表示的同时，也用合成词 amian giwqën、ëniën jëgrën、sagdë dorgon、hërñën giamsë、gurul buda 来表达。

（3）同一个词义用固有词和固有词加注两种方式表示的实例，如"磨石"、"岩山"、"老野猪"、"花脖鸦"、"细鳞鱼"、"榆树"、"青草"等用

---

① 在以下赫哲语转写中使用的是赫哲语语音归纳时用的特定符号系统。

固有词 lëkë、hada、hayiktalan、ayan、yorun、hailën、nogo 表达之外，还用 lëkë jol、hada urëkën、hayiktalan niktë、ayan gaahi、yorun imaha、hailën mo、nogo orokto 等固有词加注形式来表示。

（4）用合成词及由合成词演化而来的缩合词同时表达某一词义，如"节日"、"萨满神屋"、"兄弟"、"一月"、"今天"用合成词 ayi iniñ、saman jo、ahun nëw、ëmun bia、ëyi iniñ 表述的同时，也用 ayiniñ、samajo、ahunu、ëmbia、ëniñ 等合成词演化而来的缩合词来表达。

（5）借词和借词加注一并使用的现象，如把汉语借词"麻花"、"菠菜"、"瓦匠"、"哈巴狗"发音成 mahua、bëse、wajan、haba 的同时，还用 mahua ëfën、bëse solgi、wajan nio、haba inakin 等借词加注的手段表达。

（6）固有词与借词共同使用的现象，如"秧子"、"高粱"、"芋头"、"姑姑"、"皮带"、"地窖"等词义用固有词 arsun、susu、ỹtu、gugu、piday、hurbu 表达的同时，还使用借词 yañsi、xuxu、sonokto、ënihën、omoli、joor 等表达的情况。

除了刚才提到的六种实例外，还有具有不同语音的词、不同语音对应现象的词乃至属于不同语音结构类型的词在口语里共同使用的情况。而且，类似现象在赫哲语中有不少。请看下面的相关内容和实例。

（7）不同元音对应的词同用情况，如"气"、"无焰火"、"巴掌"、"脾"、"肘"、"蘑菇"等词有 u̱gar、du̱l、sashu̱、dëlhi̱n、iqën、mo̱go̱ 及 a̱gar、do̱l、sasha̱、dëlfën、iqun、më̱gë̱ 两种发音形式。

（8）长元音与短元音对应的词同用实例，如"暴风雪"、"乌鸦"、"锁头"、"露水"等发音为 su̱rgë、ga̱hi、yo̱su、xilëksë 与 su̱u̱rgën、ga̱a̱hi、yo̱o̱sug、xilëëgi 等。

（9）词尾元音弱化词与非弱化词同用现象，如"驼鹿"、"兔子"、"雾"、"黄羊羔"等词发作 kandaha̱n、gurmahu̱n、tamnaksa̱、injiha̱n 的同时，还发作 kandahën、gurmahë、tamnaksë、injihën 等。在第二种说法里，词尾音节或词尾短元音 a、u 均被弱化为 ë 音。

（10）词中或词尾元音保留与非保留词共存情况，如"石头"、"山坡”、"镜子"、"雨"等词发音为 jol**o**、mug**u**din、bul**u**ku、tik**ë**tin 的同时，还发音为 jol、mugdin、bulku、tikti 等。显而易见，在这前后两种说法里，后一种发音出现词尾或词中短元音 o、u、ë 脱落现象。

（11）不同辅音对应的词同用情况。如"狼"、"老鹰"、"海青"、"桶"、"父亲"、"脚"、"深"等词发作**n**ëluki、hee**h**ën、xoñ**k**on、**h**uni、a**m**a、**b**ëthë、su**m**ta 及 **l**ëluki、hee**q**ën、xoñ**g**or、**k**unqu、a**b**a、**f**athë、su**n**ta 两种情况。

（12）辅音脱落词与非脱落词同用实例，如"豹"、"人口"、"下腭"、"膝盖"、"菜"、"闪电"发音为 yarga**n**、añ**g**ala、së**n**qihë、hë**r**ñën、so**l**gi、talike**n** 的同时，还发音为 yarga、añala、sëqihë、hëñën、sogi、talike 等。

（13）词尾音的构成不同的现象，如"钉子"、"木榔头"、"木锉"、"勺子"、"桶"、"过程"发作 hadë**n**、mal**a**、uru**n**、soho**n**、hun**i**、dulë**n** 及 hadë**su**、moli**n**、uru**mji**、soho**ku**、kun**qu**、dulë**gën** 等。

以上这些情况的出现，说明赫哲语已进入严重濒危状态，反映出该语言因严重濒危而出现的词的使用不统一、不规范、不稳定、不确定性等问题。正因为如此，我们搜集整理赫哲语基本词汇时把同一个概念或事物的不同说法、不同语音结构类型、不同发音现象的词均收入这本词汇集中，把使用率相对低的说法作为参考内容，全部列入"其他发音形式"一栏，把那些具有代表性或使用率相对高的说法或发音形式放入"赫哲语"一栏。这样做的目的是让人们更加全面清楚地了解和把握严重濒危赫哲语词汇的基本情况。在我们看来，那些不同发音形式的基本词汇里，除了借词和加注词之外可能有一些同语支语言、同语族语言、同语系语言的同源词或共有词等。总而言之，我们在对赫哲语基本词汇进行搜集整理时，遇到词语使用方面极其复杂多样的现象，对我们进一步了解严重濒危语言的结构特征、语用现象、词汇系统均有重要的学术价值和意义。

第一部分
严重濒危赫哲语语音系统

一 元音

单元音：a、ë、i、e、o、u、ÿ

长元音：aa、ëë、ii、oo、uu

复元音：ai、ëi、oi、ui、ia、ië、io、au、ëu、ua、uë 及 iau、aui

二 辅音

单辅音：b、p、m、f、w、d、t、n、l、r、s、g、k、h、ñ、j、q、x、y

复辅音：rt、rk、rh、rf、lt、lg、ms、ñt、ñk、ñx、ht、hs、bt

叠辅音：nn、ññ

三 相关说明

1. 词汇表里除赫哲语基本词汇之外，还将赫哲语其他发音形式作为参考放入其中。词汇排列形式是汉语、赫哲语、其他发音形式。

2. 词汇表内收入的赫哲语词汇基本上是按照名词、代词、数词、量词、形容词、动词、虚词的顺序进行前后排列。其中，名词按自然现象/自然物类名词、动物类名词、植物类名词、人与亲属称谓及人体结构类名词、衣食住行类名词、生产生活用品用具类名词、社会文化类名词、宗教信仰类名词、医学类名词、方位时间类名词、国家名称类名词顺序排列。

3. 名词、数词、形容词、动词等词汇中省去了大量由其他词派生而来的词。例如，由名词、形容词、数词等派生的动词，或由动词派生的名词、形容词等。

4. 词汇表中收入的动词，只是以词根或词干形式出现，将动词词根或词干后面接缀的表示不同语法概念的词缀全部省略。同时，在动词词根或词干后面标上"－"符号。

5. 虚词系统中收入了使用率较高、使用面较广，并有一定代表性的副词、感叹词、语气词，连词、后置词等只收入了个别的词例。

6. 借词里除在赫哲语里常用的汉语与蒙古语借词之外，还有个别的俄语、英语等借词。

7. 词汇表中属于通古斯诸语的同源词、共有词有很多，另外有一些多义词等，因此会出现不同汉语词语用相同的赫哲语进行表达的特殊现象。不过，类似实例不会太多。

8. 词汇表中出现的对于某一概念或事物有几种不同的说法，基本上按照使用率的高低排序，同时用斜线"／"符号分开。

9. 词汇表中还收入用单纯词、合成词、加注词、借词同时表示某一个特殊词义的个别案例，以此说明赫哲语语用现象的复杂性及其面临严重濒危的状态。

10. 本书中的元音和辅音音位的分析是基于宽式标音法标音，同过去严式标音法的标音有所不同。

第二部分
严重濒危赫哲语基本词汇

一 名词

1. 自然现象/自然物类词

序号	汉语	赫哲语	其他发音形式
1	天空	ba	abka/buga
2	空气	sugdun	
3	天气	buga	
4	太阳	xiwun	
5	阳光/光	ilan	kĕñkin
6	光阴	jirĕlgĕn	
7	晨光	nĕĕri	nĕĕrin
8	光亮	gĕrhĕn	
9	黎明	jakara	
10	月亮	bia	
11	月光	gilan	
12	月牙	koltu	koltug bia
13	圆月	murgin	
14	星星	uxiha	

序号	汉语	赫哲语	其他发音形式
15	北斗星	dëlkën uxiha	
16	启明星	solko	solko uxiha
17	牛郎星	igëri	igëri uxiha
18	织女星	jodorgan	jodorga nuxiha
19	流星	dulkën	dulkën uxiha
20	光	ilan	
21	风	ëdun	
22	龙卷风	soyin	
23	雨	tikëtin	tikti
24	雨点	sabdan	
25	甘雨	arsën	
26	晴雨	gëygën tikëtin	gëygën tikti
27	毛毛雨	fisuri	
28	大雨	sagin	
29	暴雨	huukxin	
30	虹	xiran	xirawan/xiwaran
31	云	tuhsu	
32	彩云	ulgar	
33	霞	jaksan	
34	晚霞	qibsë	
35	雾	tamnaksa	tamnaksë
36	气	ugar	agar
37	瘴气	saëin	
38	霭气	qamdan	

序号	汉语	赫哲语	其他发音形式
39	烟气	suman	
40	露水	xilëksë	xilëëgi
41	白露	saañga	
42	寒露	saawun	
43	霜	gësun	sayinksë
44	霜冻	gëktibun	
45	雪	imanë	
46	雪片	labsa	
47	暴风雪	surgë	suurgën
48	雪面微冻	saantur	
49	春雪凝冻	qargi	
50	冰雹	bono	
51	闪电	taliken	talinki
52	雷	agdi	
53	雷声	herki	
54	气候	sugdun	
55	地	na	buga
56	地面	na	
57	地壳	hurun	
58	地势	arbun	
59	地脉	xiran	
60	地理	nataqin	gisum
61	地球	mumburi	
62	地洞	yëru	nagu

续表

序号	汉语	赫哲语	其他发音形式
63	地震	natuňku	
64	自然界	bigarin	bigan
65	天干	qiktën	
66	甲	niowaňgen	niowaktë
67	乙	niohon	niohoktë
68	丙	fulgen	fulgektë
69	丁	fulahun	fulhuktë
70	戊	suyan	suyaktë
71	己	sohon	sohoktë
72	庚	xanyan	xanyaktë
73	辛	xahun	xahuktë
74	壬	sahalhi	sahalhiktë
75	癸	sahahun	sahahuktë
76	地支	gargan	
77	子	xiëňri	xiëňkqi
78	丑	ihan	ihakqi
79	寅	tasha	tashakqi
80	卯	gurmahun	gurmakqi
81	辰	mudur	mudukqi
82	巳	mëyhë	mëyhëkqi
83	午	morin	morikqi
84	未	honin	honikqi
85	申	monio	moniokqi
86	酉	tiwko	tiwkokqi

续表

序号	汉语	赫哲语	其他发音形式
87	戌	inakin	inakikqi
88	亥	uligian	uligiakqi
89	土	tukal	tur
90	领土	bana	
91	尘土	toor	
92	尘埃	tos	
93	飞尘	burgin	
94	泥	qibar	karku
95	烂泥	karkuwun	
96	水沟	go	
97	石头	jolo	jol
98	青石	kiyalun jolo	kiyalun jol
99	岩石	hada jolo	hada jol
100	磨石	lëkë	lëkë jol
101	磐石	ihan jolo	ihan jol
102	打火石	to jolo	to jol
103	河流石	jolomon	
104	小石子	jagari	
105	沙子	iňa	xorun
106	沙粒	sakxi	
107	沙漠	iňa	
108	沙丘	maňkan	
109	戈壁	gobi	

续表

序号	汉语	赫哲语	其他发音形式
110	平原	tal	
111	野外	bayin	këwër
112	山	urëkën	urkën
113	大山	qolhoron	
114	矮平山	ala	
115	山岭	dabagan	
116	岩山	hada	hada urëkën
117	山顶	horon	
118	山尖峰	sokqun	
119	半山腰	heha	
120	山坡	mugudin	mugdin
121	山陡坡	daban	
122	山慢坡	ënëshun	
123	丘陵	dowo	
124	悬崖	xibgër	
125	陡壁	igqi	
126	山岳	qolhon	
127	山梁	mulu	
128	山梁尽头	hoxig	hoxitu
129	山肋	ëbqi	
130	山斜坡	hëgdërhën	
131	山嘴	mudun	
132	小山梁	jidun	
133	山坡地带	mewëhë	nalur

续表

序号	汉语	赫哲语	其他发音形式
134	山岗	muñgan	
135	山陡坡	hëjih	
136	山额	sëñgin	
137	山阳坡	antu	
138	山阴坡	boso	
139	山脚	bëthë	bëgdëlën
140	山根	butën	
141	山弯	mudan	
142	山谷	yofukan	
143	山洞	añgu	
144	荒山	hunta	
145	山沟	yohrën	
146	山缝	ferën	
147	山道	jowa	
148	山区	urëkën buga	urëkën
149	桥洞	guldun	
150	涵洞	guldur	
151	窟窿/坑	saña	
152	穴	ëlu	
153	鼠洞	jorën	
154	水	mukë	
155	瀑布	pusun	
156	海	lamë	mudëri
157	海滩	subhi	jabkëri

续表

序号	汉语	赫哲语	其他发音形式
158	海边	dalin	
159	海啸	dëbën	
160	海湾	mudan	mëdin
161	海岛	argan	
162	大洋	namu	
163	潮水	purgin	muku dërën
164	浪	qalbagan	
165	大浪	dolgen	wë
166	水浪	qalgin	
167	波澜/波涛	wërën	
168	水纹	irahi	iralji
169	鱼行水纹	iran	
170	湖	amuji	huyo
171	江	lamu	mañmu
172	河	bira	
173	小河	birakan	
174	河床	gol	
175	河口	datëm	
176	河岸	ëg	niikë
177	河坡	ëylën	
178	河滩	tan	
179	河崖	ëgdën	
180	河汉	herge	garkan
181	河底	birañi ërën	

序号	汉语	赫哲语	其他发音形式
182	河沟	birakan	
183	河湾子	uruktu	
184	河源	dërën	
185	水流/河流	ëyën	
186	上游	dëgën	
187	下游	ëgën	
188	支流	garga	
189	河坝/堤	dalan	dalagabqi
190	埫	urgi	
191	河对岸	bargila	
192	土坝	ba	nalan
193	沙滩	jubki	
194	溪	birañka	
195	漩涡	horgil	
196	激流	wëlëñkë	
197	激流不冻处	haraja	harga
198	流动水	ëyën	
199	湍流	hargi	
200	洪水	mugdër	
201	泊	ëlgën	nor
202	死水	hargi	
203	蓄水池	kuli	
204	池塘	talgë	
205	潭	tuñgu	

续表

序号	汉语	赫哲语	其他发音形式
206	泉	xirin muku	birakan
207	井	hotir	hotin
208	沟	koomu	
209	渠	suban	
210	渡口	ëdëlën	
211	泥泞	xalqig	
212	沼泽	niltën	
213	沼泽地/湿地	labda	
214	水泡	talak	
215	水面绵苔	nuñga	
216	水点	sabdën	tobkur
217	冰	jukë	ëmug
218	冰片	bulu	
219	冰冻	gëkti	
220	冰窟窿	suyëjgë	
221	淹凌水	buuge	
222	闸	ja	
223	火	tuwa	too
224	无焰火	dul	dol
225	火光	gëñgin	
226	火星	too uxiha	
227	火夹子	ëyigu	
228	灰	hulëbtën	
229	烟	sañan	xañnian

序号	汉语	赫哲语	其他发音形式
230	浓烟	ahsun	
231	金子	aixin	
232	铜	giowan	dëuxën
233	红铜	giowan	dëwxën
234	黄铜	soyan	
235	铁	sëlë	
236	钢	gañ	
237	锡	tohulun	xila
238	银子	mëñgun	
239	铅	tohulkun	
240	铁丝	sëlë xirën	urë
241	铁锭	holbëku	
242	铁皮	tarbal	
243	煤	yaha	
244	木炭	mo yahë	
245	宝	ërdën	ërdëni
246	玉	has	
247	翡翠	suyigan	
248	玛瑙	manu	
249	琥珀	boisila	humur
250	水银	gilta	
251	钻石	alimar	
252	珍珠	tana	
253	鸡石	goolji	

2. 动物类名词

序号	汉语	赫哲语	其他发音形式
1	动物	aretu	
2	野兽	gurgë	buyan
3	象	jaan	
4	虎	tasuga	yëyë mafa
5	公虎	muhan	
6	母虎	birën	
7	彪	targan	
8	狮子	arqilan	
9	豹	yargan	yarga
10	黑豹	hara yarga	
11	白豹	gilhuta	
12	金钱豹	irbis	
13	海豹	lëfu	
14	貂	sarkë	
15	公貂	luñgu	
16	母貂	ayhu	
17	豺	gureel	
18	狼	niohë	nëluki/lëluki
19	狐狸	sulahi	
20	白狐狸	qindahan	
21	沙狐	kirsa	
22	狸	ujirki	
23	猞猁	xëlisuñ	
24	小猞猁	luka	

序号	汉语	赫哲语	其他发音形式
25	貉子	ëlbëhë	
26	熊	mafkë	
27	一岁熊	hutiki	
28	二岁熊	jukti	
29	棕熊	naxin	tuur
30	公棕熊	sati	
31	母棕熊	satigan	
32	黑熊	mojihin	
33	公黑熊	ëtugë	
34	母黑熊	sari	matuga
35	猩猩	saraman	
36	猿	saran	saram
37	猴	monio	
38	麒麟	sabitun	
39	犀牛	iha	
40	野骆驼	boor	
41	野马	tahin	
42	野骡子	qihti	
43	鹿	komaha	
44	四不像	oroon	tolki
45	公鹿	guran	
46	母鹿	gurahan	
47	鹿羔	oxankan	
48	一岁鹿	ankan	

序号	汉语	赫哲语	其他发音形式
49	二岁鹿	jinoho	
50	三岁鹿	lobodo	
51	野角鹿	irën	
52	驼鹿	kandahan	kandahën
53	驼鹿羔	niarhosa	niarhosë
54	一岁驼鹿	toho	
55	三岁驼鹿	anami	
56	母驼鹿	ëniën	ëniën kandahën
57	公驼鹿	amian	amian kandahën
58	马鹿	ayan	
59	梅花鹿	bohu	
60	狍子	giwqën	
61	公狍	guran	amian giwqën
62	母狍	onio	ëniën giwqën
63	二岁狍	jursan	
64	三岁狍	huyan	
65	黄羊	jëgrën	
66	黄羊羔	injihan	injihën
67	母黄羊	onon	ëniën jëgrën
68	公黄羊	xirhaqin	amian jëgrën
69	獐子	xirga	
70	公獐	argat	ëniën xirga
71	母獐	argathan	amian xirga
72	獐羔	margan	

序号	汉语	赫哲语	其他发音形式
73	獾子	dorgon	
74	猪獾	mañgis	
75	老獾	ahdan	sagdë dorgon
76	獾崽	yandaxi	
77	青鼬	harsa	
78	艾虎	hurën	
79	兔子	gurmahun	gurmahu
80	白兔	qindahan	
81	野兔	mamuhë	
82	刺猬	sëñkë	
83	鼠兔	ohtono	
84	老鼠	xiëñri	
85	鼬鼠	solugi	
86	灰鼠	ulëhi	ulëhir
87	松鼠	qiñki	
88	田鼠	urgun	
89	鼹鼠	ohtono	
90	跳鼠	alakdaha	alakdan
91	豆鼠	jombar	jomra
92	盲鼠	muktun	
93	鼫鼠	dowi	
94	黄鼠狼	soolye	
95	野猪	niktë	
96	大野猪	aytan	

续表

序号	汉语	赫哲语	其他发音形式
97	公野猪	aydan	amian niktë
98	母野猪	sakda	ëniën niktë
99	野猪崽	mihqan	mihqan niktë
100	出生几个月的野猪	surhan	surhan niktë
101	一岁野猪	nuhan	nuhan niktë
102	二岁野猪	sorhë	sorhë niktë
103	獠牙野猪	hayikta	hayikta niktë
104	老野猪	hayiktalan	hayiktalan niktë
105	猪	ulgian	
106	白蹄猪	balda	
107	公猪	bultun	amian ulgian
108	种猪	taman	
109	大公猪	yëlu	
110	小公猪	bultugan	
111	母猪	mëhën	ëniën ulgian
112	老母猪	mëgji	
113	骟过的猪	mëhë	
114	猪崽	mihan	miha
115	半岁猪	arda	
116	海獭	haligun	
117	水獭	jukun	
118	公水獭	algin	amian jukun
119	母水獭	uki	ëniën jukun
120	水獭崽	imsëkën	

序号	汉语	赫哲语	其他发音形式
121	旱獭	tarbahi	
122	江獭	lëhërhi	
123	飞禽	dëgilën	dëgliktën
124	鸟	gaskë	
125	凤凰鸟	gardi	
126	鸢	garuñga	
127	雁	nunnahi	dawgaska
128	鹈鹕	hutan	
129	鸨	todig	
130	雀	qinihë	
131	麻雀	ukan	dargan
132	斑雀	tutuge	
133	凭霄雀	tugit	
134	水花冠红脖子鸟	tugil	
135	朱顶红	qalihun	
136	苇鸟	huñxi	
137	元鸟	turah	
138	乌鸦	gahi	gaahi
139	松鸦	isha	
140	花脖鸦	ayan	ayan gaahi
141	燕子	qifakun	
142	紫燕	xiwin	
143	寒燕	biran	
144	越燕	gulagan	

序号	汉语	赫哲语	其他发音形式
145	喜鹊	saksaki	
146	老鹰	heehën	heeqën
147	苍鹰	idulhën	
148	小鹰	giahun	
149	小黄鹰	jawukta	jiljima
150	鱼鹰	suwan	
151	老雕	kiakqën	
152	白雕	hisuka	
153	海青	xoñkon	xoñgor
154	海鸥	kilahun	
155	游隼	naqin	
156	燕隼	xilmën	
157	鸥鹞	yabsah	
158	猫头鹰	huñxin	
159	林鸮	humsë	
160	啄木鸟	tontoki	toktoki
161	啄木鸟身上的毛	yolokto	
162	布谷鸟	këku	
163	丹顶鹤/仙鹤	bulëhi	
164	丘鹬	yaksan	
165	鹬	qooqal	qokqal
166	灰鹤	harhira	
167	鹳	urijin	
168	孔雀	tojin	

序号	汉语	赫哲语	其他发音形式
169	乌鸡	garasu	hoyi
170	野鸡	olgum	
171	飞龙鸟/沙鸡	nutru	
172	鹦	soron	
173	鹭鸶	guaxihe	waqikë
174	鹦鹉	todi	
175	小体鹦鹉	iñgëhë	
176	鹌鹑	ququhi	
177	鸥	kilahun	kilun
178	秃鹫	tashar	
179	狗鹫	yolo	
180	鸳鸯	niuniahi	niuha
181	八哥	bañgu	gooñgar
182	画眉	yadal	
183	黄鹂	gulin	
184	白脖乌鸦	tañko	alagasun
185	青鸦	garahi	garasun
186	戴胜	ëpëbe	
187	斑鸠	tuulge	
188	莺	jargi	
189	鸡	qoko	toko
190	小鸡	uxkuli toko	
191	公鸡	aminan	
192	母鸡	ëminën	

序号	汉语	赫哲语	其他发音形式
193	鹅	ëhë	
194	鹬	silmën	
195	天鹅	urqe	hukxa
196	鸭子	niëhi	
197	黄鸭	añgir	
198	小尾鸭	soqil	
199	鸽子	bogëji	toktoge
200	蝙蝠	ashañga	yëmbiëhu
201	猫	këxkë	këkë
202	山猫	mala	
203	狗	inakin	
204	公狗	ajirgan	
205	母狗	qusukë	ukëqë
206	狗崽	gulgë	
207	小狗	hashan	
208	四眼狗	durbë	durbë inakin
209	玉眼狗	qigir	qigir inakin
210	白脖子狗	alga	alga inakin
211	白鼻梁狗	haljar	haljar inakin
212	猎犬	tayiga	taigan inakin
213	藏獒	yolo	
214	哈巴狗	haba	baal/haba inakin
215	牲畜	adgus	
216	牲口	adsun	

序号	汉语	赫哲语	其他发音形式
217	牲畜胎	suqi	
218	牛	ihan	
219	野牛	bihan ihan	
220	牤牛	buhxan	
221	黄牛	ëjë	hahai han
222	无角牛	mohol	
223	生牛	dalbi	
224	乳牛	unin	asën ihan
225	牛犊	tuksan	
226	二岁牛	itën	
227	三岁牛	guna	
228	四岁牛	dunë	
229	牦牛	sarlan	sarlan ihan
230	水牛	mukëyi ihan	
231	羊	honin	
232	羊羔	hurha	
233	公羊	huqa	
234	母羊	busa	
235	骟过的羊	irgë	irgë honin
236	山羊	niman	
237	骆驼	tëmë	
238	马	morin	
239	马驹	noohan	morin hitë
240	小马	daag	daaga morin

续表

序号	汉语	赫哲语	其他发音形式
241	二岁马	suquhë	suquhë morin
242	三岁马	artu	artu morin
243	四岁马	sejebtu	sejebtu morin
244	生马	ëmni	ëmni morin
245	种子马	ajirgan	ajirgan morin
246	骟过的马	agta	akta morin
247	母马	gëw	
248	骏马	hulug	
249	赛马	baygan	
250	白马	surmorin	qaara morin
251	红马	jërdë morin	
252	红沙马	burël morin	
253	栗色马	hurën morin	
254	枣骝马	hëyir morin	
255	铁青马	bor morin	qiñgër morin
256	淡黄毛马	hoñgor morin	
257	米黄毛马	xirga	xirga morin
258	黑鬃黄马	hulan morin	
259	浅黄毛马	huwa morin	
260	海骝毛马	haylun morin	
261	黑青马	hara morin	
262	菊花青马	tolbotu	tolbotu morin
263	喜鹊青马	ulun	ulun morin
264	豹花马	qohor morin	

序号	汉语	赫哲语	其他发音形式
265	花斑马	alga morin	
266	强性马	qañga	qañga morin
267	温性马	nom morin	
268	劣性马	dokxin morin	
269	驽马	haxan	haxan morin
270	笨马	bidu morin	
271	胆小马	oliha	
272	驴	ëyhën	
273	骡	lawsa	lusë
274	虫子	kuliakën	kulian
275	蝉	jibgirë	
276	蚕	këbtërkëñ	
277	蚕丝	xiligsun	
278	蝈蝈	gurgër	
279	蜜蜂	jëgtë	sorolen
280	黄蜂	kiuxi	
281	马蜂	jugi	
282	蝴蝶	domdoki	kulifian/hoylan
283	小蝴蝶	domdo	kidondo
284	蛾	doondon	ukusari
285	扑灯蛾	pupulji	
286	萤火虫	gilgan	
287	毛毛虫	sëfërin	
288	蜻蜓	imë hulha	

续表

序号	汉语	赫哲语	其他发音形式
289	苍蝇	dilhuwën	jinkun
290	绿豆蝇	nuñkian jinkun	
291	麻豆蝇	bor jinkun	
292	蛆虫	uñuli	
293	蚊子	garmakta	garman
294	大黄蚊子	hoñkol	
295	蜘蛛	atka	akta mamë
296	黑蜘蛛	basa	
297	虻	irgëktë	qimkiktë
298	小咬	hurmëktë	hurmë
299	蝎子	isël	
300	蜈蚣	urukë	
301	螳螂	tëmëjën	tëmëljin
302	尺蠖	toloki	
303	蠓	oyolji	
304	蟋蟀	gurëqin	xibxiki
305	蚂蚱	xibxikun	
306	蚱蜢	saarpa	qarqa
307	蝗虫	sëbsëhër	
308	蝗蛹	unika	
309	蛴螬	sahalan	nañal
310	蝲蝲蛄	lalagu	
311	蚂蚁	ihtëk	iktëkën
312	蟑螂	fiarë	tarkën

续表

序号	汉语	赫哲语	其他发音形式
313	蛔虫	uxiga	
314	蚜虫	misun	
315	蚂蟥	midahan	
316	臭虫	kulub	suusu
317	跳蚤	sura	
318	虱子	kumëkë	
319	虮子	nilkë	kumëktë
320	蜱	bixir	
321	狗虱	gubil	inakini kumëkë
322	白蚱	sër	
323	蚯蚓	bëtën	bëtë
324	蛇	mëihë	
325	蟒蛇	jabjin	
326	龙	mudur	lo
327	蛟	nimadë	
328	壁虎	sërë	qënki
329	蛙	ërih	wakxën
330	青蛙	morin wakxën	
331	蝌蚪	ilgilën	
332	鱼	imaha	olo
333	公鱼	atuha	
334	母鱼	atu	
335	鱼子	qurhu	qafug
336	鱼卵/鱼子	turigu	tuxë

序号	汉语	赫哲语	其他发音形式
337	鱼秧子	oniga	qafa
338	小鱼	nisha	
339	鱼群	marë	
340	鱼鳔	ugër	fuka
341	鱼鳍	sëñël	
342	前鳍	uqikë	
343	后鳍	fëthë	
344	鱼鳞	ëxiktë	imahan ëxihë
345	鱼鳃	sëñgël	
346	鱼刺	hagë	
347	鱼白	usatë	
348	鱼油	nomin	
349	鲤鱼	murgu	hartëku
350	小鲤鱼	xiri	
351	鲇鱼	daahi	xanqin
352	鲫鱼	abtëhë	
353	狗鱼	guqën	xifan
354	鳊花鱼	haygu	hayguqin
355	鲭鱼	usul	
356	鳑鱼	takun	takan
357	鳟鱼	jëlu	sakana
358	泥鳅鱼	uya	
359	鳇鱼	ajin	
360	白鱼	jaqihi	

序号	汉语	赫哲语	其他发音形式
361	金鱼	aixin imaha	hulaktë imaha
362	草根鱼	kuërë	kuërë imaha
363	细鳞鱼	yorun	yorun imaha
364	红尾鱼	suñgad	suñgad imaha
365	柳根鱼	ulumë	ulumë imaha
366	松花鱼	ogsoñgi	ogsoñgi imaha
367	牛尾鱼	ihan irgi	ihan irgi imaha
368	葫芦仔鱼	farsa	tenfu imaha
369	河鱼	okqun	sakana
370	白鲹鱼	yabsa	yabsa imaha
371	重嘴鱼	tubëhë	tubëhë imaha
372	鳉鱼	kitfuqin	kitfuqin imaha
373	大马哈鱼	tawa	tawa imaha
374	黑鱼/鳗鱼	huwar	huwar imaha
375	干鲦鱼	sëqë	sëqë imaha
376	筋斗鱼	kurqin	kurqin imaha
377	花季鱼	ulëñgë	ulëñgë imaha
378	大头鱼	lakqan	lakqan imaha
379	方口鳊头鱼	dawahë	dawahë imaha
380	白漂子鱼	yaruhun	yaruhun imaha
381	白带鱼	gialtun	gialtun imaha
382	白鲦子鱼	lioho	lioho imaha
383	白鲩鱼	uya	uya imaha
384	鲳鱼	taigu	taigu imaha

续表

序号	汉语	赫哲语	其他发音形式
385	黄鱼	musur	musur imaha
386	鲸鱼	sargalji	sargalji imaha
387	鳝鱼	mehëtë	mehëtë imaha
388	鲹鱼	hadar	hadar imaha
389	细鳞梭鱼	uguri	uguri imaha
390	鲨鱼	qimë	qimëgën imaha
391	鲈鱼	sakam	sakam imaha
392	海马	malta	
393	河豚	kosha	
394	海参	kijimi	nilga
395	鲨鱼	dëpu	
396	螃蟹	qamur	qanu
397	鳖/甲鱼	ajihum	girakta
398	龟	kawlan	kabku
399	蚌	takira	
400	海螺	burën	
401	螺	qukektë	
402	贝	kisug	golikur
403	虾	gabkur	garban
404	河蟹	kabqihe	
405	甲壳	hurë	giran
406	獠牙	soyo	soyolgo
407	马鼻梁	hañxar	
408	马脑门上的鬃	hugul	

序号	汉语	赫哲语	其他发音形式
409	马脖子上的鬃	dëlu	
410	尾鬃硬毛	saha	xilgasun
411	马胸	tulë	
412	马奶子	qëgën	
413	马膝骨	tahim	
414	马脚后跟	borbë	moriñi borbë
415	马小腿	xir	moriñi xir
416	马蹄	urun	moriñi urun
417	蹄心	umon	moriñi umon
418	蹄掌	wiyaha	moriñi wiyaha
419	尾巴	ilgi	moriñi ilgi
420	马印子	doron	moriñi doron
421	角	iigë	guyan
422	角根	gili	
423	鹿茸	funtu	
424	兽类下颏	baldah	
425	兽类肷皮	qabi	
426	兽蹄	fatha	
427	爪子	fatha	sarban
428	兽类趾甲	oxiha	
429	翅膀	axiki	dëksë
430	毛	ẏhtë	
431	厚毛	luku	luku ẏhtë
432	短毛	nirga	nirga ẏhtë

续表

序号	汉语	赫哲语	其他发音形式
433	卷毛	orgol	orgol yhtë
434	绒毛	noñgar	noñgar yhtë
435	毛梢	solmin	
436	皮	nasa	
437	皮毛	furdëh	
438	狍皮	gihi	
439	貂皮	bolga	
440	黑貂皮	sahalqa	
441	猞猁狲皮	xëlisuñqi	
442	狐狸皮	dobiqi	sulahiqi
443	羊皮	honiqi	honin nasa
444	山羊皮	nimaqi	
445	牛皮	ihaqi	ihan nasa
446	去毛皮	ilgin	
447	去毛鹿皮	buhi	
448	股皮	sarin	
449	皮条	sor	
450	兽类乳房	dëlën	buyañi dëlën
451	胎盘	tëbku	
452	胚内血块	balaktë	
453	兽胎	suqi	buyañi suqi
454	羽毛	fuëgal	fufuktë
455	尾羽	gindahan	
456	酕毛	nuñgar	

续表

序号	汉语	赫哲语	其他发音形式
457	鸟嘴	toñgi	tontokur
458	嗉囊	hoñgol	
459	鸟鸡胸脯	aljan	
460	斑纹	bëdër	
461	兽尾白毛	hikdaha	hikdasun
462	驼峰	bohtë	

3. 植物类名词

序号	汉语	赫哲语	其他发音形式
1	木/树	mo	
2	苗	nuñgian	
3	芽	nuya	qimir
4	种子	usë	
5	小树	xidan	
6	叶	abdagsan	abdasën
7	嫩叶	nilahar	
8	树枝	garkën	
9	枝梢	subëh	
10	茎	bëyë	
11	藤	muxirën	
12	树梢	lawan	sun
13	树皮	tal	ërëktë
14	树嫩皮	umrih	
15	树根	ulëhë	daqin

序号	汉语	赫哲语	其他发音形式
16	树盘根	furel	
17	木墩子	fuñku	
18	树干	bëyin	gol
19	桅杆	qiktën	tolo
20	树杈	aqa	
21	树汁	sugu	sumsën
22	汁液	ximën	xilugun
23	柳絮	uñgar	
24	仁儿／籽	usë	mada
25	刺	u	uu/kaibula
26	树节子	botokon	
27	树小节	hëtu	
28	树包	agël	
29	树疖	gësu	
30	树孔	uñgë	
31	果子	towhu	akta
32	竹子	susë	hos
33	莛子	hulqin	huluguktu
34	穗子	suyhë	
35	樟	jañga	
36	柏	maylasun	
37	松树	jagda	homkur
38	水松	mogdan	mukdan
39	果松	holdon	

序号	汉语	赫哲语	其他发音形式
40	落叶松	irëktë	
41	红松	faxikë	fulgian jagda
42	松子	kuri	kuriktu
43	松树针	sada	
44	松脂	sahas	
45	梧桐	urañga	
46	山桐子	ilho	
47	桑树	nimalan	
48	白桦树	qalaban	qaalban
49	黑桦树	tibkur	
50	桦树皮	talakun	tal
51	柳树	botoho	
52	柳条	burgan	
53	河柳	suha	birañi burgan
54	红柳	tiwërhun	fulgian botoho
55	杏树	guilëhë	
56	梨树	xiluktë	qulektë mo
57	核桃树	koota	
58	山核桃树	huxigan	
59	杨树	fulha	
60	槐树	gërën	
61	枫树	hol	
62	山槐	goroktë	goroktë mo
63	紫檀	jandan	jandan mo

续表

序号	汉语	赫哲语	其他发音形式
64	檀	qakur	qakur mo
65	楠木	anahun	anahun mo
66	椴木	iltëhë	iltëhë mo
67	枸树	hanta	hanta mo
68	柞树/橡子树	mañgaktë	mañgaktë mo
69	榛子树	xixaktë mo	
70	稠李子树	iëñktë mo	
71	山丁子树	uliktë mo	
72	椿树	jalgasu	
73	杉树	wantahan	tataha mo
74	榆树	hailën	hailën mo
75	山榆	uxiktën	uxiktën mo
76	冬青树	foktulan	foktulan mo
77	椴树	irëktë	ilaktë mo
78	水柳	iwaktan	iwaktan mo
79	沙果树	yoñgar	yoñgar mo
80	枣树	jokto	jo mo
81	酸枣树	bula	bula mo
82	山楂树	arqi	arqi mo
83	葡萄树	muqëktë mo	
84	山藤	ënirhën	xilëktë
85	山麻	qañgi	hagi
86	野麻	figa	
87	蓖麻	damas	

序号	汉语	赫哲语	其他发音形式
88	花椒树	usëri	
89	树林	bujan	oyi
90	密林	suge	xige
91	灌木	xilbur	
92	丛树	uldun	
93	无皮古树	gilja	
94	朽木	ibtë	
95	棉花	kubun	yuhan
96	花	ilga	
97	牡丹	mudan	
98	山丹	sarana	
99	海棠	fulan ilga	haitan
100	菊花	jÿhuar	
101	芙蓉	fusuri ilga	
102	荷花	loñkaqi	
103	梅花	aril	mëil ilga
104	杏花	guylës	
105	兰花	sañgë	
106	木兰花	mulgan	mulan
107	玉兰花	guñkër	
108	紫罗兰	xañgal	
109	莲花	su ilga	
110	桃花	tor ilga	yahakta ilga
111	玫瑰花	jamur	

续表

序号	汉语	赫哲语	其他发音形式
112	丁香花	nimtën	
113	茶花	qai ilga	
114	山茶花	saha	saha ilga
115	桂花	soňga	soňga ilga
116	水仙花	sëñged	sëñged ilga
117	月季花	nialar	sarni ilga
118	四季花	forgur ilga	
119	鸡冠花	sëñgël	bilgar ilga
120	金钱花	aixin ilga	
121	金盏花	aixin ëwun ilga	
122	瑞香花	sabir	sabir ilga
123	杜鹃花	sëñkir ilga	
124	百合花	bushë ilga	
125	水葱花	mukël	mukël ilga
126	茉莉花	mëli ilga	
127	迎春花	okdo	okdo ilga
128	玉簪花	puliwar	
129	红花	fulgian ilga	
130	芍药花	son	son ilga
131	蔷薇	jamur	jamur ilga
132	罂粟花	nëlgër	tain ilga
133	芦花	laňka	
134	花心	jilha	
135	花瓣	fintëh	talga

序号	汉语	赫哲语	其他发音形式
136	花骨朵	boňko	
137	草	orokto	oroho
138	草坪	yanquha	
139	茅草	handa	handa orokto
140	青草	nogo	nogo orokto
141	荒草	hakda	hakda orokto
142	紫草	jamuri	jamuri orokto
143	狗尾草	har	har orokto
144	兰草	ěnjě	ěnjě orokto
145	艾草	suiha	suiha orokto
146	野艾草	agi	agi orokto
147	黄艾	ёrёm	ёrёm orokto
148	马兰草	sahildag	sahildag orokto
149	落籽草	alisun	
150	荸荠	abun	abun orokto
151	苜蓿	morho	morho orokto
152	席草	nixikta	nixikta orokto
153	苍耳子	sёňgёt	sёňgёt orokto
154	蝎子草	gabtam	gabtam orokto
155	鬼针	kilgana	kilgana orokto
156	爬山虎	huxiwa	huxiwa orokto
157	蒿草	hagi	
158	蓬蒿	suhu	hamhul orokto
159	靰鞡草	hajakta	haikta orokto

续表

序号	汉语	赫哲语	其他发音形式
160	蕙草	ubkëri	ubkëri orokto
161	麻	olo	olo orokto
162	蒲草	gurbi	gurbi orokto
163	人参	orhoda	orhoda orokto
164	七里香	anqu	anqu orokto
165	灵芝	sanqa	sanqa orokto
166	稻草	handa orokto	
167	棚圈铺草	niamqir	niamqir orokto
168	床铺干草	sëgtër	sëgtër orokto
169	向日葵	simiqkë	
170	田	uxin	
171	粮食	jëktë	
172	干粮	kunësun	
173	秧子	arsun	yañsi
174	稿/茎梗	musun	
175	穗	suihë	
176	曲子	huhu	
177	糠	aga	aaga
178	稻谷	handa	handar
179	麦子	mais	
180	荞麦	mëlë	
181	燕麦	sulu	
182	青稞	murwa	
183	高粱垛	borhu	

序号	汉语	赫哲语	其他发音形式
184	米	bulë	jëktë
185	米粒	bulgë	
186	米皮	dalha	
187	米渣子	nirgi	
188	面粉	ufa	
189	大米	dami jëktë	
190	小米	narim	narim jëktë
191	小黄米	ixih	ixih jëktë
192	糯米	irahanda buda	
193	糜子	pixig	
194	水稻	handa	
195	早稻	ërtë handa	
196	晚稻	bolu handa	
197	大麦	muji	
198	小麦	mais	
199	稗子	hiwë	
200	玉米	xoloku	xoloku jëktë
201	高粱	susu	golen
202	秫米	aiha	aiha jëktë
203	黄米	ira	ira jëktë
204	花生	huaxën	
205	水果	tubih	
206	梨	qÿlihtë	
207	苹果	pingë	

续表

序号	汉语	赫哲语	其他发音形式
208	桃子	toro	
209	樱桃	intoro	
210	葡萄	puto	muqëktë
211	瓜	hëñkë	
212	西瓜	xigua	
213	柿子	xiij	
214	枣	sori	joktë
215	酸枣	sorito	
216	橘子	jilës	jilëktë
217	小橘子	janquha	janquktë
218	橙子	juxiki	juxiktë
219	杏子	guilëhë	guilëktë
220	杨梅	janjir	janjikt
221	酸梅	jisuri	jisuktë
222	山丁子	uliktë	
223	稠李子	iëñktë	
224	枸杞子	maisha	
225	香榧	fishan	
226	李子	foyër	foyëktë
227	沙果	yoñari	yoñakta
228	槟子	mërsëri	mërsëktë
229	核桃	koota	kootaktë
230	山核桃	huxigan	huxiktë
231	榛子	xixakta	

序号	汉语	赫哲语	其他发音形式
232	栗子	sartuhul	
233	核（果核）	us	usum
234	石榴	anar	anaktë
235	佛手	ëgdën	ëgdëktë
236	木瓜	gadir	gadikta
237	柚子	jowhan	johakta
238	龙眼	tamur	tamukta
239	荔枝	liji	lijiktë
240	椰子	hotoqi	hotokto
241	山楂	tolom	tolokto
242	橄榄	wikan	wikakta
243	无花果	hulgar	hulgakta
244	果仁	ahaka	sumur
245	瓜子	hëril	
246	瓜藤	jëlgë	
247	果汁	suhi	suumu
248	果壳	notho	
249	果籽硬壳	donho	tabka
250	果脐	ulëgë	
251	蔬菜	solgi	
252	野菜	solgi	këwëri solgi
253	青菜	muñgen	muñgen solgi
254	白菜	ambu solgi	
255	生菜	nalu	nalu solgi

续表

序号	汉语	赫哲语	其他发音形式
256	芥菜	hargi	hargi solgi
257	荠菜	abuh	abuh solgi
258	韭菜	sëñkulë	sëñkulë solgi
259	韭菜花	sorso	sorso solgi
260	芹菜	qinse	qinse solgi
261	菠菜	bëse	bëse solgi
262	薄荷	aris	aris solgi
263	蓼菜	jilim	jilim solgi
264	香菜	wañga solgi	
265	苋菜	ahlaxi solgi	
266	茼蒿	toñko	toñko solgi
267	沙葱	ëñgul	ëñgul solgi
268	蕨菜	uktala	uktala solgi
269	百合	joktondo	joktondo solgi
270	萝卜	marsë	loobu
271	胡萝卜	molokofu	huloobu
272	水萝卜	nuñgian musa	suiloobu
273	大萝卜	fuligian musa	
274	柳蒿芽	umpil	kumil
275	倭瓜/南瓜	lañgu	nañgu
276	葫芦	hotor	
277	茄子	haxi	qesë
278	蒜	suanda	
279	葱	ëlu	

序号	汉语	赫哲语	其他发音形式
280	野葱/小葱	suñgina	suduli
281	洋葱	yañqun	
282	野韭菜	tana	sëñkulë
283	细野葱	mañgir	
284	野蒜	suanda	
285	辣椒	lajo	
286	姜	jañ	
287	黄花菜	diloshi	diloshi solgi
288	水蔓青	manjin	manjin solgi
289	小根菜	masar	masar solgi
290	盖菜	hargi	hargi solgi
291	西红柿	pamitor	fulgian xiis
292	青椒	qinjo	
293	茴香	susër	
294	海带	behë	
295	黄瓜	hëñkë	
296	丝瓜	mehat	mehat hëñkë
297	冬瓜	sëgur	sëgur hëñkë
298	香瓜	wañga hëñkë	
299	苦瓜	goxiku hëñkë	
300	豆角	turi	
301	土豆	tudu	kaltuk
302	豆子	turi	
303	小豆	xisa	

续表

序号	汉语	赫哲语	其他发音形式
304	黄豆	suẏan turi	
305	黑豆	sakёlki turi	
306	绿豆	nẏñgian turi	
307	豌豆	bohёr	bohёr turi
308	豇豆	fulgian turi	
309	豆芽	turi arsun	
310	芋头	ẏtu	sonokto
311	笋	arsun	
312	山药	larsand	
313	紫菜	misun solgi	
314	蘑菇	mogo	mёёgё
315	榛蘑	jisakta	
316	榆蘑	haylan mogo	
317	木耳	buhakta	moxan
318	酸菜	qitkuli solgi	
319	腌菜	tirisё solgi	
320	豆腐	dufu	
321	咸菜	dawsёn solgi	
322	咸白菜	nasan	nasan solgi
323	芝麻	maliñgё	
324	胡麻	qarma	

4. 人与亲属称谓及人体结构类名词

序号	汉语	赫哲语	其他发音形式
1	家乡	gasan	tëgën
2	籍贯	baldibun	
3	生命	ërgën	
4	人	nan	nio
5	家庭	boihun	
6	家族	ugsun	
7	祖先	mohun	
8	血统/血族	daan	da/ujuru
9	高祖	sagdi mohun	
10	族际	uksur	
11	首领	da	
12	辈分	jalan	jala
13	家族之父	do mafa	ugsun mafa
14	家族之母	do mama	ugsun mama
15	曾祖父	mafërë	
16	曾祖母	mamërë	
17	祖父	ëhë	yëyi
18	祖母	mama	naine
19	外祖父	gor mafa	
20	外祖母	gor mama	
21	长辈	mafëqi	
22	父亲	ama	aba
23	母亲	ënië	ëmë

续表

序号	汉语	赫哲语	其他发音形式
24	伯父	amihan	dada
25	伯母	ënihën	mamë
26	叔叔	ëqë	
27	婶母	uhmë	
28	姑姑	gugu	ënihën
29	姑父	gufu	amihan
30	姨母	dëhëmë	
31	姨父	dëhama	
32	大姨父	ambuma	sagdi dëhëmë
33	大姨母	ambu	sagdi dëhama
34	公公	amaha	
35	婆婆	ëmëhë	
36	舅父	nakqu	fafa
37	舅母	mamë	
38	哥哥	agë	akin
39	嫂子	ugi	ëwkë
40	大哥	sagdi agë	
41	弟弟	nëw	
42	弟妻	nëwi asën	
43	姐姐	ëkin	gëgë
44	姐夫	awxe	ëmëhë
45	妹妹	ajan	nëw hunaji
46	妹夫	nëw hurëhën	
47	连襟	baja	bajale

续表

序号	汉语	赫哲语	其他发音形式
48	结发夫妻	baqi	
49	丈夫	ëdi	
50	妻子	asën	
51	女主人	ajan	
52	妾	uxkuli asën	
53	妻兄	naqan	asën agë
54	妻嫂	nëqën	asën ëwkë
55	妻弟	nayan	
56	妻弟妇	nëyën	
57	未婚男青年	axta	
58	未婚女青年	axahtë ajan	
59	头胎	ajig	ajigan
60	儿子	hitë	
61	儿媳妇	urawën	
62	孕妇	bëyë dabkur	bëyë dabkur asën
63	长子	sagdi hitë	
64	次子	jutin hitë	
65	小儿子	fuyañgu hitë	uxhun hitë
66	养子	ujiqë hitë	
67	独子	ëmuhun hitë	
68	女儿	asën hitë	ajan hitë
69	女婿	hodiwu	
70	长女	sagdi asën hitë	
71	童养媳	ujiqë urawën	

续表

序号	汉语	赫哲语	其他发音形式
72	双胞胎	ihiri	jurumuli
73	孙子	omoli	ombol
74	孙女	omoli hitërin	
75	曾孙	komoli	
76	玄孙	nëmku omoli	
77	侄儿	jÿ	hitërin
78	侄媳	jÿ urawën	
79	侄女	ajan hitërin	
80	后代	ënën	
81	宝贝	bobi	
82	堂兄	jalëhi agë	jalëhi akin
83	堂姐	jalëhi gëgë	jalëhi ëkin
84	堂弟	jalëhi nëw	
85	堂妹	jalëhi hunaji	jalëhi ajan
86	兄弟	ahunu	ahun nëw
87	姐妹	ëhinu	ëhin nëw
88	小姑子	asën inan	
89	小叔子	hahë inan	
90	妯娌	hoyin	
91	姑表亲	guqihin	
92	表姑	guqi	
93	表哥	guqihin agë	guqihin akin
94	表姐	guqihin ëkin	
95	表弟	guqihin nëw	

序号	汉语	赫哲语	其他发音形式
96	表妹	guqihin hunaji	guqihin ajan
97	表兄弟	guqihin ahandu	guqihin akindu
98	表叔	guqihin ëqë	
99	表侄	guqihin jÿ	
100	亲戚	duha	baldin
101	娘家	najil	
102	亲家	sadun	sadë
103	亲家公	sadë mafa	
104	亲家母	sadë mama	
105	岳父	amha	
106	岳母	ëmhë	
107	小姨子	asën bënëri	
108	继父	amigu amë	
109	继母	amigu ëmë	
110	养父	ujiqë amë	
111	养母	ujiqë ëmë	
112	外甥	jë	hitërën
113	外甥子	jë hitë	
114	外甥女	jë asën hitë	
115	外孙	jë omoli	
116	姑舅	tarxi	
117	姑舅亲	tarxi	
118	后世	amigu jalën	
119	后人	amigu nio	

续表

序号	汉语	赫哲语	其他发音形式
120	干爹	tagdëhën ama	gan ama
121	干妈	tagdëhën ëmë	gan ëmë
122	干儿子	tagdëhën hitë	gan hitë
123	干女儿	tagdëhën asën	gan asën
124	老人	sagdinio	
125	老翁	mafëkqan	sagdi mafë
126	老太太	mamëkqan	sagdi mamë
127	夫妻	ëdi asën	
128	大人	sagdi nio	
129	年轻人	axihën nio	
130	小孩	hitë	uxkuli hitë
131	婴儿	jojo	
132	胎衣	tëwhu	
133	男孩	haha hitë	
134	女孩	asën hitë	
135	姑娘	moto	
136	寡妇	gañgir	gañgixi
137	单身汉	ëmuhun	
138	孤儿	aëñjin	
139	男人	haha nio	
140	女人	asën nio	
141	奶妈	jëmë	jëmë nio
142	贤人	saysa	saysanio
143	聪明人	surë	surë nio

序号	汉语	赫哲语	其他发音形式
144	机灵人	sërgë	sërgë nio
145	巧手者	darhan	darhan nio
146	麻利者	soloñgo	soloñgo nio
147	智者	mërgën	mërgën nio
148	明白人	gëtuñgë	gëtuñgë nio
149	神者	sëñgë	sëñgë nio
150	预知者	uqihan	uqihan nio
151	豁达者	ilëtu	ilëtu nio
152	能干者	ënqën	ënqën nio
153	勤俭者	malhu	malhu nio
154	名人	gërbiqi	gërbiqinio
155	文人	bithëni nio	
156	公务员	albani nio	
157	使者	ëlqin	
158	门卫	manaqi	manaqi nio
159	残疾人	ëdën nio	
160	近视眼	baligar	
161	盲人	bali	kialku
162	圆眼者	morhën	morhën nio
163	哑巴	hëlë	hëlë nio
164	结巴	hëlëtin	hëlëtin nio
165	瘸子	doholon	doholon nio
166	扇风耳	milahan	milahan nio
167	聋子	duli	koñgo nio

序号	汉语	赫哲语	其他发音形式
168	耳背者	maigu	maigu nio
169	高鼻梁者	hobso	hobso nio
170	塌鼻者	hapigar	hapigar nio
171	翻唇者	ërtëgër	ërtëgër nio
172	齿露者	saksahun	saksahun nio
173	扁嘴者	matan	matan nio
174	秃子	hoto	hoto nio
175	歇顶人	haljin	haljin nio
176	麻子	marsaktu	marsaktu nio
177	斜眼	hiarku	hiarku nio
178	独眼	ëmë isala	ëmë isala nio
179	歪脖子	haljir	haljir nio
180	歪指者	tahir	tahir nio
181	豁嘴	sëmtëg	sëmtëku nio
182	豁牙	sëntëh	sëntëh nio
183	驼背	mugtër	hërhë nio
184	鸡胸	buktur	buktur nio
185	矮子	lata	lata nio
186	罗圈腿	morgo	morgo nio
187	手足迟缓者	bohir	bohir nio
188	傻子	mënën	ëtën nio
189	疯子	hawuň	
190	瘫痪者	tanbal	
191	六指者	niwuň qumukën	

序号	汉语	赫哲语	其他发音形式
192	丫环	suruhu	yatu
193	妓女	gisë	yañkan
194	荡女	yañkan	
195	姘头	guqi	
196	佣人	takuraqi	takuraqi nio
197	奴隶	aha	boolë
198	一辈奴	futahi	futahi aha
199	两辈奴	furna	furna aha
200	三辈奴	bolho	
201	长工	wëilëqi	wëilëqi nio
202	木匠	mujan	mujan nio
203	铁匠	sëlë fahëqi	sëlë fahëqi nio
204	石匠	jolo fahëqi	jolo fahëqi nio
205	瓦匠	wajan	wajan nio
206	厨师	buda uluqi	buda uluqi nio
207	老师/师傅	sëw	
208	徒弟	xabi	
209	伐木工	mooqi	mooqi nio
210	水手	muuqi	muuqi nio
211	歌手	jariqi	jariqi nio
212	乐手	humuqi	humuqi nio
213	说书人	unugulqi	unugulqi nio
214	戏子	xiisi	xiisi nio
215	工人	wilëqi	wilëqi nio

续表

序号	汉语	赫哲语	其他发音形式
216	农民	uxin tariqi	uxin tariqi nio
217	牧民	orkon kindaqi	orkon kindaqi nio
218	渔民	imahëqi	
219	猎人	bihanhuliqi	bihanhuliqi nio
220	商人	hudarikqi	hudarikqi nio
221	萨满	saman	saman nio
222	算命人	jalgan bodoqi	jalgan bodoqi nio
223	先生	xexën	sëbu
224	军人	quahayi nio	
225	兵	albën	
226	英雄	baturu	
227	摔跤手	buku	bukuqi
228	闲人	bai nio	
229	小姐	dëdu	
230	乞丐	gëlëkqi	buda gëlëkqi
231	小偷	hulaha	
232	土匪	husë	husëqi
233	强盗	tabqihu	
234	法西斯	faxis	
235	坏人	ëhëlë nio	
236	无赖	larjihu	larjihu nio
237	矬子	qokqo	qokqo nio
238	酒鬼	soktoho	soktoho nio
239	穷人	yadu nio	

序号	汉语	赫哲语	其他发音形式
240	富人	bayan nio	
241	瘦高人	gañgahun	gañgahun nio
242	粗胖人	babgar	babgar nio
243	左撇子	sologe	sologe nio
244	鼻音重者	goñqihu	goñqihu nio
245	身材矮小的人	latagar	latagar nio
246	陌生人	antaha	antaha nio
247	独身者	hilhat	hilhat nio
248	伙计	hoki	
249	伙伴	gamki	
250	客人	anda	duha nio
251	女伴儿	nëku	
252	朋友	guqu	bari
253	密友	anda	
254	女友	nëhu	
255	近邻	dërgidë	kalqi jo
256	近亲	kalqë duha	halin
257	远亲	goro duha	
258	乡亲	holqihi	
259	村长	gaxanda	yohonda
260	乡长	gaxanda	
261	屯长	kaxinda	
262	县长	xenjan	goxuda
263	旗长	qijan	

续表

序号	汉语	赫哲语	其他发音形式
264	镇长	ayilda	
265	族长	mokonda	
266	市长	hotunda	
267	主席	juxi	ëjënda
268	总理	juñli	
269	总统	juntuñ	
270	主人	ëjën	
271	武官	quayi tuxan	
272	官	tuxan	hawën
273	大臣	amban	alban
274	领导	iruqi	
275	皇帝	kan	bugada
276	天王	bugada	
277	英雄	baturu	mërgën
278	强者	yañga	
279	职务	tusan	gërbëqin
280	官职	ëjëhë	
281	职业	wëilë	
282	职工	wëilëqin	gërbë
283	干部	ganbu	
284	教授	jawxëw	
285	老师	sëbu	
286	学生	tatiqi	tatiqin
287	同学	toñqi	toñqin

序号	汉语	赫哲语	其他发音形式
288	艺人	furkuqi	furkuqin
289	服务员	wëilëqin	
290	通讯员	mëdëqi	mëdëqin
291	车夫/司机	sënjënqi	sënjënqin
292	马夫	moriqi	moriqin
293	更夫	manaqi	manaqin
294	牧马人	aduqi	moriqin
295	牛倌	ihaqi	ihaqin
296	羊倌	honiqin	
297	牵马人	hutuqi	hutuqin
298	向导	hoktuqi	hoktuqin
299	随从	yilgil	
300	仆人	takuraqi	takuraqin
301	勤务员	goxihu	goxihuqin
302	送信人	jaxhaqi	jaxhaqin
303	探子	sërki	gulkin
304	敌人	bata	bahqihan
305	奸细	gulduqi	gulduqin
306	逃犯	buktunëqi	buktunëqin
307	俘虏	olji	
308	部族	ayman	
309	民族	uksuri	gurun
310	群众	gërën	
311	代表	ënduqi	ënduqin

续表

序号	汉语	赫哲语	其他发音形式
312	汉人	nikannio	
313	女真	jurqin	
314	满族人	manjunio	
315	锡伯人	xibë nio	
316	人口	añgala	añala
317	人群	ursë	
318	人体	nioyi bëyë	bëyë
319	身体	bëyë	
320	生相	banin	
321	相貌	durun	
322	形相	arbun	
323	形状	dursun	
324	孤身	gan	ëmuhën nio
325	赤身	nihusun	
326	头	dili	
327	头顶	furgeel	
328	尖头	xolhor	
329	头皮	koyga	miatë
330	额头	mañgel	hëyi
331	凸额	tohi	
332	凹额	huñgu	
333	额角	quñguri	quñgu
334	囟门	joli	
335	皱纹	suwan	aturin

续表

序号	汉语	赫哲语	其他发音形式
336	后脑勺	afihi	
337	脑子	fëhi	
338	鬓角	qoho	
339	耳朵	xan	xian
340	耳垂	suyhë	
341	耳孔	uñgal	
342	眼睛	isala	ijalë
343	眼眶	hontoko	
344	眼皮	humusu	
345	眼角	sugum	
346	眼珠	fahë	moyol
347	瞳孔	tanan fahë	
348	瞳仁	anag	
349	眼白	isalañi sahun	sahun
350	鼻子	oforo	
351	鼻梁	hurën	
352	鼻翼	fërtë	
353	鼻孔	neña	oforo saña
354	嘴	amña	
355	嘴唇	hëmun	
356	嘴角	jawji	
357	唇下洼处	suñgu	
358	人中	humun	
359	牙齿	ihtëlë	ihtë

续表

序号	汉语	赫哲语	其他发音形式
360	门牙	morin ihtëlë	morin ihtë
361	牙床	uman	
362	牙花	boylë	
363	牙关	jayan	
364	舌头	ilëñgu	ilëñ
365	舌尖	igir	
366	舌根	ilëñdë	
367	舌面	iññilbin	
368	小舌	uxikuli ilëñu	
369	下腭	sënqihë	sëqihë
370	上腭	tañga	
371	腮	jëgi	
372	腮根	xina	
373	脸	dërë	dëlëbë/qira
374	脸蛋/脸颊	ulqin	
375	脖子	mëyfën	
376	喉咙	moñgon	kota
377	食道/喉咙	bilga	bilgakta
378	喉结	këwlëktë	
379	气管	ëriñkë	
380	后颈	gem	afihi qoñnoku
381	肩膀	mirë	
382	胳膊	mayin	
383	胳肢窝	ooni	

续表

序号	汉语	赫哲语	其他发音形式
384	肘	iqën	iqun
385	手腕子	bagu	
386	手	nala	
387	手掌	algan	ohoyi
388	巴掌	sashu	sasha
389	手背	nala	
390	拳头	nurga	gulaka
391	手指头	qumkën	quñkë
392	拇指	fërhë	fërhë quñkë
393	食指	fakxë	fakxë quñkë／moqi quñkë
394	中指	aldëwki	aadug quñkë
395	无名指	moqu	tujtin quëkë
396	小指	gaikun	gaikun quñkë
397	指甲	uxekta	
398	指甲根	juman	
399	指纹	tamar	omogor
400	虎口	hoho	
401	胸脯	hëñgër	
402	胸	tiñën	
403	乳房	uhun	mëmë
404	乳头	tohon	
405	奶汁	sun	ukun
406	肚子	hëbëli	
407	小肚	uxkun hëbëli	

序号	汉语	赫哲语	其他发音形式
408	肚脐	quñëri	
409	腰	daram	nioñoli
410	后背	arkan	
411	肋	ëwti	këñgëri
412	肋骨	ëwtëli	
413	肌肉	bulqan	yali
414	腰眼	xihal	xonbuli
415	腿	bëgtëlë	
416	大腿	oñoski	
417	膝盖	hëñën	hërñën
418	小腿	xilbu	mohorko
419	屁股	ura	
420	肛门	hoqi	
421	脐带	xirën	
422	男生殖器	qoxko	
423	睾丸	bonqokto	bonjoku
424	精液	uskë	amira
425	阴囊	uhala	
426	女生殖器	fëfë	
427	胯骨	suguji	qihi
428	胯裆	salka	
429	大腿内侧	hawis	
430	脚	bëthë	fathë
431	脚面	umhun	

序号	汉语	赫哲语	其他发音形式
432	脚后筋	borbi	
433	脚后跟	nëintë	nintë
434	脚趾	fathëni qumkën	
435	脚底	fatan	
436	头发	niuktë	
437	发髻	sosug	moriqo
438	头发分叉	saqig	
439	辫子	isaqa	
440	鬓发	sudan	
441	眉毛	sarmuktë	
442	睫毛	hirimki	hurmiktë
443	鼻毛	oforo yañikta	
444	胡子	salu	
445	汗毛	huñkari	huñgari
446	阴毛	sawëlë	
447	骨头	giramsë	giamsë
448	软骨	bugus	buguskën
449	脑骨	hot	
450	脑盖骨	oñgor	
451	脖颈骨	ildun	
452	锁骨	ëmëhë	ëmëhëktë
453	胸尖骨	bokso	
454	胸岔软骨	xiwëhë	
455	琵琶骨	halba	

续表

序号	汉语	赫哲语	其他发音形式
456	脊椎骨	sëyrë	
457	尾骨	uqihin	uyiktë
458	腕骨	sabta	
459	肱骨	awlan	
460	膝盖骨	tobgi	hërñën giamsë
461	大腿骨	oñoski	
462	小腿骨	mohorko	
463	踝骨	sayha	
464	骨髓	uman	umgan
465	脊髓	ursun	
466	关节	jalan	
467	骨槽	hëmi	
468	皮肤	ërhë	ërëktë
469	内脏	do	
470	五脏	doogun	
471	心脏	miawën	
472	肝脏	hakin	
473	肾	bosokto	bojohto
474	肺	ëwtë	dëlëfë
475	胆	xilësë	xilhë
476	胃	hukin	sorfon
477	肠子	xuluhtu	
478	肠子上的脂肪	sëmjin	
479	脾	dëlhin	dëlfën

序号	汉语	赫哲语	其他发音形式
480	膀胱	qikëmku	
481	子宫	tëbku	
482	血	sëhsë	
483	血管	sudal	uniakta
484	脉	sudal	
485	肉中的血水	suus	
486	肉	uljë	ulësë
487	脂肪	targun uljë	
488	筋	sumkën	
489	筋头	bulgë	
490	月经	lëlëki	
491	尿	qikën	qikë
492	屎	amun	amu
493	屁	fewun	
494	尾部/臀部	uqa	
495	汗	nixin	
496	大汗	taran	
497	手足汗	xibër	xibëktë
498	眼泪	niamakta	isalañi niamakta
499	眼眵	loñgo	isalañi loñgo
500	呼吸	ërgën	
501	口水	jolokso	
502	鼻涕	niañki	
503	痰	tiwuñi	

序号	汉语	赫哲语	其他发音形式
504	沫子	owon	
505	耳垢	hunug	uraña
506	头皮屑	haga	
507	分泌物	ximën	
508	身上污垢	niañsë	

5. 衣食住行类名词

序号	汉语	赫哲语	其他发音形式
1	衣服	titi	tërgëlë
2	服装	huna	ëtukë/tërgëlë
3	礼服	saikan tërgëlë	jawag
4	上衣（长）	hansa	hansa
5	上衣（短）	hurum	
6	衬衫	qamqa	gahërë
7	汗衫	hantas	
8	绒衣	roñyi	
9	棉短衣	yuhañki hansa	
10	袍子	xijigin	
11	棉长袍	yuhañki qamqa	yuhan qamqa
12	毛皮长袍	dëhël	
13	单布长袍	gahër	
14	马褂	olbo	
15	坎肩	hanjal	kanjalë tërgëlë
16	女坎肩	gulësun	gulësun tërgëlë

续表

序号	汉语	赫哲语	其他发音形式
17	紧身衣	kankitu	kankitu tërgëlë
18	夹衣	artuku	artuku
19	布衣	bohu tërgëlë	
20	棉衣	ulkun	yuhan tërgëlë
21	狍皮衣	haxihi	kaxiki
22	长毛短皮衣	dahë	
23	细毛皮衣	garha	
24	鹿狍皮衣	kaxih	
25	去毛皮衣	namu	namu tërgëlë
26	鱼皮衣	akumi	
27	袍褂	dëgëlji	
28	毡褂	jañqi	jañqihu
29	斗篷	nëmëhu	
30	雨伞	saran	
31	雨衣	nëmëhu	
32	衣领	xibkëbtu	hoxko
33	垫肩	hibta	
34	皮袄	sukqa	
35	衣面	tërgëlëñi tulë	
36	皮袄布面	burihun	sukqañi burihun
37	衣里	tërgëlëni dula	
38	皮衣料	isu	
39	袖子	ukësël	
40	袖口	uhan	togon

序号	汉语	赫哲语	其他发音形式
41	套袖	ulhitun	
42	袍衣大襟	adasun	qamqañi adasun
43	袍衣内襟	dulaadasun	qamqañi dulaadasun
44	袍衣前襟	duxihi	qamqañi duxihi
45	衣襟角	sugun	qamqañi sugun
46	袍衣开衩	sëlwën	qamqañi sëlwën
47	衣边	hëqi	tërgëlëñi hëqi
48	扣子	tohon	
49	扣眼	tohoni san	
50	扣襻	sëñgë	
51	衣兜	tëbku	karman
52	裤子	hëyki	fakar
53	涉水皮裤	oluñkë	
54	无毛皮裤	aduhi	
55	棉裤	laku	yuhan hëyki
56	女内裤	domo	
57	套裤	goqiku	
58	围裙	dalëtku	dalëñku
59	裙子	hoxihan	
60	短裤	foholon hëyki	
61	裤腰	tisun	
62	裤裆	salgë	tërgëlëni salgë
63	裤腿	hëykini bëthë	
64	裹小腿布	tuyban	

续表

序号	汉语	赫哲语	其他发音形式
65	鹿皮衣	namibuqan	
66	帽子	awun	
67	护耳帽	xan awun	
68	带耳毡帽	torhi	torhi awun
69	毡帽	hamtu	hamtu awun
70	宽檐帽	dogdori	botar awun
71	凉帽	bor	
72	草帽	orokto awun	
73	狍皮帽子	giwqin nasë awun	
74	蚊蝇帽	josma	garman awun
75	帽顶	tobho	awuñi tobho
76	帽胎	oyo	awuñi oyo
77	帽檐	dëlbin	awuñi dëlbin
78	帽缨	sorson	awuñi sorson
79	帽带子	jala	awuñi sorbo
80	护耳	sabtun	
81	女用脖套	hubër	
82	女用脸罩	injir	
83	围脖	huxinku	
84	手套	ulu	pirqaska
85	三指手套	osho	
86	手闷子	armë	
87	皮手闷子	haqimi	
88	腰带/皮带	piday	omoli

续表

序号	汉语	赫哲语	其他发音形式
89	长袍腰带	omoli	qamqañi omoli
90	女士腰带	hëbtëhu	
91	腰带饰板	torke	
92	腰带扣环	gurhi	
93	鞋	sabë	
94	布鞋	sabë	yuhan sabë
95	靴子	gulha	
96	皮鞋	nasë sabë	
97	长筒靴	tatama	gugda turiqi sabë
98	高跟鞋	guguda fatën sabë	gugda fatënqi sabë
99	鱼皮靴	sobuk gulha	
100	靴腰	turi	
101	高腰靴	olondo	turiqi sabë
102	软皮套鞋	alukqi	
103	矮腰女靴	sulgun	
104	高腰鞋绑带	uyën	gugda turiqi sabë
105	高腰靴穿带皮绑子	sënqihu	
106	鞋帮子	harha	
107	鞋底	ërë	
108	鞋底铁掌	tah	
109	鞋底木板	tahtan	tahakta
110	靴里衬皮	danëha	
111	鞋底沿条	hayan	
112	鞋跟	ninti	fatën

序号	汉语	赫哲语	其他发音形式
113	鞋带	sabë uxi	
114	楦子	gultëku	
115	袜子	dokto	was
116	皮袜子	utun	nasë dokto
117	毡袜子	omoho	
118	裹脚布	bohiku	
119	麻布	huntëhë bosu	
120	棉布	bohu	yuhan bohu
121	绸子	dordën	
122	罗纹绸	qërin	
123	缎子	sujin	
124	褶子	hompes	
125	纺线车	foroku	
126	兽筋细线	toñgo	
127	棉线	xiktë	yuhan xiktë
128	布料上画的线	jusun	
129	线头	sumul	xiktëni sumul
130	线纫头	sëmihu	sëmhu
131	线轴	isuhu	
132	线桄子	ërudës	xiktëni ërugun
133	绒线	sulin	
134	线麻	olo	olokto
135	练麻	yëh	
136	纱	xa	

续表

序号	汉语	赫哲语	其他发音形式
137	毡子	jafu	gisëg
138	鱼皮	sobuk	
139	鱼皮衣服	akumi	
140	手帕	fuñku	
141	毛巾	fuñku	
142	被子	ulda	holja
143	被头	uluhun	
144	棉絮	kuwun	yuhan
145	褥子	dërjë	
146	婴孩尿布	wadan	
147	地铺	sëktëku	
148	坐褥/坐垫	sëktëbun	sëktëg
149	毡褥	jafu sëktëku	
150	毯子	tans	
151	枕头	tiriñki	
152	席子	dërsë	saktën
153	凉席	xijig	
154	席边	maqiha	
155	垫子	daktiku	
156	蚊帐	maykan	
157	弓绷	sëmërhën	
158	粗皮条	uxi	nasë uxi
159	皮包	boktulin	
160	烟荷包	fadu	

序号	汉语	赫哲语	其他发音形式
161	荷包系绳	gurha	faduňi xijin
162	荷包穗子	suyhë	faduňi suyhë
163	扇子	fushëhu	
164	羽扇	dëwun	
165	扇骨	hëru	
166	扇轴	tëmun	
167	马尾掸子	xibbil	hilgaktë
168	短毛掸子	guhur	
169	扫帚	ërihu	
170	大扫帚	sagdi ërihu	
171	簸箕	darkul	
172	首饰	mayimgan	
173	容貌	yañji	
174	耳坠子	ansun	wikan
175	男用大耳坠	guyhën	
176	耳环	xikan	uykan
177	戒指	gayistë	
178	石戒指	furtun	
179	手镯	sëmkën	xidëri
180	手表	nala biaw	
181	钟表	juñbiaw	
182	头簪子	xibiku	
183	梳子	igdiwun	
184	篦子	mërhë	

续表

序号	汉语	赫哲语	其他发音形式
185	镜子	buluku	bulku
186	铜镜	toli	dëwxën bulku
187	刷子	hisaku	
188	镊子	himki	
189	耳挖子	ugur	
190	肥皂	halmë	
191	香皂	isë	iisë
192	牙膏	yago	
193	粉	oon	
194	胭脂	iñji	
195	食物	jëfuwun	jëfur jaka
196	米/米饭	bëlë	
197	面	gurul	
198	饭	buda	
199	菜	solgi	sogi
200	烩菜	sashan	
201	米饭	bël buda	
202	米汤	budayi xilë	xilë
203	面片汤	pialtañ	gurul pialtañ
204	馅子	xens	
205	粥	qomu	budayi xilë
206	奶子/乳汁	sun	mëmë
207	奶嘴	ogji	
208	酸奶	ayrag	

序号	汉语	赫哲语	其他发音形式
209	奶皮	urëm	sun urëm
210	奶酪	arxan	
211	奶渣子	ëjih	sun ëjih
212	奶豆腐	arig	sun arig
213	奶油	sun imëgsë	
214	奶油糕	uta	sun uta
215	奶饼子	kur	
216	奶茶	sun qay	suqay
217	奶酒	ayrag	sun ayrag
218	饮料	omiñga	
219	肉粥	hohoro buda	
220	肉汤	xilë	uljëñi xilë
221	肉汁	suusu	uljëñi suusu
222	肉丁	saka	uljëñi saka
223	汤	xilë	ximusun
224	饺子	benxi	
225	包子	baus	
226	饽饽	bëbu	
227	面条	ufa	gurul buda
228	汤面	xilë ufa	
229	油	imëgsë	imëhsë
230	豆油	turi imëgsë	
231	酱油	qiñjan	
232	面酱	misun	

续表

序号	汉语	赫哲语	其他发音形式
233	醋	qu	
234	盐	dawsën	kata
235	碱	kojir	jen
236	花椒	huajo	
237	胡椒	kalhur	
238	糖	xatan	
239	白糖	xeñgin xatun	
240	蜂蜜	balu	kiokso
241	蛋	omoktë	qokoñi omoktë
242	蛋黄	yoho	omoktëñi suẙan
243	蛋白	xoho	omoktëñi xilin
244	蛋清	sohë	xilgi
245	蛋壳硬皮	qothon	
246	蛋壳嫩皮	numurhan	
247	面包	menbo	ëfën
248	大面包	bolka	
249	炒面	mux	
250	饼	ëfën	haksawën
251	糖饼	xatan ëfun	xatan haksawën
252	烧饼	galaqik	haksawën
253	油饼	imëgsë ëfën	imëgsë haksawën
254	麻花	mahua	mahua ëfën
255	馄饨	sanqik	
256	鱼肉	imahañi uljë	

续表

序号	汉语	赫哲语	其他发音形式
257	兽肉	hulektë	suqi
258	凉菜	goitkuli solgi	
259	酒	arki	
260	红酒	borku arki	fulgian arki
261	白酒	xañgin arki	
262	黄酒	soyan arki	darasun
263	米酒	bosa	
264	啤酒	piju	
265	茶	qay	
266	咖啡	kafëi	
267	味	wa	
268	臭味	wagun	fakun wa
269	腥味	niñqihun	xiwoñgo wa
270	烟（吸）	damihin	
271	烟叶	damihin abdëgsën	
272	烟袋	dayir	damihini dayir
273	烟斗	turupku	damihini turupku
274	烟嘴	ximën	damihini ximën
275	糠	ara	
276	房子	jo	
277	平房	nëqin jo	
278	仓库	haxi	haxi jo
279	粮库	liañqan	liañqan jo
280	窝棚	añku	añku jo

续表

序号	汉语	赫哲语	其他发音形式
281	撮罗子	qoru	qoru jo
282	草房	orokto jo	
283	草棚	dĕlhĕ	dĕlhĕ jo
284	凉棚	lĕñpĕn	lĕñpĕn jo
285	帐篷	maykan	maykan jo
286	帐子	jañji	jañji jo
287	游牧包	moñgojo	
288	亭子	sobor	sobor jo
289	别墅	tobo	tobo jo
290	圈	horgu	
291	院子	yafuhan	
292	菜园	hĕrjĕ	solgiñi hĕrjĕ
293	篱笆	haxigan	
294	家	jo	
295	户	jo	johu
296	房间	tĕgĕn	
297	墙	dusĕ	fatiran
298	墙壁	hĕjin	
299	山墙	isaga	
300	间壁	gelĕhu	gelĕn
301	轩	dĕn	
302	柁	taibu	
303	托梁	yakxigan	
304	中梁	mulu	mul

序号	汉语	赫哲语	其他发音形式
305	山桉	hëtërën	
306	柱子	tura	tolurur/sologon
307	斗拱	bantu	tabku
308	土围子	hëjën	
309	板子	olotuksu	habtus
310	木料	mo	molan
311	桩子	solon	
312	木桩子	tura	sologon
313	梯子	tuktilən	
314	门	urku	
315	院门	duka	
316	门闩	yakqiku	
317	门槛	bokson	dërhin bokson
318	门上轴	horgihu	urkuňi horgihu
319	门下轴	xihihu	urkuňi xihihu
320	门转轴	suqig	urkuňi suqig
321	合页	hithan	
322	榫凸处	hadi	hithani hadi
323	榫凹处	hëdi	hithani hëdi
324	房脊	niro	gilin
325	檩子	yën	mulun
326	椽子	son	
327	房檐	xihin	
328	房柁	taibu	

续表

序号	汉语	赫哲语	其他发音形式
329	廊	nañgin	
330	房盖	adar	wijigë
331	房顶	oyo	wijigë
332	房顶草房	ëlbën	
333	廊檐	nañgin	
334	顶棚	yab	
335	纸顶棚	hawxin adaar	
336	柳条笆	basan	
337	地基	tëgën	tëën
338	室内地	iildë	kual
339	砖	hëyji	
340	瓦	wa	waar
341	瓦垄沟	hol	wañi hol
342	瓦垄	irun	
343	烟筒	hulan	
344	炕	nahan	
345	炕洞	suwan	fushu
346	烟筒隔板	dalin	biilu
347	炕沿	tikin	
348	地炕	nahan	
349	炕后头	bëjin	
350	光炕	ilban	
351	床铺	or	quañ
352	窗户	fañi	

续表

序号	汉语	赫哲语	其他发音形式
353	窗竖棂	duthë	fañi duthë
354	窗台	ëgën	fañi ëgën
355	窗框/门框	bërë	fañi bërë
356	窗户木屏	hurgë	fañi hurgë
357	窗边框	daibihan	fañi daibihan
358	台阶	tuti	
359	墙角	no	foshun
360	大房	sagdijo	
361	正房	tañgul	goljo
362	边房/耳房	jakka jo	holdon jo
363	后房/照房	amigu jo	
364	大厅	tañgin	
365	厨房	tuwa jo	buda or jo
366	室内地面	ildë	
367	地窖	hurbu	joor
368	木房	mohalan	mo jo
369	澡堂	moñqo	
370	窝	fëyë	omoni
371	鸡窝	tokoyi omoni	
372	猪窝	un	ulgiani un
373	猪圈	horil	ulgiani horil
374	猪槽	otun	ulgiani otun
375	马圈	hërën	morini hërën
376	饲料	bordon	

序号	汉语	赫哲语	其他发音形式
377	笼子	horigol	
378	床	olotuksu	
379	桌子	dërë	
380	座子	tëku	tëñkë
381	餐桌	budayi dërë	
382	书桌	bithëyi dërë	
383	办公桌	albani dërë	
384	抽屉桌	tatkuqi dërë	
385	长桌子	dëktë	onimi dëktë
386	方桌	durbëjin dërë	
387	圆桌	muhulin dërë	
388	桌面	talgan	dërëñi talgan
389	桌子斗拱	bantu	dërëñi bantu
390	桌掌子	xidëhun	dërëñi xidëhun
391	桌子腿	dërëñi bëgtëlë	
392	桌边线	talatan	dërëñi talatan
393	椅子	tëñku	
394	凳子	bandën	dens
395	小凳子	tëñku	uxkun bandën
396	板凳	bandan	
397	桌椅踏板	həhibun	
398	盒子	tëyin	tëbku
399	柜子	tërgëlë fijia	
400	箱子/卧柜	abdar	

序号	汉语	赫哲语	其他发音形式
401	皮箱	pijan	nasë abdar
402	房梁储存处	ëlin	
403	贮银箱	huju	
404	带把的箱子/抬箱	hëthën	
405	炕柜	nahan horku	
406	衣柜	iguy	
407	小柜子	qamda	uxkun abdar
408	匣子	hapqan	dëktër
409	桦皮篓	haysa	
410	架子	tëhë	taktar/tag
411	碗架	sarha	
412	花架	sulku	
413	帽架	awuni nën	awuni tëhë
414	衣架	tagdar	tërgëiëñi tëhë
415	衣挂钩	lohoñko	
416	抽屉	tatku	
417	车	tërgën	sëjën
418	汽车	qiqë	
419	公共汽车	paas	
420	自行车	jixiñqë	
421	出租车	quju sëjën	
422	轿车	uxkuli sëjën	
423	轿子	suuhë	
424	轿子软塌	tën	suuhëñi tën

续表

序号	汉语	赫哲语	其他发音形式
425	轿子帏帘	akun	suuhëñi akun
426	帘子	haadi	tërgëni haadi
427	车辕	faral	tërgëni faral
428	车厢	adaka	tërgëni adaka
429	车底横掌	xidkun	tërgëni xidkun
430	车轴	tëmun	tërgëni tëmun
431	车毂	bolun	tërgëni bolun
432	轴承	hulgu	tërgëni hulgu
433	辐条	hërusu	tërgëni hërusu/hëgësu
434	车轮	mugër	tërgëni mugër
435	车辋	fahur	tërgëni fahur
436	辕头横木	bë	tërgëni bë
437	绞杆	tohin	tërgëni tohin
438	标棍	murkan	tërgëni murkan
439	插绞杆弯木	muhi	tërgëni muhi
440	轭	borhulji	tërgëni borhulji
441	火车	hoqë	
442	飞机	fëiji	
443	船	jawi	tëmtëkën/tiakë
444	渡船	tëmtëkën	tëmtëkën jawi
445	桦皮船	umërqën	umërqën jawi
446	独木船	otoñki	otoñki jawi
447	划行的船	wëyhu	wëyhu jawi
448	帆船	jawi	hëyin jawi

序号	汉语	赫哲语	其他发音形式
449	快艇/快船	gulban	gulban jawi
450	船舱	dihkë gialan	
451	船棚子	dalu	jawiñi dalu
452	船舵	hirun	jawiñi hirun
453	船桨	sëlbin	jawiñi sëlbin
454	船滑轮	surdëkë	jawiñi surdëkë
455	船底	ërën	jawiñi ërën
456	船头	hoñko	jawiñi hoñko
457	船艄	hud	jawiñi hud
458	船舷	taltan	jawiñi taltan
459	篙子	suruku	jawiñi suruku
460	桨桩	xan	jawiñi xan
461	划子	sëlbihu	jawiñi sëlbihu
462	舟	jawi	
463	木筏	ada	
464	帆	kotilo	
465	套马杆	hurgan	morini hurgan
466	马挠子	samur	morini samur
467	笼头	lontë	
468	鼻钩子	sënqih	
469	缰绳	jilhu	
470	马绊子	xidër	morini xidër
471	夹板子	hibsa	
472	鼻勒	sanqih	sanqi

续表

序号	汉语	赫哲语	其他发音形式
473	蹄子上的铁掌	tah	
474	爬犁/大雪橇	fara	
475	雪橇	qirga	
476	狗雪橇	sërhë	torki
477	滑雪板	kalqik	kiñël
478	滑雪杖	malhu	
479	溜冰鞋	sëki	salfala
480	马车	morin ëjën	
481	牛车	ihan sëjën	
482	土坯	fëijë	tukal fëijë
483	石板	jolo olotuksu	
484	炉子	birda	birdan
485	铁炉子	guljon	sëlë guljon
486	灶	nërë	nërën
487	灶坑	nërë	nërëñkë
488	灶膛	juñgal	
489	锅台	busëg	
490	碗架	tak	
491	风箱	kugur	
492	风筒	uugun	
493	案板	anban	kabtar
494	擀面棍	birëñku	
495	模子	durësun	
496	庙	uxha	

续表

序号	汉语	赫哲语	其他发音形式
497	棺材	giran	
498	抬棺材的木架子	yawtěn	
499	桥	kurgu	kiaw
500	路	hoktu	
501	小路	sure	
502	小道	jurga	uxkun jurga
503	公路	takuhan hoktu	
504	铁路	sělě hoktu	
505	铁轨	sělěgun	
506	岔路口	salja	
507	转弯处	murihan	
508	路中/途中	andan	

6. 生产生活用品用具类名词

序号	汉语	赫哲语	其他发音形式
1	用具	jaka	baitalar jaka
2	锥子	soligun	xolgon
3	锤子	mañqu	haika
4	小锤子	tokxir	uxkun mañqu
5	斧子	sukě	
6	小斧子	sukěqěn	
7	铁榔头	lantu	
8	木榔头	mala	molin
9	钳子	haribka	

序号	汉语	赫哲语	其他发音形式
10	凿子	xuxin	
11	锯	uuhon	
12	锯末	fursun	
13	钻子	ërwën	
14	钻弓	bërlëñkë	ërwëni bërlëñkë
15	铳子	tuyëkë	tuyësun
16	钉子	hadën	hadësu
17	穿钉	xibkë	
18	木塞子	xiwa	
19	铁锉	irgë	
20	木锉	urun	urumji
21	剜刀	uhukë	
22	弯刀	gikta	
23	刻刀	qoliku	
24	刨子	tuyban	
25	刨花	qihar	
26	锛子	ëbhër	
27	小锛	oli	uxkun ëbhër
28	镐头	gawtu	qabkir
29	锹	qio	
30	采/挖草根木具	suwar	
31	扁担	damja	
32	扁担钩	dëgë	
33	水龙头	qorhu	

续表

序号	汉语	赫哲语	其他发音形式
34	叉子	qakara	sarabji
35	肉叉子	xolë	saraku
36	木锨	undëhun	
37	草囤	qor	
38	柳编箱	sulihu	
39	柳编筐笭	pulër	
40	篓子	loshan	
41	筛子	xisëku	
42	镰刀	hadifun	
43	铡刀	kaqku	
44	菜刀	solgin koto	
45	刀	kuxi	koto
46	刀尖	iligën	
47	刀把	ëxin	kotoñi ëxin
48	小刀柄	daxin	uxhun kotoñi ëxin
49	刀刃	jëyën	
50	刀背	nala	
51	刀鞘	homogon	korimki
52	剪刀	hayqi	
53	碗	moro	qarmi
54	大碗	sagdi qarmi	
55	中碗	tomër	
56	木碗	samar	mo qarmi
57	带把木碗	uwoñi	baruqi qarmi

续表

序号	汉语	赫哲语	其他发音形式
58	桦树皮碗	talakun qarmi	tala qarmi
59	瓷碗	qaqug	
60	铜碗	dëwxën qarmi	
61	口大矮碗	qan	
62	盘子	fila	
63	木盘	tagar	mo fila
64	碟子	fila	dees
65	小碟子	ixkuli fila	uxkun fila
66	托碟	filaga	
67	杯子	qomo	
68	茶杯	qawal	
69	筷子	sabki	
70	瓢子	mana	sokoňko
71	木瓢	muxihi	
72	长把木瓢	masugan	
73	椰瓢	qaha	
74	马勺	maxu	
75	勺子	sohon	sohoku
76	水果叉子	sërë	sërki
77	木制小勺	kuyi	
78	羹匙	saiwi	hona
79	坛子	buton	tams
80	瓶子	malu	bulia
81	长颈瓶	bëtilkën	onimi malu

续表

序号	汉语	赫哲语	其他发音形式
82	瓷瓶	hobin	
83	插花瓶	tëmpin	
84	罐子	tamsu	
85	酒杯	huntuhan	dumqi
86	大酒杯	qomo	
87	木酒杯	labar	
88	高酒杯	suyitaku	
89	酒锑	qara	
90	漏斗	quurgin	
91	漏勺/笊篱	hërëku	jooli
92	礤床儿	urahu	
93	杵杆	bulkur	
94	烧酒溜槽	qorho	
95	壶	tampi	hu
96	茶壶	qahu	
97	扁背壶	hukur	
98	火壶	too qahu	
99	浇花水壶	huñkëku	
100	盆子	dorbuku	hobon
101	木盆	daliñki	mo hobon
102	铁盆	fënsku	sëlë hobon
103	火盆	ilahur	too hobon
104	铜盆	galakë	dëwxën hobon
105	瓷盆	hobon	

序号	汉语	赫哲语	其他发音形式
106	带把槽盆	yalhu	
107	整木槽盆	oton	oton hobon
108	马槽	hujur	moñgo
109	整木圆形无把容器	sahan	
110	桶	huni	kunqu
111	木桶	kunqu	mo kunqu
112	大木桶	hohon	sakdë mo kunqu
113	桦皮桶	amas	tala kunqu
114	敞口桦皮桶	dañsah	
115	铁桶（带把儿）	wëyduk	sëlë kunqu
116	铁水桶	qoolug	
117	茶桶	domo	
118	小水桶	hobo	uxkun hobo
119	提水桶	mulën	wëydërë
120	桶提梁	babur	
121	桶把手	sënji	
122	桶箍	ërën	
123	桶底	hërën	
124	锅铲子	tuqun	kisun
125	炒米棍	maltaku	
126	锅刷子	haxeñku	
127	锅	y̌kë	
128	铞	saya	
129	铜铞	qëgqër	dëwxën saya

序号	汉语	赫哲语	其他发音形式
130	小锅	haqha	
131	大锅	ximtu	sagdi ÿkë
132	大铁锅	morin ÿkë	
133	火锅	oqokon ÿkë	
134	吊锅	mugër	
135	铜锅	dëwxën ÿkë	
136	砂锅	hursun	hursun ÿkë
137	铫子	huyuku	
138	锅盖	okqin	
139	放锅的铁架子	nërun	nëëñgi
140	锅耳子	jawa	
141	锅烟子	ku	
142	三木支锅架子	sahur	hulug
143	汤罐	solha	
144	屉子/笼屉	tëliku	
145	蒸笼	tëliku	
146	蒸箅子	xigin	
147	水缸	qaham	
148	敞口大水缸	misan	
149	大水缸	jisaman	hudë qaham
150	瓮	malu	
151	盖子	okqin	
152	瓶盖	libkin	
153	碗架子	sarhu	

续表

序号	汉语	赫哲语	其他发音形式
154	木楔子	xiwa	
155	木阁板	giyasa	dëktër
156	支棍	sujaku	
157	罩子	daxihu	
158	切菜墩	duñsu	
159	抹布	mabu	
160	垫圈	matar	
161	背物架子	fana	
162	灶子	goloqon	togun
163	灶台	fushu	tobubqi
164	灶眼	kota	
165	蜡	ayan	la
166	蜡心	gol	lañi gol
167	蜡台	dobku	
168	糠灯	hiabun	
169	灯	dëñjan	bulin
170	油灯	jola	
171	煤油灯	yañdëñ	jola dëñjan
172	灯架	xindah	jolañi xindah
173	灯芯	xibërhën	jolañi xibërhën
174	灯笼	dëñlu	jolañi dëñlu
175	灯泡	fuka	jolañi fuka
176	火石	qargi	jolañi tuwa jolo
177	火柴/取灯	gilaku	qÿdën

续表

序号	汉语	赫哲语	其他发音形式
178	引柴	suyar	
179	引火木片	kiyogan	
180	火把	tolon	
181	油松火把	yañga	
182	薰蚊虫烟火	sañniyan	
183	荒火/野火	tuwa	jëgidë
184	火焰	kurgi	
185	火镰子	yataku	tooñi yataku
186	拨火棍	xilur	tooñi
187	火钳	babuh	tooñi babuh
188	柴火	mo	
189	火炭	yaha	
190	火灾	tuwani gashan	
191	天灾	gasha	
192	干旱	hiyag	gañ
193	垃圾	hukun	hupkun
194	泔水	xilgat	xilgatlan
195	锈	jiwu	sëptë
196	拐杖	tiwěn	
197	摇篮	duri	
198	背带	hinal uxin	
199	把手	sëñkën	jafañku
200	包	fadu	
201	包袱	bafun	

续表

序号	汉语	赫哲语	其他发音形式
202	行李	haliñga	
203	带子	uxi	hëxën
204	棉线宽带子	uksën	hurku
205	棉线窄带子	ëntu	
206	棉线细带子	hatagan	
207	绳子	hurkun	
208	粗绳子	taabu	
209	细绳子	xijin	uxin
210	缆绳	argam	
211	绳结	jañgi	
212	绳络子	heel	
213	青麻	hima	
214	练麻	yëhë	yëh
215	麻绳	huntaha hëxën	
216	麻袋	huntaha foluku	
217	染料	iqëku	
218	秤	dënsë	gin/qëns
219	镒	gintoh	
220	小秤子	dëñnëhu	uxkun dënsë
221	秤星	uxiha	
222	秤盘	aliku	
223	秤砣	tuësë	
224	秤杆	darhu	dañga
225	尺子	hëmunëkqë	Këmnëku/gëqi

序号	汉语	赫哲语	其他发音形式
226	尺寸	hëmun	
227	针	imñë	
228	顶针	sonoku	
229	补丁	imqin	sañakta
230	线	toñgo	
231	环锥	surbë	
232	熨斗	huxëku	
233	烙铁	harin	
234	锁头	yosu	yoosug
235	锁簧	sëñgël	
236	钥匙	anaku	
237	旧式钥匙穿钉	xibhë	
238	链子	koyorgun	
239	铁链子	garha	
240	轮子	kurdun	tohorku
241	犁	anjë	
242	犁把手	bodori	bodor
243	犁铧子	alha	anjëyi jëyin
244	犁挽钩	salhu	
245	犁身	gokqi	
246	耙子	narga	këtërku
247	锄头	ulun	
248	铲子	qabqiku	
249	撒种篓斗	uskë	

续表

序号	汉语	赫哲语	其他发音形式
250	木礤子	kubur	
251	压种子的轱辘	togorku	
252	木叉子	hëntu	
253	木叉子棍	asalan	mo sawag
254	爬子	hëdtërku	
255	荆囤	sagsë	
256	席囤	haxigan	
257	筐子	soro	qëlën
258	提筐	sasahë	
259	竹筐	hos soro	
260	大筐子	hudĕ	hëgdi hudĕ
261	荆条篓子	saksë	
262	痰盂	tifulëku	
263	挠痒具	uxehu	
264	笤帚	ërku	
265	碾干	goktë	
266	风车	hujuku	suksurkë
267	筐箩	polor	
268	小筐箩	nionior	
269	针线筐箩	hapi	
270	熟皮槌子	mala	kuñku
271	熟皮木锯	hëdërku	
272	熟皮木铡刀	talgik	kitkan
273	熟皮刮刀	gisha	kisha

续表

序号	汉语	赫哲语	其他发音形式
274	磨刀工具	uruň	moji
275	水磨	hom	
276	碾子	nuluhu	ilku
277	碓子	hëlin	
278	石碓头	hoňko	
279	碾杆木	gohoto	
280	碓房	ogo	
281	磨刀石	lëh	aňka
282	杵	qokiko	qokqoku
283	臼	owu	
284	泥抹子	naluku	bilukun
285	砑	aňkakë	
286	木桩	tura	mo tura
287	战争	apun	
288	战役	dayin	
289	战士	apuqin	
290	军号	burën	quhaňi burën
291	盔	saqa	
292	甲（盔甲）	ukxin	quhaňi ukxin
293	弓	bëri	bëriňi
294	弓别	misa	bëriňi misa
295	弓玄	uli	bëriňi uli
296	弓脑	bokson	bëriňi bokson
297	弓梢	igën	bëriňi igën

序号	汉语	赫哲语	其他发音形式
298	弓垫子	tëbhë	bëriñi tëbhë
299	弓套	dobton	bëriñi dobton
300	弓罩	oqiha	bëriñi oqiha
301	弓擎子	tañgihu	bëriñi tañgihu
302	箭	niru	luki
303	小箭	dolbi luki	
304	大箭	kifu	hëgdi niru
305	长箭	majan	onimi niru
306	快箭	kalbihu	halgi
307	水箭	jësëri	
308	火箭	too luki	
309	哨箭	jan	jan niru
310	带哨箭	jaña	jaña niru
311	无哨箭	sudu	sudu niru
312	梅针箭	xirda	xirda niru
313	角头箭	jor	jor niru
314	扁头箭	ganda	niruñi ganda
315	箭头铁刃	orgi	niruñi orgi
316	箭头铁脊	hugu	niruñi hugu
317	箭羽	dëthë	niruñi dëthë
318	箭匣	hobdon	niruñi hobdon
319	箭筒	jëbël	niruñi jëbël
320	箭罩	yagi	niruñi yagi
321	弩箭	sërmi	sërmi niru

序号	汉语	赫哲语	其他发音形式
322	箭靶子	aygan	niruñi aygan
323	箭靶心	tuqin	
324	箭挡子	dalda	
325	扎枪	gida	
326	短扎枪	nama gida	
327	带钩扎枪	watañga gida	
328	剑	xor	jen
329	大刀	jañgu	hëgdi koto
330	腰刀	lohë	
331	战刀	sëlëmi	lohon
332	炮	poo	
333	枪	mioqiañ	
334	猎枪	kiyañqi	
335	瞄准器眼	sënji	mioqiañi sënji
336	枪冲条	qirgëku	mioqiañi qirgëku
337	枪机子	hëñkilëhu	mioqiañi hëñkilëhu
338	枪套	homkon	mioqiañi homkon
339	子弹	muhalian	
340	火药	tuwa okto	
341	火药罐	sumgan	oktoñi sumgan
342	枪的火门	xan	
343	导火线	bilda	
344	棍子	mo	
345	棒	bans	gat

序号	汉语	赫哲语	其他发音形式
346	杖	gatsun	
347	杆子	dargun	
348	狩猎	bëyun	bëyu
349	冬猎	hoihan	
350	围猎	saha	aba
351	渔猎	butha	
352	鱼叉	jobuku	
353	网	alag	adila
354	兜网	dayihan	dayihan adila
355	抄网	sodoku	sodoku adila
356	网边	hërgin	adilañi hërgin
357	网边绳	hësën	adilañi hësën
358	鱼饵	bë	
359	鱼钩尖	adan	
360	鱼钩	umëkën	
361	小鱼钩	umëkëqën	uxkun umëkën
362	鳇鱼钩	kërëqkë	kërëqkë umëkën
363	三齿甩钩	yakar	yakar umëkën
364	大掠钩	ëlku	ëlku umëkën
365	倒须钩	watan	watan umëkën
366	挂钩	dëgë	dëgë umëkën
367	抄罗子	awqu	awqu umëkën
368	鲤鱼钩	dungu	dungu umëkën
369	拎钩	goholoku	goholoku umëkën

续表

序号	汉语	赫哲语	其他发音形式
370	冰穿子	boň	
371	冰兜	ogon	
372	撬棍	uliku	
373	梯子	wan	imahañi
374	鱼篓子	tarani	imahañi tarani
375	鱼兜子	sodoku	imahañi sodoku
376	鱼笼	uku	imahañi uku
377	鱼簲子	haadi	imahañi haadi
378	鱼罩	tubi	imahañi tubi
379	鱼漂子	hokton	imahañi hokton
380	鱼钩线	xijin	imahañi umëkëni xijin
381	钓鱼竿	mayin	imahañi nayin
382	马尾套子	hurka	hilgan hurka
383	猞猁套子	sëbun	
384	禽鸟套子	masalku	
385	走兽套子	ila	
386	哨子/鹿哨	fiqaku	fulëgiku/uriaku
387	口哨	fiqaku	
388	夹子	kabkan	buyañi kabkan
389	野兽夹子	gëjin	buyañi gëjin
390	夹子弓	mudan	kabkani mudan
391	夹子嘴	sanqiha	kabkani sanqiha
392	夹子舌	ilëñgu	kabkani ilëñgu
393	夹子的支棍	soñgiha	kabkani soñgiha

续表

序号	汉语	赫哲语	其他发音形式
394	鹰网	toxiha	toksa
395	野鸡网	algan	uku
396	兔网	asu	uku
397	口袋	ulhu	
398	小口袋	utan	uxkun ulhu
399	半大口袋	sumal	
400	细长口袋	ulukun	onimi ulhu
401	布口袋	fuluku	
402	皮口袋	sobuku foloku	
403	小皮口袋	nasakota	
404	装肉的口袋	sunta	uljëñi ulhu
405	装碗筷袋	utan	
406	小袋囊	juman	
407	褡裢	aktalin	
408	小褡裢	dabar	uxkun aktalin
409	网兜	halun	
410	小木鞍	ërhëlji	uxkun ëñgëmë
411	鞍子	ëñgëmë	
412	驼鞍	homo	ëñgëntë homo
413	鞍鞴	tokëm	hëjim/ëñgën tokëm
414	鞍翅	habta	ëñgën habta
415	鞍鞒	burgen	ëñgën burgen
416	鞍缰	oñgu	ëñgën oñgu
417	鞍座	sowën	ëñgën sowën

序号	汉语	赫哲语	其他发音形式
418	鞍毡垫	namki	
419	鞍褥	namuhu	
420	鞍屉	homo	ёñgën
421	鞍笼	gidaqa	
422	鞍铁镶子	xihin sёlё	
423	鞍子皮绳	gañjoha	
424	鞍子细带	ganihun	ёñgën anihun
425	鞍子前肚带	morinolun	oloni
426	鞍子后肚带	basan	
427	鞍子吊带	jirim	ёñgën jirim
428	肚带铲子	gorhi	
429	马鞭子	xisug	quqa/qiqa
430	鞍蹬子	durё	durёkën/dёñku
431	马嚼子	kadal	amñalqun/amolqun
432	缰绳皮条	jolo	
433	偏缰	xilbor	
434	鞘	hudarha	
435	鞘梢	hiahan	

7. 社会文化类名词

序号	汉语	赫哲语	其他发音形式
1	国家	gurun	golo
2	首都	gёmun	
3	边疆	jёqёn	

序号	汉语	赫哲语	其他发音形式
4	边远	ujan	
5	社会	gërën	
6	政府	dasan	yamun
7	法律	pabun	kooli
8	法度	fapun	
9	法则	hëmun	
10	宪法	xenfa	
11	常规	an	
12	政策	dasan gonin	golo jalan
13	机关	alban ba	alban
14	政治	alban bayta	golo tur
15	经济	jiha saga	
16	党	dañ	
17	旗	kiru	tuga
18	战旗	tu	apun tuga
19	旌	kiru	
20	等级	jërgi	dëgjir
21	阶级	jeji	hañga
22	人民	irgën	
23	关系	dalji	
24	城市	hoton	
25	市区	girin	
26	城墙	hëjën	fadiran
27	围墙	kërëmu	

序号	汉语	赫哲语	其他发音形式
28	隐壁	daldañga	
29	城头望塔	matun	tëktër
30	城墙排水口	xibkur	
31	阁	taktar	
32	楼/楼阁	taktar	taktar jo
33	月台	sëligër	taktarñi sëligër
34	栏杆	lañgan	
35	哨楼	somor	karun taktar
36	瓮城/小城	bogon	uxkun hoton
37	朝廷	yamun	
38	宫	ordon	
39	殿	dëyën	
40	郊区/城外	hawir	hoton dagahan
41	集市	hodai ba	
42	巷	gialan	
43	关口	furdan	
44	豁口	sëntëhë	
45	裂口	yar	yarañga
46	隘口	habqil	
47	公园	guñyen	
48	省	amban	
49	内蒙古	dula moñgël	moñgël
50	黑龙江	suñgari	
51	辽宁	lioniñ	

续表

序号	汉语	赫哲语	其他发音形式
52	吉林	jilin	
53	新疆	xinjiañ	
54	青海	qiñhai	
55	甘肃	gansu	
56	北京	bëijië	
57	上海	xañhai	
58	天津	tianjin	
59	台湾	taiwan	
60	县	somo	xian
61	乡	niru	
62	村	yohon	gaxan/ tohso
63	农村	uxin tohso	
64	部落	ayman	
65	屯子	tohso	ishon
66	山寨	haji	
67	塞子	jasan	
68	街道	yohon	
69	牌匾	qamhan	
70	邻居	adaki	adaki jo
71	原籍	tëgën	
72	衙门	yamun	
73	署	balgur	aimag
74	库	namun	
75	仓房	sëlu	

序号	汉语	赫哲语	其他发音形式
76	办事处	baytai ba	
77	案件	bayta	
78	内容	bahtawun	wagin
79	特长	ënqihön	onimihun
80	优点	ayini	
81	缺点	ëhëni	
82	错误	taxan	
83	过错	ëndëwun	ëndëbgë
84	悲伤	gasan	
85	灾祸	jogol	tamu
86	困倦	aamu	
87	刑	ërun	
88	枷锁	sëlhën	hoyibgo
89	任务	tuxan	
90	计划	bodon	
91	计谋	bodogon	
92	态度	banin	baniñga
93	行为	yabun	
94	稀奇的面孔	gekan	
95	玩笑	yolo	ëwiñgë
96	意见	gunin	guniñgë
97	教育	tatiwën	tatiñga
98	思想	gunin	
99	道德	jubë	

续表

序号	汉语	赫哲语	其他发音形式
100	意识	guniñga	guniwun
101	度量	hěñgërgë	
102	感情	ayiwěn	
103	回忆	gunirgin	
104	兴奋的心情	dəwdəwun	dəwdən
105	高兴的样子	agdawun	agdan
106	兴趣	taalan	ximtěn
107	心情	mujilěn	
108	觉悟	sěrhěn	
109	革命	kubilwěn	kubisěl
110	过程	dulëgěn	dulěn
111	经验	dulëwěn	
112	讲话	gisulěn	
113	报告	alan	hějiwěn
114	民主	minju	
115	自由	xulfa	
116	和平	taypin	
117	变革	hubiłgan	hubiran
118	运动	tuñkuwěn	tuñkun
119	卫生	gialawěn	
120	艺术	uran	
121	文化	wěnhua	
122	文明	muqawěn	sěgěrěl
123	科学	irkixil	

序号	汉语	赫哲语	其他发音形式
124	工厂	guñqan	uilër
125	企业	qiye	
126	产业	hëtsun	
127	矿业	nëmu	
128	公司	guñs	
129	工业	wëilëlën	
130	农业	uxin	uxinlën
131	畜牧业	irgilën	
132	牧场	oñko	
133	游牧区	nuktë	
134	财产	ulin	
135	工作	wëilë	uilër buga
136	劳动	gërbë	uilë
137	观察仪	qiñjilën	
138	仪器	tëgun	
139	电报	dianbo	
140	电话	dianhua	
141	电脑	dianno	
142	数字	ton	to
143	号码	hor	nombor
144	数学	bodoqin	tolën
145	机器	maxin	
146	拖拉机	tulaji	
147	技术	ërdëm	arga

续表

序号	汉语	赫哲语	其他发音形式
148	事情	bayta	
149	买卖	huda	maimai
150	抵押品	dambun	
151	价格	huda	
152	税	gayli	
153	自由市场	basar	
154	商店	fusëli	xanpul
155	宾馆	tëgërbuga	biñguan
156	饭馆	buda fi ba	fanden
157	酒家	fanden	
158	宿驿	otom	
159	当铺	dampu	
160	铺子	pus	pusël
161	杂货店	hëjëxël	
162	小卖部	dens	uxkun pus
163	货币/钱	jigamun	
164	零钱	moholi	
165	工资	salin	guñji
166	奖励	hukibun	
167	罚金	kërun	
168	票	pio	
169	算盘	bodowun	sompan
170	账	jañ	
171	银行	yiñhañ	

序号	汉语	赫哲语	其他发音形式
172	利息	madgan	
173	利益	tusan	aqir
174	人行道	nioni hokto	
175	路灯	hoktoni bulin	
176	红灯	fulgian bulin	
177	绿灯	nẏñgian bulin	
178	黄灯	suyan bulin	
179	车站	sëjëni ba	
180	驿站	giamun	giamuga
181	码头	darun	
182	报纸	sërgin	baoji
183	信	jaxhan	
184	信封	dobton	
185	邮票	jaxhani piaw	yupio
186	邮局	jaxhani ba	
187	学校	tatiku	
188	大学	sagdi tatiku	
189	中学	duliangu tatiku	duligu tatiku
190	小学	uxkun tatiku	
191	私塾	joñi tatiku	
192	幼儿园	hitëyi ba	
193	课程	kiqën	
194	教养	tatigawun	tatigawun
195	纸	hoxin	

续表

序号	汉语	赫哲语	其他发音形式
196	字	hërgën	bithë
197	书	bithë	
198	一套书	dobton	
199	传	ulawun	ulabun
200	史册	ëjëbun	
201	史书	sudur	
202	经书	nom	jinxu
203	演义	imahan	tugëbun
204	典章	denjan	
205	颂文	maktan	maktan bitih
206	档案	dans	dans bitih
207	资料	mutun	mutun bitih
208	套书	tugëm	tugëm bitih
209	刊物	kanwu	
210	稿件	goos	
211	证件	tëmtëg bitih	
212	文章	awuwën	arabun
213	论文	lunwën	
214	通知/布告	ulhibun	
215	题目	joriñga	
216	序	sutuqin	urqin
217	章	kësën	
218	节	badag	
219	段落	mëyën	

序号	汉语	赫哲语	其他发音形式
220	续篇	xirabun	
221	注解	suhën	irabun
222	书页	awuha	
223	书签	xiki	
224	劝告	tawulan	hësuqën
225	警告	targan	
226	导言/引言	yarun	
227	序言	yarusun	ëwurkin
228	戒备	sëër	
229	言论	gisulgën	
230	语言	gisun	
231	决定	toktobun	tokton
232	思考	sulën	gonibun
233	估量	tulbin	
234	商量	hëbxëñ	
235	矛盾	karqandun	karqan
236	问题	fonjon	mëdëlën
237	原因	turgun	
238	借口	anagan	anamka
239	考察	iqilgë	
240	考试	qëndën	
241	呈文/上书	alibun	alir bitih
242	判断	bagsalan	
243	思路/谋略	bodon	

序号	汉语	赫哲语	其他发音形式
244	目标	jorin	
245	办法	arga	
246	记忆力	ëjiku	ëjigun
247	记录	ëjibun	
248	抄录	sarkin	
249	编撰	banjibun	banjin
250	分类	alga	
251	句子	hëjun	
252	句子间隔	uxin	
253	逗号/点	toñki	toñkin
254	句号	qig	
255	标志/标记	ëjitun	
256	标志	tëmtër	
257	本	dëbtër	bëns
258	册子	dëbtëlin	
259	笔	fiyë	biir/biir
260	钢笔	ganbi	ganbiir
261	铅笔	qenbi	qenbiir
262	毛笔	mobi	mobi
263	笔画/字牙	argan	arga
264	墨	bëhë	
265	砚	iiñ	iñ
266	牛角砚	kuaqë	kuaqëhu iñ
267	镇纸	gidahë	

序号	汉语	赫哲语	其他发音形式
268	圆形镇纸	mugër	
269	糨糊	halin	
270	铅饼	jusuhu	
271	墨水	bëhë	moxuy
272	黑板	sakalki olotuksu	
273	书库	namun	
274	书店	bithëñi ba	xuden
275	书包	bithëñi foluku	xubol
276	书信	jaxhan bithë	jaxhan
277	书架	bithëñi tëhë	
278	书面语	bithëñi gisun	
279	谜语	onokqun	onomgan
280	书刊	bithë folon	
281	书籍	bithë nam	
282	画	nÿrhan	nÿran
283	画线	jusun	jusubun
284	墨线	misha	
285	雕刻	folon	
286	地图	nani nÿrhan	nani nÿran
287	图谱	durugan	
288	图书	bithëyi tamar	
289	图章/印	dorun	tamar
290	账单/档案	dans	
291	牌子	uxihën	

续表

序号	汉语	赫哲语	其他发音形式
292	故事	xoholo	
293	传说	dĕliñgu	nimakan
294	诗	xi	
295	词	gisun	
296	词典	jiden	gisun bithë
297	邀请	solin	solin bithë
298	电影	denyiñ	
299	俱乐部	jÿlëbu	
300	席位	tĕñ	
301	音乐	kumun	kugum
302	歌	jandan	jarimku
303	流行歌	ëxibti jandan	
304	舞	makxin	hakan
305	戏	xiis	
306	琴	hituhan	
307	提琴	tatuhan	
308	胡琴	hogor	hoor/huqin
309	口琴	qoron	
310	琴弦	xirgë	
311	鼓	tuñku	untin
312	敲鼓棒	utun	
313	锣	qañka	qans
314	钹	qañqih	
315	唢呐	bilëri	

续表

序号	汉语	赫哲语	其他发音形式
316	笛子	limbë	
317	箫	piqan	piqanka
318	笙	baksañga	
319	琵琶	salagañ	
320	军号/号角	burën	
321	喇叭	laaba	bure
322	管	xihahu	saaku
323	胡笳	qoron	
324	回声	uran	urañga
325	声音	dilgan	
326	话	gisun	
327	例子	tabar	
328	球	bumburku	bumbug
329	皮球	pakan	nasë bumbug
330	篮球	lanqu	
331	毽子	fuskulëku	
332	哨子	piqaku	xoor
333	牌	sasuku	pay/ sasukë
334	骨牌	giamsëgun	
335	纸牌	hawxin pay	
336	扑克	pukël	pukë
337	棋/围棋	toni	
338	黑白棋	banji	banji toni
339	象棋	jañjir	jañjir toni

序号	汉语	赫哲语	其他发音形式
340	棋盘	tonihu	
341	风筝	dëyĕñgu	
342	秋千	sëku	gahulji
343	游戏	ukaqin	
344	羊拐游戏	galaha	
345	风俗	tatibun	
346	习惯	tatin	tatibun
347	性格	baninga	banin
348	本性	banin	
349	季节	ërin	ërilgën
350	节日	ayiiniñ	ayiniñ
351	大年/春节	ani	
352	元旦	iqë ani	
353	清明节	hañxi	qiñmiñ
354	腊八	jorgon iniñ	
355	重阳	muduri iniñ	
356	端午节	duanwu iniñ	
357	中秋节	boloriñgi	
358	吉日	agdawun iniñ	ayiniñ
359	诞辰	jalabun	
360	敖包节	obo	
361	狂欢节	sëbjin	
362	爆竹	poojin	
363	媒人	jala	jala nio

序号	汉语	赫哲语	其他发音形式
364	证婚人	gërëqin	gërëqi nio
365	婚姻	tërëwqin	
366	婚礼	giamtaka	
367	婚宴	urgun buda	
368	喜酒	urgun arki	
369	婚礼礼物	jafan	jafan jaka
370	洞房	irkinjo	
371	坐月子	bia tën	
372	生日	baldinhën iniñ	
373	礼节	koli	yasu
374	礼仪	pabun	
375	礼物	bëlër	bëlërñi jaka
376	招待	sawlin	
377	力气	kuqun	gujun
378	劲头	idë	
379	力量	fël	kuqun
380	精力	tëñkë	
381	本事	mutun	bënqin
382	才能	ëtëgën	
383	能力	qidal	
384	梦	tolhin	tolxin
385	影子	anan	
386	相片	xampel	
387	脚印	fathë orun	

续表

序号	汉语	赫哲语	其他发音形式
388	样子	human	yanji
389	模样	durun	
390	容貌/体格	dursun	
391	样款	haqin	
392	声调	ayiñga	
393	消息	mëdëgë	mëdë
394	声势	urahin	
395	声望	uragan	
396	声誉	gërbilën	
397	兴旺	mukdën	mukdëhu
398	事物	jaka	
399	姓	hala	
400	名字	gërbi	
401	同名	aminde	
402	称号	qol	gërbihu
403	表字	tuhen	
404	年纪	së	
405	寿命	jalagan	
406	福气	huturi	forkun
407	幸运	mayan	
408	运气	hëxir	
409	平安	ëlëhë	
410	吉兆	bëlgë	ayikur
411	仁	guxin	guxihu

序号	汉语	赫哲语	其他发音形式
412	慈	jilan	jilagan
413	义	jurgan	
414	恩	hëxi	
415	忠	tondo	
416	正	tob	tëji
417	平等	tëhërën	tëgqi
418	恩惠	furësun	
419	宽恕	aalag	
420	包容	tëwun	
421	道理	gen	
422	信心	agadan miawunqi	miawunqi

8. 宗教信仰类名词

序号	汉语	赫哲语	其他发音形式
1	宗教	taxin	xaxin
2	信仰	ahdën	tëjën
3	咒	tarni	
4	戒	targan	
5	法术	pa	
6	神	ënduri	bogakan
7	转世	sujalan	
8	神兽	bugan	ënduri buyañi
9	萨满神	saman	
10	萨满神院	samadi	

续表

序号	汉语	赫哲语	其他发音形式
11	萨满神屋	saman jo	samajo
12	神龛	ërëgun	samargun
13	神杖	bulafun	
14	神乐	hum	
15	神鼓	untin	samantu
16	神学	ënduri tatin	ënduritin
17	神权	tooxin	
18	萨满男鼓	imqin	
19	萨满女鼓	untun	
20	萨满腰铃	xisha	
21	萨满神医	saman ohtoxi	samagan
22	萨满神灵	uquhu	samawuñga
23	神槌	oriton	gixin
24	神符	harmani	
25	护心镜	miawëkën toli	
26	护背镜	tirën toli	
27	神镜	buluku	toli
28	神杆	somo	toru
29	神幡	noksaru	
30	神铃	hajun	
31	神刀	xiriñwun	
32	神树	hurkan	ënduri mo
33	萨满刀梯	qakur	
34	猎神	balqon	

序号	汉语	赫哲语	其他发音形式
35	山神/山路神	ënduri mafa	
36	打猎神	mañga sëwun	mañga ënduri
37	鹰神	kori	kori ënduri
38	熊神	mafka sëwun	mafka ënduri
39	鹿神	kumaka sëwun	kumaka ënduri
40	狼神	nëlëwki sëwun	nëlëwki ënduri
41	马神	gilëgin sëwun	gilëgin ënduri
42	豹神	yarga sëwun	yarga ënduri
43	虎神	tasha sëwun	tasha ënduri
44	獭神	jukun sëwun	jukun ënduri
45	蟒神	jabuqin sëwun	jabuqin ënduri
46	天神	bamayin	bugan ënduri
47	生命神	aymi	aymi ënduri
48	福神	omoxi	omoxi ënduri
49	门神	urku mafa	urku ënduri
50	大地神	nagan	nagan ënduri
51	土地神	banaqan	
52	疾病神	surkotin	surkotin ënduri
53	石神	jolomafa	jolo ënduri
54	山路神	jorqi mafa	jorqi ënduri
55	婚神	umoxi mama	umoxi ënduri
56	偶神	urën	sëwun ënduri
57	司鬼神	boku mafa	boku ënduri
58	司鬼娘娘	boku mama	boku ënduri

续表

序号	汉语	赫哲语	其他发音形式
59	男神	mayin mafa	mayifa
60	女神	mayin mama	mayima
61	野神	bayin sëwun	
62	阎王	imñahan	
63	灶君	sawyo	
64	龙王	muduri ëjin	
65	雷公	agdi mafa	
66	佛	burkan	foye
67	转世佛	ënduri	
68	喇嘛	lam	
69	尼姑	qibahanqi	qibagan
70	和尚	hëxën	
71	道士	bombo	
72	祈祷者	nominaqi	
73	帝王	bugada	bagan
74	帝基	soorin	
75	菩萨	fusa	
76	仙女	tabi	salagan
77	神仙	arxi	
78	圣主	ënduri ëjën	bugatu
79	圣母	ënduriñgë ëmë	
80	圣像	ënduri dërëntu	
81	圣书	ënduri bithë	
82	圣谕	ënduri hësë	

续表

序号	汉语	赫哲语	其他发音形式
83	圣训	ënduri tatigan	
84	圣神	ënduri sëñgë	ëndurtu
85	圣人	ënduri mërgën	
86	神像	urën	ëndursun
87	神祇	soko	bugakan
88	支撑起来的神杆	xiligan	solohon
89	神果	soro	
90	祭祀	takin	
91	祭品	amsun	
92	祭奠	gisan	
93	祭文	tañgar	
94	塔	suborgan	taara
95	寺	uxka	uxha
96	庙	uxha	mio
97	香	hujun	jula
98	香桌	fënhin	julagur
99	香墩	tëgëm	julaktu
100	香筒	hujun jaka	julagan
101	钵盂	badir	
102	墓	baksa	giran
103	尸体	giran	
104	灵魂	sunsun	hanin
105	迷信	hulibun	holohu baita
106	上供	dobu	

续表

序号	汉语	赫哲语	其他发音形式
107	戴孝	xinahin	xinan
108	孝服	xinahi	xinaqi
109	孝带	subëhë	xinakta
110	阴曹	ilëm	
111	地狱	gindan	sakaltam
112	地道	guldun	sakalkirtu
113	鬼	qurkuli	mondi
114	怪	ibgën	
115	妖精	buxuku	sumsuqi
116	恶魔	mañgës	
117	魔鬼	buň	
118	鬼怪	bom	
119	恶鬼	ximnon	
120	女妖怪	ëlgu	sulgan
121	狐狸精	buskë	
122	鬼火	gilgan	
123	鬼祟	mañgin	
124	野鬼	bihani hutu	
125	野怪	banigan	
126	鬼魂	ximnon	sunësun
127	妖术	fadgan	
128	凶兆	gasan	halmi
129	罪孽	nigul	
130	罪	wëlë	yalu

续表

序号	汉语	赫哲语	其他发音形式
131	忌	sorëk	sëjir

9. 医学类名词

序号	汉语	赫哲语	其他发音形式
1	医院	uñkuwë iqër ba	oktoñi ba
2	医生	unku dasaqi	unku takur nio
3	药师	oktoqi	oktoñi nio
4	护士	huxi	
5	药方	dasargan	
6	药	okto	ëëm
7	草药	orokto okto	
8	丸药	umburku okto	
9	膏药	gawyaw	laktugar okto
10	牛黄	ishon	
11	灵丹	naktan	amira
12	麻醉药	majuyyaw	
13	毒	koro	
14	毒药	koro okto	
15	医用针	naman	
16	病	unku	uñku
17	疾病	jadagan	ëhëlë unku
18	痨病	yadagan	
19	感冒	jirgë	
20	痰喘病	yamtu	

序号	汉语	赫哲语	其他发音形式
21	哮喘	heku	hihkar
22	腹胀病	hëwën	
23	瘟疫	hiri	tamu
24	伤寒	qañka	
25	疟疾	indëhën	lakqi
26	痢疾	xiligin	
27	癫痫	tam	
28	疯病	galju unku	
29	瘫痪	mampa	tampa
30	病弱	yadan	
31	残疾	jadagan	jadag
32	流行病	jirgë	
33	麻疹	mafa	
34	天花	mama	
35	淋巴结	qiliqin	boltakta
36	小儿病	tahul	tamur
37	痱子	dawuhan	
38	水痘	muyun	
39	狐臭	holoň	
40	疖子	hëdus	gugu
41	疮	ëyë	kuku
42	疮痂	huthë	
43	痔疮	urafun	
44	疥疮	ëyfun	fuyu

序号	汉语	赫哲语	其他发音形式
45	牲畜疥疮	hasan	
46	黄水疮	namgu	
47	毒疮	qihag	
48	梅毒	surgan	
49	癣	iyëlë	fian
50	口疮	yurë	
51	唇疮	ërëg	
52	疮疤	kalhin	
53	针眼	hibga	
54	鸡眼	ëbër	irgikte
55	膙子	iirig	hakta
56	瘊子	ugu	
57	痣	sabin	belge
58	痦子	samuhat	
59	雀斑	bëdër	
60	脓	niaksa	niañki
61	脓水	sugi	
62	黄水	soyañga	
63	伤	xirakan	gën
64	伤口	uradan	yar
65	冻伤	toñogto	
66	伤痕	anagan	qorbi
67	按摩	iligën	nohowun
68	火罐	somgan	

续表

序号	汉语	赫哲语	其他发音形式
69	仇	himun	

10. 方位时间类名词

序号	汉语	赫哲语	其他发音形式
1	方向	dërën	ërgë
2	东	jëñëgu	ëjilë
3	东方	ëjiqkë	
4	南	julëhi	
5	南方	julëqkë	
6	西	sulela	solki
7	西方	sulcqkë	
8	北	amërhi	fërhi
9	北方	amëqkë	fëriqkë
10	上	uyilë	
11	下	hërgilë	
12	左	hashu	
13	右	iqë	
14	中	dulin	tokondo
15	中间	xirdën	tokon
16	当中	dulindu	
17	正中	tob	
18	旁边	oldon	
19	左边	hashu	hasuktë
20	右边	iqë	iqëktë

序号	汉语	赫哲语	其他发音形式
21	周围	torihin	ërilë
22	里面	dola	
23	外面	tulë	
24	向外	tulëqihi	
25	附近	dagake	dagahan
26	跟前	daka	kira
27	对面	julëtin	
28	前	julëhi	
29	前面	julëhi	
30	后	amila	
31	后面	amida	fërhi
32	上面	uyiqkë	uqiki
33	下面	hërgiqiki	
34	正面	qig	
35	往东	ëjilëqiki	ëjilëbki
36	往西	suleqiki	sulebki
37	往前	julëqiki	julëqiki
38	往后	amiqiki fërhiqiki	fërhibki
39	往上	uyiqiki	uyibki
40	往下	hërgiqiki	hërgibki
41	角落	huñqu	huqu
42	时间	ërin	
43	年	ani	arñë
44	鼠年/子	xiñëri ani	xiñëri arñë

续表

序号	汉语	赫哲语	其他发音形式
45	牛年/丑	ihan ani	ihan arñë
46	虎年/寅	tasha ani	tasha arñë
47	兔年/卯	gurmahun ani	gurmahun arñë
48	龙年/辰	mudur ani	mudur arñë
49	蛇年/巳	mëyhë ani	mëyhëarñë
50	马年/午	morin ani	morin arñë
51	羊年/未	honin ani	honin arñë
52	猴年/申	monio ani	monio arñë
53	鸡年/酉	tiwko ani	tiwko arñë
54	狗年/戌	inakin ani	inakin arñë
55	猪年/亥	uligian ani	uligian arñë
56	今年	ëyi ani	ëyi arñë
57	明年	ëtki ani	ëtki arñë
58	去年	tiyar aniti ani	tiyar aniti arñë i
59	来年	ëmër ani	ëmër arñë
60	后年	tawri ani	tawri arñë
61	前年	julëwuki ani	julëwuki arñë
62	大前年	julëwuki julë ani	julëwuki julëarñë
63	大后年	tawri tawri ani	tawri tawri arñë
64	岁数	së	
65	周岁	baaru	
66	百岁	tañu së	
67	寿	jalawun	jalamtu
68	月	bia	

序号	汉语	赫哲语	其他发音形式
69	正月	iqë bia	ëmun bia/ ëmbia
70	二月	ju bia	jubia
71	三月	ilan bia	ilabia
72	四月	duyin bia	duyibia
73	五月	sunja bia	sunjabia
74	六月	niñun bia	niñubia
75	七月	nadan bia	nadabia
76	八月	jakun bia	jakubia
77	九月	uyun bia	uyubia
78	十月	juanbia	juabia
79	十一月	juwan ëmë bia	juambia
80	十二月	juwan ju bia	juajubia
81	本月	ërë bia	
82	来月	ëmër bia	
83	单月	soñqoh bia	
84	双月	juru bia	
85	月初	bia iqë	bia julë
86	月中	bia tokun	bia dolin
87	月底	bia hərə	bia amila
88	日	iniñ	
89	每天	iniñniñ	
90	今天	ëyiiniñ	ëniñ
91	昨天	xiksë	
92	前天	julëwuki iniñ	

序号	汉语	赫哲语	其他发音形式
93	大前天	julëwuki julëwuki iniñ	julëwuki julë iniñ
94	明天	timari	timaki
95	后天	tioro	
96	大后天	gian tioro	
97	白天	iniñ	
98	早晨	ërdë	
99	晚上	yamji	xiksë
100	夜晚	dolbo	
101	每晚	dolbodori	
102	午前	iniñ tokun julë	iniñ julë
103	中午	iniñ tokun	
104	午后	iniñ tokun amila	iniñ amila
105	黄昏	xiksëri	baada
106	整夜	dolboku	
107	半夜	dolbun dulin	
108	除夕	fëyxiksë	
109	初一	iqë ëmën	iqën ëmëkën
110	初二	iqë juru	iqën jurukën
111	初三	iqë ilan	iqën ilakan
112	初四	iqë duyin	iqën duyikën
113	初五	iqë sunja	iqën sunjakan
114	初十	iqë juwan	iqën juwakan
115	十五	iqë tobhun	iqën hërgiqiki
116	春	niñniërin	niñni

序号	汉语	赫哲语	其他发音形式
117	夏	jua	juarin
118	秋	bolo	bolorin
119	冬	tuwë	turin
120	古代	ayibte	
121	从前	daqi	nogu
122	以内	dola	
123	开始	dëriwun	ëwurki
124	末尾	irgi	
125	自	ërëqi	ërëduki
126	现在	ëxi	
127	当今	ëxibti	
128	世纪/时代	jalan	ërëlgi
129	闰	anagan	
130	小时/钟头	ërin	
131	时分	fën	
132	时秒	miaw	
133	一刻	tobhun miaw	
134	机会	nashu	jabka

11. 国家名称类名词

序号	汉语	赫哲语	其他发音形式
1	中国	duliangu gurun	juñguë
2	外国	tulirgi gurun	tuligu gurun
3	美国	mëiguë	

续表

序号	汉语	赫哲语	其他发音形式
4	英国	iñguë	
5	法国	faguë	
6	德国	dëguë	
7	意大利	idali	idali gurun
8	加拿大	janada	janada gurun
9	俄罗斯	looxa	looxa gurun
10	印度	indu	indu gurun
11	土耳其	turqi	turqi gurun
12	蒙古国	moñgol	moñgol gurun
13	日本	ribën	ribën gurun
14	韩国	julëgu solho	julëgu solho gurun
15	朝鲜	amigu solho	amigu solho gurun
16	越南	yonan	yonan gurun
17	老挝	lowo	lowo gurun
18	新加坡	xiñgapo	xiñgapo gurun
19	泰国	tai gurun	
20	菲律宾	fëilibin	fëilibin gurun
21	缅甸	mianden	mianden gurun
22	柬埔寨	jinpuse	jinpuse gurun

二 代词

序号	汉语	赫哲语	其他发音形式
1	我	bi	

续表

序号	汉语	赫哲语	其他发音形式
2	你	xi	
3	您	bëy	
4	他	tër	niani
5	他/她（褒义）	noon	
6	他/她（贬义）	tay	
7	她	tari	no
8	它	tari	ti
9	我们	bu	buti
10	你们	su	su
11	他们	tërës	ti gurun
12	咱们	bëti	
13	大家	gërën	
14	人们	ursë	niorsë
15	全部	gubji	
16	全	bihil	gub
17	都	gub	gur
18	所有	uhuri	
19	其他/另外	tulgin	gia
20	别人	gia nio	
21	某个某些	ëmëm	
22	自己	mënë	
23	各自	mëënikën	ëëmikën
24	谁	ni	
25	那	ti	tiyi

续表

序号	汉语	赫哲语	其他发音形式
26	那（远指）	ta	
27	那样	taktu	tahaqi
28	那样的	taraqin	
29	那些	tattir	
30	那边	targi	tawjërgë
31	那里	tadu	
32	那时	tuyidakin	
33	那么	tuyiqin	
34	这	ëyi	
35	这些	ëyir	
36	这样	ëgtu	uttu/ëhaqi
37	这样的	ëraqin	
38	这边	ërgi	ëlë/ëwjërgë
39	这里	ëdu	
40	这时	ëkëqi	
41	这么	ëkëqin	
42	如此	ërali	
43	为何	ayinu	unakmi
44	什么	ya/hay	
45	怎么	oni	
46	怎样	iktidu	
47	如何	ikti	
48	几个	adi	
49	多少	uki	oni

序号	汉语	赫哲语	其他发音形式
50	哪个	iri	
51	哪里	ilë	oxidu
52	哪儿	yaba	
53	到处	ixinarki	
54	什么时候	etin	

三　数词、量词

序号	汉语	赫哲语	其他发音形式
1	一个	ëmukën	
2	一	ëmun	ëmuhun
3	二	juru	
4	三	ilan	
5	四	duyin	duyi
6	五	sunja	
7	六	niñuñ	niñu
8	七	nadan	nada
9	八	jakun	jaku
10	九	uyun	uyu
11	十	juwan	jua
12	十一	juwan ëmëkën	jua ëmë
13	十二	juwan juru	jua juru
14	十三	juwan ilan	jua ila
15	十四	juwan duyin	jua duyi

续表

序号	汉语	赫哲语	其他发音形式
16	十五	tobkon	tobko
17	十六	juwan niñuñ	jua niñu
18	十七	juwan nadan	jua nada
19	十八	juwan jakun	jua jaku
20	十九	juwan uyun	jua uyu
21	二十	orin	juru juwan
22	二十一	orin ëmëkën	
23	二十三	orin ilan	
24	二十五	orin sunja	
25	二十八	orin jakun	
26	三十	goxin	goxin juwan
27	四十	dëhi	dëhi juwan
28	五十	sujay	sujay juwan
29	六十	niyunju	niyun juwan
30	七十	nadanju	nadan juwan
31	八十	jakunju	jakun juwan
32	九十	uyunju	uyun juwan
33	百	tawun	
34	二百	juru tawun	
35	千	miñan	
36	三千	ilan miñan	
37	万	tumën	
38	亿	bunë	tumën tumën
39	半	dulin	

序号	汉语	赫哲语	其他发音形式
40	第一	ëmtin	ëmki
41	第二	jutin	juki
42	第三	ilatin	ilaki
43	第四	duyitin	duyiki
44	第五	sunjatin	sunjaki
45	一次	ëmtan	
46	二次	jutan	
47	三次	ilatan	
48	星期一	xinqi ëm	xinqiyi
49	星期二	xinqi juru	xinqiër
50	星期三	xinqi ilan	xinqisan
51	星期四	xinqi duyin	xinqisi
52	星期五	xinqi sunja	xinqiwu
53	星期六	xinqi niǔuǔ	xinqiliu
54	星期日	xinqi iniñ	xinqiri
55	冠军	ëmtin	ëmki
56	亚军	jutin	juki
57	季军	ilatin	ilaki
58	份（一份）	huwi	
59	封（一封）	fëmpil	tëbku
60	杆（一杆）	da	
61	趟（一趟）	mudan	ërin
62	回（一回）	mar	
63	张（一张）	abha	

续表

序号	汉语	赫哲语	其他发音形式
64	棵（一棵）	daqan	gojor
65	把（一把）	safëri	
66	束（一束）	baksën	
67	块（一块）	faxi	kolto
68	堆（一堆）	owon	
69	面（一面）	tal	
70	方（一方）	ërgi	targi
71	朝（一朝）	ërin	
72	代（一代）	jalan	
73	则（一则）	ëmudë	këqi
74	边（一边）	dalba	talu
75	片（一片）	lapta	
76	带（一带）	girin	
77	页（一页）	daliku	
78	卷（一卷）	moñol	ëbki
79	套（一套）	boki	
80	朵（一朵）	fulka	
81	只（一只）	gagda	gojir
82	枝（一枝）	gargan	
83	双（一双）	juru	
84	绳（一绳）	futa	taaktu
85	串（一串）	xor	
86	连（一连）	xira	
87	阵（一阵）	jërgi	kësër

续表

序号	汉语	赫哲语	其他发音形式
88	场（一场）	aliga	
89	滴（一滴）	sabdan	
90	层（一层）	dërgi	tërkin
91	间（一间）	gialan	
92	包（一包）	uhun	bafuqu
93	座（一座）	aligën	
94	站（一站地）	dëdun	urtë
95	柄（一柄）	daxin	
96	扇（一扇）	gargan	
97	轴（一轴）	tëmhën	
98	盒（一盒）	hosori	
99	根（一根）	xirgëg	goñgo
100	行（一行）	jurgan	
101	丝（一丝）	xirgë	
102	粒（一粒）	bëlgë	faha
103	服（一服）	ëbkër	
104	公斤	kilo	guñjin
105	斤	gin	
106	两	lañ	
107	分	fën	
108	钱	qen	
109	丈	judë	jañ
110	里（一里）	ba	
111	度	daar	dar/da

续表

序号	汉语	赫哲语	其他发音形式
112	米	mii	
113	尺	jusuru	qi
114	寸	jurhun	hoho
115	拃	to	
116	升	moro	hiasa
117	斗	heesa	
118	升斗	bando	
119	亩	imari	mu
120	晌	qamari	
121	顷	dĕlihĕ	
122	元（一元）	yan	
123	一些	majiga	amaji

四　形容词

序号	汉语	赫哲语	其他发音形式
1	颜色	bodon	buqu
2	红	fulgian	
3	鱼尾红	fulgiakan	
4	水红	fulhĕn	
5	桃红	ulgar	
6	白	xañgin	
7	雪白	gilbarin	
8	淡白	bagdarihun	

序号	汉语	赫哲语	其他发音形式
9	黑	sahalin	sakalki
10	淡黑	sakalkan	
11	乌黑	sakalkiñgër	
12	黄	suyan	xiñgar
13	橘黄	sohon	
14	蛋黄色	sohokën	
15	微黄	suyanqala	xiñgarbin
16	焦黄	sohokër	
17	黄黄的	sholgan	xiñgagga
18	蓝	qilan	
19	绿	nẙñgian	
20	深绿	qëñgër	
21	松绿	nẙhën	
22	青	yaqin	kuku
23	粉色	hawhan	
24	紫	misun	
25	深紫/酱色	misur	
26	灰色	buriñgi	burin
27	暗灰色	sëñgëgër	buribtë
28	暗色	haktabdi	haktan
29	深色	pagdir	
30	深蓝	lamun	
31	浅色	sebur	nëëñgë
32	混浊色	bohan	

续表

序号	汉语	赫哲语	其他发音形式
33	亮色	gëñgiñ	
34	光亮色	ëldëñgë	
35	米色	suhën	
36	棕色	ëëhir	ulbu
37	古铜色	kurën	
38	驼色	bor	
39	花的	ilgaxi	
40	花斑的	qohur	
41	浓密的	luku	
42	好	ayi	
43	极好的	suguri	
44	坏	ëhë	ëhëktë
45	善	ayi	ayimun
46	恶	ximnoñgar	
47	真	tëjë	
48	真实的	jiñkin	
49	荣	dërëñgë	
50	辱	girusun	
51	假	holo	
52	实	unëñgi	unën
53	虚	unthun	
54	空	unthun	
55	空旷的	sëlun	
56	空余的	solo	

序号	汉语	赫哲语	其他发音形式
57	新	irkin	
58	旧	fuwë	manë
59	锐利的	daqun	turgun
60	钝角的	mohur	ëtëwurqen
61	富	bayin	
62	贵（贵重）	wëshun	
63	穷	yadahun	yadan
64	贱（下贱）	puxihun	dakqun
65	孤独	ëmuhun	goñgor
66	贵（价格）	mañgë	
67	便宜	jabsan	
68	快	digar	turgën
69	慢	ëlëkë	
70	高	gugdu	
71	低	niktë	
72	矮	makjan	niktë
73	凹的	hotgor	
74	凸的	dukduhun	gudgur
75	凸起的	bultahun	
76	深	sumta	sunta
77	浅	arbi	
78	宽	ëñgë	darëmi
79	心宽的	ëlëhun	
80	窄	awirhun	hixe

续表

序号	汉语	赫哲语	其他发音形式
81	长	onimi	
82	短	foholon	
83	短缺的	mokto	
84	断头的	moktor	
85	远	goro	
86	近	kalqi	
87	硬	hatan	takta
88	软	dëyë	uyan/ëbëri
89	粗	barugun	bugdỹn
90	粗糙的	bugdi	
91	粗壮的	ëtun	
92	褴褛	latahi	
93	臃肿	kubsëhun	
94	草率的	dërigi	
95	细	narihun	nëmnë/narin
96	细长的	naribkun	
97	细致的	narin	
98	细小的	ahir	uxkuli
99	直	tondo	
100	弯	goyimku	
101	弯曲的	matun	
102	弯弯曲曲	morkin	
103	大	hëgdi	sagdi
104	小	uxkuli	uxkun/ixkuli

序号	汉语	赫哲语	其他发音形式
105	多	baragan	malahun
106	众多	gërën	
107	许多	utala	
108	少	komso	
109	矮小的	pakaqa	
110	瘦	turha	yañkar
111	厚	diramu	
112	薄	nëmëkun	
113	圆	muhalin	
114	方	durbëjin	
115	扁	kaptaka	
116	平	nëqin	nëptëmi
117	平平的	nëqirgën	
118	整个的	gurhun	gërë
119	反/颠倒	yaktan	
120	偏	oldohi	
121	歪	mukqehu	murku
122	横	hëtu	suldu
123	竖	gundë	
124	纵	yolgu	
125	顺	yoloku	
126	斜	hariku	
127	陡	hakqin	ëkqin
128	重	urgë	

序号	汉语	赫哲语	其他发音形式
129	轻	ënihkun	
130	早	ërdë	
131	迟	dilda	niadu
132	强	ëtuhun	katan
133	弱	ëbëri	
134	柔软	nëmurin	
135	怕事的	gibku	
136	干	olgon	ilëkin
137	湿	olobkon	qibuka
138	潮湿的	dërbëhun	
139	紧	tiran	
140	松	sula	
141	松软	hëwër	
142	结实	agdun	katu
143	坚固的	bëki	diñga
144	坚定的	bat	
145	坚决的	fita	
146	皮实的	xilëmin	
147	稳妥的	tomorhon	toktor
148	稳重的	labadun	
149	不稳重的	dimha	
150	不踏实的	daddahu	
151	轻浮的	olbin	
152	轻薄的	obdon	dëwki

续表

序号	汉语	赫哲语	其他发音形式
153	勉强的	arañkan	jỷkëñku
154	固执的	mëmërku	mëmër
155	倔强的	morku	
156	锋利的	daqun	sarbi
157	尖	xilugun	ilëkën/dubë
158	有刃的	jëyiqi	
159	钝	mumri	tuhuru
160	秃头	muhor	
161	秃尾	mokto	
162	大头的	lëntuñgë	
163	短粗的	pokqon	
164	佝偻的	mukqu	mukquhën
165	宽大的	lëtëhu	lëtëgër
166	敞口的	dalbagar	
167	漏洞的	ultug	
168	残缺的	ëdën	abal
169	尖腮	xibxigër	
170	滑	nilugen	
171	光滑	boldurku	uilin
172	光明的	ëldëñgë	ilanga
173	平面的	bisun	
174	精致的	goñgo	
175	精巧	narin	
176	模糊	mumurhun	mumërgër

序号	汉语	赫哲语	其他发音形式
177	热	ëhugdi	oqokon
178	凉	sërkun	
179	寒	bëiwun	
180	冷	inigi	ëdëkoli
181	暖	niamkoli	
182	冰凉	goytokun	
183	难	mañgë	jobuqun
184	容易	ja	jakqun
185	简单	jañgë	
186	顺利的	ijishun	
187	现成的	bëlën	
188	聪明	surë	
189	伶俐	sërtë	
190	笨	mondu	bëngë
191	笨重的	dëpu	
192	拙	moqun	
193	痴呆	mënën	mëntuhun
194	糊涂	hulkin	oybo
195	邋遢的	lata	
196	愚蠢	dulba	
197	傻	mënën	
198	迟钝	udan	
199	老实	nomhun	muqañga
200	温和的	nairahun	

序号	汉语	赫哲语	其他发音形式
201	柔和的	niluhan	
202	温顺的	nomhun	
203	和睦的	hëwën	ëyërku
204	幸福的	huturiñga	
205	纯真	tëji	
206	小气	himarg	
207	狡猾	jaliñga	jaligar
208	狡诈	koimali	
209	可恶	sësuhun	aktin
210	细心的	narin	naribku
211	轻快	sëqëkën	
212	勤劳的	wëilëqin	gërbëqin
213	懒	banhun	
214	臭	fakun	
215	苦	goxkun	
216	香	amtañga	
217	酸	jisun	qitkuli
218	甜	amtañga	
219	酸甜	juyan	
220	辣	goxihun	goxirë
221	咸	hatëhun	
222	涩	ëksun	ilgun
223	臊	uñusun	qirkuli
224	膻	sañgir	xoñgir

续表

序号	汉语	赫哲语	其他发音形式
225	腥	xiwoñgo	nilgi
226	稠	tumin	fiyëkën
227	稀	uyan	
228	稀疏的	sargin	
229	有汤的	xilëqi	
230	淡	sulë	dulibin
231	清	bolgon	in
232	浑	bugan	konori
233	腻	niolokon	
234	胖	targun	
235	瘦（一般用）	gañgahun	gañga
236	瘦削的	gëkdëhun	
237	脆弱的	kuwër	kafir
238	单薄	nëkëlin	
239	虚弱	sular	
240	贫穷的	yadër	yadu
241	闲	sula	xololiki
242	空闲	baidi	xolo
243	忙	ëksëkun	tirakun
244	满	jalun	
245	平整的	tëksin	tërkin
246	乱	faquhun	fata
247	蛮干的	lëntus	
248	清洁/干净	gialahan	

序号	汉语	赫哲语	其他发音形式
249	脏	bujir	adakoli
250	污	nantuhu	
251	明亮的	giltari	gëñgin
252	明显的	ilëhën	
253	公开的	ilëtu	
254	明的	gëñgin	
255	暗的	daliñgi	
256	清楚	gëtuhun	tërmi
257	新鲜	irkihin	imëhin
258	鲜活的	inihin	
259	活的	inkigirn	
260	模糊不清的	buruhun	
261	不清楚的	butuhin	
262	相干的	daljiñga	
263	类同的	dursuhi	
264	一样的	adali	
265	闷的	bukqin	butu
266	暗黑的	bali	buru
267	灰暗的	bursuhun	
268	黑暗的	farhun	
269	阴天的	tuksuqi	
270	美的	gojo	gojikën
271	秀美的	giltukan	
272	英俊的	giltuñga	

序号	汉语	赫哲语	其他发音形式
273	鲜艳	fiyan	
274	闪亮的	gilta	ginhun
275	耀眼的	giltahun	
276	秀气的	goqigon	gosha
277	美好	saikan	
278	愉快	sëbjin	
279	安宁	taiwan	ëlhë
280	丑陋的	ëhëlëkën	humanañqi
281	丑的	bojihi	
282	醉酒的	sokto	
283	烂烂的	lanlandi	
284	危险	tukxin	abqukun
285	险恶	haksan	
286	奇怪的	kaqin	fërgun
287	稀奇的	komso	yënu
288	古怪的	dëmuñgë	
289	广阔	nëlin	ëñgë
290	生	ësuhun	boxkon
291	熟	urahun	ihën
292	老	sagëdi	
293	年轻	axihan	
294	男的	haha	
295	女的	asën	
296	公的	aminan	

序号	汉语	赫哲语	其他发音形式
297	母的	ëminën	
298	嫩	nëmëri	niarkin
299	巧	fakxi	
300	厉害	ërsun	mañga
301	专横	ëtëñgi	
302	暴躁	akjun	dokqin
303	狂妄	balam	
304	直心眼的	qodori	
305	自夸	bardagña	bardar
306	自傲	qoktor	
307	残酷	harqi	
308	吝啬	himki	
309	抠门儿	gajir	
310	啰唆的	yargin	losun
311	麻烦的	largin	
312	有名的	gërbiqi	
313	有力的	husulki	husuqi
314	可爱的	guqimu	
315	可笑的	inëktëmu	inëktën
316	可惜的	hayran	
317	悲伤的	gasalamu	
318	可恨的	qëqërhe	
319	可恶的	kordomo	ëhëlimu
320	可耻的	aktimu	

序号	汉语	赫哲语	其他发音形式
321	不要脸的	aljimu	
322	可怜的	guqitu	
323	可怕的	nëlki	nëlkimu
324	惊怕的	olohi	
325	滑稽的	yobo	monio
326	怪异的	gekamugdi	
327	高兴的	urgun	urgumu
328	吉祥的	sabiñga	
329	仁慈的	goxiñga	
330	痛快的	sëlgusuku	
331	厌烦的	sëshun	
332	讨厌的	galamu	
333	惆怅的	munahun	
334	单的	ëmuhun	ëmukën
335	双的	dabkur	
336	不对称的	suljir	
337	相等的	jërgin	
338	正面的	ishun	
339	公正的	tob	
340	理性的	giañga	
341	重要的	oyoñgo	
342	错误的	tasan	tasën
343	自夸的/傲气的	bardan	

五　动词

序号	汉语	赫哲语	其他发音形式
1	闻	huñxi-	
2	呼吸	ërgëxë-	
3	吸气	ërgëni-	
4	呼气	ërgëxë-	
5	吮吸	ximi-	
6	张（嘴）	añge-	añmëlë-
7	咬	xinë-	
8	嚼	nianu-	niani-
9	嚼（无牙者）	momulju-	
10	啃	këñnë-	
11	品尝/品味	amtala-	mëtëmqi-
12	吃	jëfu-	
13	吃饭	budala-	
14	含	amga-	
15	喝	omi-	
16	吸	ximë-	
17	吞	imñë-	
18	咽	niñë-	nimñë-/yimgë-
19	卡住	haha-	
20	噎住	qilë-	
21	喂	ulbu-	
22	喂饲料	bordo-	
23	饱	ëlë-	

续表

序号	汉语	赫哲语	其他发音形式
24	消化	xiñgë-	
25	饿	omina-	jëmu-
26	渴	añka-	
27	吹	fuligi-	
28	喊	hudala-	awuri-
29	说/讲	hësurë-	
30	述说	hëndu-	
31	称/道	gu-	
32	吩咐	jahi-	
33	点名	toñkila-	
34	聊天	gisulë-	
35	说梦话	fëbugi-	
36	结巴	hëlëgedë-	
37	耳语	xuxuñina-	qibana-
38	打听	daqila-	
39	窃听	xiñna-	
40	解释	gisubu-	
41	叙述	gisumbu-	
42	表达	ilëtulë-	
43	说理	genla-	gisubu-
44	传播/宣传	sëlgi-	
45	啰唆	yagi-	
46	唠叨	fëludë-	
47	唠唠叨叨	yañqi-	

序号	汉语	赫哲语	其他发音形式
48	出声/吭声	dilgana-	dilgat-
49	吟	gěñqi-	
50	嘟囔	bubunë-	
51	嘟哝	dunduri-	
52	胡扯	ëmbirë-	solqi-
53	瞎说	balaqi-	balqi-
54	瞎扯	qëlmëlë-	
55	折腾	dëksërë-	
56	读	hula-	
57	背（诵）	sëjilë-	
58	问	mëdëlë-	tali-
59	笑	inihtë-	nihtë-
60	嘲笑	basu-	
61	开玩笑	yolo-	
62	舔	ilëhë-	ilëqë-
63	呕吐	isëqi-	oguhi-
64	吐痰	tifulë-	
65	噘嘴	yarbalji-	
66	哭	soñu-	
67	呜咽	sokxi-	
68	哭泣	gëñgëni-	
69	哄（孩子）	jalda-	
70	叫	hula-	kiliyi-
71	喊叫	kuuni-	awri-

续表

序号	汉语	赫哲语	其他发音形式
72	大声喊叫	barkira-	
73	响/回响	ura-	
74	吼	kili-	
75	狗叫	gogo-	
76	狼嚎	buuni-	
77	马嘶	inqala-	
78	牛叫	murë-	
79	羊叫	meera-	meela-
80	鸡叫	hula-	
81	母鸡叫	gurgur-	gokgok-
82	母鸡叫小鸡	gogolo-	
83	鸟叫	hudala-	
84	喜鹊叫	qaksi-	
85	乌鸦叫	gaari-	
86	布谷叫	këbkëlë-	
87	斑鸠鸣	turgi-	
88	蛐蛐叫	qorgi-	
89	嚷	samura-	awri-
90	劝说	dabula-	hësuqë-
91	告诉	alë-	hëju-/xisu-
92	转告	ula-	
93	答应/接受	dilagana-	
94	回答	karula-	
95	听	doldi-	dooldi-

序号	汉语	赫哲语	其他发音形式
96	眼睛发亮	gëñgi-	nëëñgi-
97	看	iqi-	
98	看见	iqiwu-	
99	看守	tuwaki-	
100	看病	uñkuiui-	
101	观察	iqinqi-	
102	窥视	qilgiqi-	iqibki-
103	学	tati-	
104	写	ara-	awu-
105	草写	laqihi-	
106	抄写	sarki-	
107	起草	jixilë-	
108	写诗	xilë-	
109	遇见	bakaldi-	bakqi-
110	见/接见	aqa-	
111	行礼	dorolo-	
112	介绍	tagadaha-	
113	认识	taga-	
114	打	tanta-	monda-
115	捶打	lantula-	
116	拳打	gulakala-	
117	拍打	xaxhala-	
118	冲突	karqumaqi-	
119	愁闷	gusqu-	

续表

序号	汉语	赫哲语	其他发音形式
120	打盹	toñkoqi-	ërkëqi-
121	打扮	yañjila-	timela-
122	打饱嗝	këkër-	
123	打嗝	joho-	
124	打喷嚏	iqihi-	
125	打哈欠	habxia-	qawuni-
126	打呼噜	horkira-	hontirë-
127	打寒战	surhu-	
128	打踉跄	hëqitë-	bëdrë-
129	打闹	apa-	apal-
130	打赌	mëktë-	
131	打扫	ësu-	
132	打雷	agdira-	
133	打闪	taliki-	taliñki-
134	刮风	ëdu-	
135	飘荡/飘扬	ëdimu-	
136	裂缝	jakara-	
137	裂开	gakara-	
138	裂口	sëntëg-	ëdëlë-
139	倒塌	nurga-	
140	着急	paqihexi-	hëlinë-
141	忙碌	ëgxë-	bëndë-
142	发急	dabdagqa-	
143	忍耐	dosu-	

序号	汉语	赫哲语	其他发音形式
144	累	usan-	usa-
145	劳心	jobo-	
146	辛苦	suila-	
147	歇	ërhë-	tëynë-
148	伸手	sone-	sari-
149	招手	ëlki-	
150	指给	juri-	
151	指示	juriki-	
152	碰	naab-	
153	碰见	uqara-	duñkalë-
154	借	yoldu-	
155	租	turi-	
156	偿还/还	tawdë-	
157	要	ga-	gaji-
158	摸	bisu-	
159	摸黑找	tëmtiri-	
160	摸索	tëmilë-	
161	抚摸	bili-	
162	推	ana-	
163	推辞	xilta-	xilkada-
164	敲	tokxi-	
165	拉	tatë-	uxa-
166	拽	jukta-	
167	按（按摩）	monji-	digda-

续表

序号	汉语	赫哲语	其他发音形式
168	压	gida-	digda-
169	抓	jafa-	
170	握	dëraqi-	
171	挠	uxi	uxikala-
172	掐	hahuri-	
173	捂	bëkulë-	butulë-
174	接	ali-	
175	拿	ga-	
176	拿走拿去	ëlbu-	
177	采	gurë-	
178	捧	ohuylë-	
179	夹	kabqi-	sabkila-
180	挟	kabqi-	
181	搓（绳）	xibë-	
182	拧（衣）	xirë-	morik-
183	拧（螺丝）	mori-	
184	捏	ximki-	kimki-/qofurë-
185	拔	tata-	
186	连根拔	boltat-	
187	摘（花）	fatë-	
188	摘（野菜）	mira-	
189	摘（野果）	muru-	qikali-
190	摘（帽子）	su-	
191	摘选	xili-	soñju-

续表

序号	汉语	赫哲语	其他发音形式
192	揪	logta-	horsulë-
193	抠	hoňki-	
194	擤鼻子	xiri-	
195	放下	në-	tii-
196	放走	kinda-	
197	松开	sulala-	tiimbu-
198	禁止	fapula-	
199	放盐	dawsula-	
200	放牧	adula-	
201	吃草	oňko-	
202	扔	makta-	nuda-
203	扔石头	jolodo-	
204	投	makta-	pakanda-
205	摔出	dëňgë-	
206	找	gëltë-	
207	捡	tuňkë-	
208	拾	tuňë-	tabi-
209	舀	soku-	
210	撇浮油	algia-	
211	倒掉	masulë-	yërku-
212	遗失	uliab-	
213	扛	mëyhërë-	
214	抬	tuki-	
215	抡	dalge	

序号	汉语	赫哲语	其他发音形式
216	提	ёlgё-	tikё-
217	抱/搂	tёbёli-	
218	搂怀里	hёbёrlё-	
219	背（孩子）	jaji-	
220	背（物）	ini-	hinalё-
221	穿	titi-	
222	戴	awula-	
223	脱	luha-	aqu-
224	盖	daxi-	
225	装入	tёwu-	
226	靠	nikё-	
227	靠近	laktu-	dabuki-
228	依靠	akda-	aniki-
229	倚仗	ёrtu-	
230	站立	ili-	
231	起来	tёrki-	
232	坐	tё-	
233	跪	hёñёntё-	
234	盘膝	mosla-	
235	爬（人）	mirki-	mirk-
236	爬（虫）	huli-	
237	爬山	maqu-	
238	攀登	mukqani-	
239	勤奋	hiqё-	

序号	汉语	赫哲语	其他发音形式
240	蹲	qomqo-	
241	撅屁股	toñgolo-	
242	掉	tihi-	tuhë-
243	俯卧	kummi-	
244	仰卧	tañgimi-	
245	出溜	halturi-	haluri-
246	跌倒	tiki-	mëlëdërgi-
247	跌价	tiki-	
248	躺下	dëdu-	
249	扭	morik-	huri-
250	回头	mari-	hiyogi-
251	背手	korakla-	
252	挺胸	ëkti-	kotimda-
253	俯身	mëhu-	
254	弯腰	mori-	uriw-
255	歪斜	haida-	haje-
256	四肢伸展	sarba-	
257	翻	kurbu-	hiyo-
258	更新	irkinlë-	
259	翻寻	susë-	
260	翻跟头	toñkoli-	pukëxi-
261	翻转	kurbule-	
262	推翻	tuhëbu-	
263	超越	daba-	

序号	汉语	赫哲语	其他发音形式
264	超群	qolgoro-	
265	仔细查找	himqa-	
266	垮台	mugu-	
267	转过去	forxo-	
268	返回	mudargi-	hari-
269	退回	muquha-	
270	绕弯子	ëwlmili-	
271	缩小	soya-	uxkuli-
272	缩口	suburë-	
273	缩短	foholond-	
274	缩回	xirugala-	
275	缩紧	gohoro-	
276	卷	uhu-	koqi-
277	刀刃锩	mumërë-	
278	毛发卷	sudala-	
279	卷衣袖	koñëlë-	huku-
280	卷曲	futuru-	
281	掘	fëtu-	
282	滚	bumburi-	fuhëxë-
283	踩	hëki-	
284	踢	fuskulë-	
285	跳	fëtkë-	
286	蹦跳	furkuqë-	
287	心跳	tukxi-	furkulë-

序号	汉语	赫哲语	其他发音形式
288	跳舞	makxi-	bulëyi-
289	唱歌	jarimku-	
290	走	yabu-	fuli-
291	步行	yawahala-	okso-/alku-
292	迈步	alka-	
293	散步	fulihëqi-	
294	闲逛	tëhëri-	
295	摸黑走	bëtëri-	tëmilë-
296	大步走	jorolo-	
297	串门/旅游	tëhëëri-	
298	踏	hëkilë-	
299	弯腰走	qomqoro-	
300	离开	ëyilë-	dëlë-
301	离婚	ëyimu-	
302	摆脱	multag-	
303	逃脱	uhqa-	
304	解开	moltolë-	bëri-
305	越过	dulë-	
306	过河	ëdël-	
307	涉水	olu-	
308	横跨	aktala-	alamki-
309	过分	daba-	
310	过火	hëtrë-	
311	过错	ëndë-	

续表

序号	汉语	赫哲语	其他发音形式
312	挑拨	xixihi-	
313	弄错	taxara-	
314	移	guri-	
315	排队	mirëlë-	
316	退出	mita-	mutargi-
317	跟	dahë-	
318	追	asu-	ujaka-/amqa-
319	追寻	nëhë-	
320	让	anabu-	
321	允许	alja-	
322	佩带	tulë-	
323	带路	uxa-	
324	经过	dulëbu-	
325	路过	dari-	dulë-
326	来	ëmë-	
327	进/入	ii-	
328	去	ënë-	ën-
329	出去	tuqi-	nÿñë-
330	上	tuhtë-	
331	上升	uyihilë-	
332	上去/登上	tuqi-	tuhtëqi-
333	兴起	mukdë-	
334	下	ëwu-	ëw-
335	起云	tuksulë-	

序号	汉语	赫哲语	其他发音形式
336	云堆积	boomoro-	
337	下雨	tiktë-	
338	下雪	iman-	ima-
339	天晴	gala-	
340	天阴	burku-	
341	晚/迟	yamji-	
342	迟延	guida-	
343	加快	turgëlë-	
344	过	dulë-	dawu-
345	过期	tuli-	dulëbu-
346	过瘾	sëlëbu-	
347	经过（路经）	daari-	
348	过失	ëndëbu-	
349	跨越	ala-	dabu-
350	跑	tugtuli-	buguda-
351	小跑	soñqi-	
352	奔跑	taqihina-	taqikla-
353	马小跑	katra-	
354	马大步颠走	kolibu-	
355	马尥蹶子	bulhi-	
356	马受惊吓	urhu-	qolgi-
357	马拉套	sohada-	
358	骑马	morila-	
359	策马	dabki-	

序号	汉语	赫哲语	其他发音形式
360	牛角顶	sukila-	murgu-
361	飞	dëgli-	dëgdë-
362	出发	gulgu-	
363	到	ixi-	ixirki-
364	到达	ixina-	ixirki-
365	降落	do-	
366	落下	ëbu-	tiki-
367	栖息	domu-	
368	等待	aliqi-	
369	有	bi-	
370	得到	baha-	
371	丢	ëmë-	
372	收回	gadirgi-	barge-
373	回去	ëni-	ëmërgi-
374	送	nukurki-	
375	送行	fudë-	
376	送到家	ixiwu-	
377	回来	ëmërgi-	
378	转弯	oli-	
379	弯曲	mori-	
380	扭曲	morkimoqi-	
381	扣弦上弓	tabu-	yakqi-
382	锯掉	hogda-	
383	切	jigi-	kërqi-

序号	汉语	赫哲语	其他发音形式
384	剔肉/剥皮	yo-	ulji yo-
385	和面	nuhu-	nioho-
386	发面	falë-	
387	割（刀）	mii-	hoyi-/jisu-
388	割（镰刀）	hadi-	
399	划开	jisu-	jusu-
390	扎	arki-	
391	用扎枪扎	gidla-	
392	扎针	namala-	
393	刻	soli-	
394	雕刻	folo-	soli-
395	砍	qabqi-	
396	劈	dëlkë-	koltoli-
397	砸碎	biqla-	kirkilë-
398	分/分解	ëyilë-	
399	分配	dëndë-	dëlët-
400	区分	ilga-	
401	结合	holbo-	
402	分开	haksala-	
403	撕裂开	haksa-	sëktëg-
404	开	nëyi-	nëi-
405	开始	dëriw-	
406	开线	hanjira-	
407	裂开（布）	awjirkë-	

序号	汉语	赫哲语	其他发音形式
408	揭露	milara-	
409	花怒放	hulku-	
410	闭（眼）	ninqë-	ahu-
411	吹口哨	fiqakula-	
412	圈起来	hori-	
413	下纲套	tulë-	
414	围猎	huihala-	
415	打猎	abla-	
416	锁	yosulë-	
417	闩上门	yakqi-	
418	出	tuqi-	niwu-
419	出来	niwum ëmë-	
420	露出	bulta-	
421	住	tëgë-	añkulë-/baliti-
422	闭眼	ninqë-	ahu-
423	睡	afi-	
424	哄孩睡	bëëbulë-	
425	瞌睡	gëhëxi-	aamu-
426	醒来	sërë-	
427	清醒	gëtë-	sënë-
428	休息	tëynë-	ërgë-
429	安定	ëlhënë-	
430	享受	jirga-	
431	照	ëldë-	gëñgi-

序号	汉语	赫哲语	其他发音形式
432	照射	garfu-	
433	照镜子	bulukuqi-	
434	编辫子	isa-	
435	梳头	igdi-	
436	剃头	uxi-	kanna-
437	漱口	bolok-	
438	洗	xilka-	
439	洗锅	haxi-	
440	洗牌	sasu-	
441	游泳	ëlbëxi-	
442	害羞	gilunt-	aljimu-
443	害臊	halaji-	
444	理睬	hërqë-	hërqi-
445	理解	ulahi-	fërku-
446	谗	ëyqi-	
447	尝	amtala-	gëlëyni-
448	尝试	qëmdë-	
449	含	amñala-	
450	包含	bakta-	baktu-
451	点火	tëñki-	tayiw-
452	烟熏	sañanka-	
453	烧	dalga-	
454	烧火	dabu-	jëkjë-
455	烧红	sërë-	

续表

序号	汉语	赫哲语	其他发音形式
456	烧烤	xela-	fuke-
457	烤焦	haksa-	
458	发烧	ukulě-	
459	燃烧	dabu-	dayi-
460	火旺	hukji-	
461	烧开水	huyuhě-	
462	水开	huyu-	
463	灭亡	muku-	
464	消灭	mukuhě-	
465	泯灭	xiibkě-	arila-
466	炒	qawlě-	
467	用勺扬（茶）	samra-	
468	冒烟气	suma-	sugdu-
469	做	o-	awu-
470	办事	iqihi-	
471	烤	fukia-	
472	烤火	hilěqi-	
473	炸	qaru-	suwu-
474	煨（用火）	igi-	eka-
475	煨（用水）	buju-	xolu-
476	冒烟	sañni-	
477	炖	nuñala-	ulu-
478	烙	hari-	
479	煎	qaru-	buyu-

序号	汉语	赫哲语	其他发音形式
480	煮	ulu-	
481	蒸	təli-	
482	用热水烫	hëthë-	hariw-
483	热	ëhulgi-	uliti-
484	扇	dëwi-	
485	磨面	musulë-	
486	磨损	manabu-	manu-
487	磨墨	bëhëlë-	
488	磨墙	nila-	
489	揉	moñi-	
490	筛	sayilë-	
491	挤奶	saa-	
492	挤干	xiri-	
493	盛	soho-	
494	饭变味	uum-	uumwu-
495	变馊	juxënë-	
496	腌咸菜	dawsëlë-	
497	发酵	jusulë-	
498	想	joo-	goni-
499	猜	tulibë-	
500	估计	anabu-	bargula-
501	信	akda-	
502	回忆	mërki-	gonirgi-
503	思念	gonibu-	

续表

序号	汉语	赫哲语	其他发音形式
504	怀念	mërgi-	
505	记住	ëji-	
506	忘记	oñhu-	
507	怀疑	sëgi-	
508	爱	buyë-	jilay-
509	吻/接吻	noka-	muka-
510	爱护	haira-	
511	宠爱	huñala-	
512	溺爱	bobilë-	
513	珍惜	narila-	munan-
514	爱惜	gujë-	haira-
515	喜欢	tihala-	ayiwu-
516	尊敬	uyilë-	
517	尊重	urgëlë-	
518	行孝	gosula-	
519	戴孝	xinahila-	
520	重视	oyobo-	urgëxi-
521	款待	kundulë-	
522	包容	baktaga-	
523	体谅	nagali-	guuëu-
524	放宽大	ëñgëli-	darëmida-
525	感谢	banihala-	
526	祝贺	urgulë-	
527	谢绝	anahi-	

序号	汉语	赫哲语	其他发音形式
528	恨	hinu-	
529	憎恨	qëqirë-	qiqir-
530	怀恨	ëhëdë-	ëhdë-
531	讨厌	ube-	
532	抱怨	gasla-	
533	怨恨	usuga-	jisumgi-
534	埋怨	gëgni-	gëñqë-
535	腻烦	anibki-	
536	烦恼	aha-	
537	哀伤/悲痛	gasa-	
538	为难	mañgata-	
539	生气	hañko-	panqibu-
540	赌气	fëqi-	jurgi-
541	消气	toru-	
542	骄傲	tiyari-	
543	兴奋	dëwë-	
544	高兴	agda-	
545	过年	anila-	
546	奇怪	geka-	
547	吃惊	olo-	olobki-
548	惊呆	bëktë-	
549	惊动	urgu-	urguhi-
550	惊慌	burgi-	
551	惊厥	kuli-	

续表

序号	汉语	赫哲语	其他发音形式
552	惊怕	sësulë-	
553	可怜	ënibu-	
554	帮助	aixila-	bëlqi-
555	使用	baytalë-	
556	用	takura-	
557	雇佣	turi-	
558	派（去）	tomila-	
559	派遣	ënuhë-	
560	求/请求	bai-	jalbari-
561	央求	yandu-	
562	托付	jahi-	
563	称赞	makta-	ayibu-
564	决定	tokto-	
565	同意	tihala-	
566	批评	haqiklë-	
567	断绝	lakqa-	tuxibu-
568	稳重行事	lawdula-	toktog-
569	立春	niñniërilë-	
570	天气回暖	butu-	
571	立夏	juala-	
572	开荒	suksala-	tayëw-
573	开垦	sëqi-	
574	犁地	anjalë-	
575	耙地	narga-	këdërë-

序号	汉语	赫哲语	其他发音形式
576	种	tari-	
577	翻地	funtu-	
578	浸种子	dëbtuhë-	
579	撒种子	usë-	sali-
580	收割小麦	maysë uru-	
581	发绿	nÿñgianri-	
582	发芽	xihilë-	
583	长出来	urgu-	
584	开花	ilganë-	
585	结果	banji-	baldi-
586	成熟	uru-	urë-
587	收割	hadi-	tukia-
588	簸	suhsu-	
589	挖	fëtë-	
590	剜/挖	oñki-	
591	掏/挖井	malta-	
592	插（秧）	xixi-	qa-
593	栽（苗）	tëwu-	guri-
594	浇	huñkë-	mukëlë-
595	倒水	yëbku-	
596	降霜	gëbti-	sayink-
597	搓	tomu-	
598	纺线	foro-	qurkulë-
599	搬/运	juwë-	guri-

续表

序号	汉语	赫哲语	其他发音形式
600	搬迁	guri-	
601	游牧/迁徙	nuktёlё-	
602	变化	huwal-	kalawu-
603	变老	sagёdira-	
604	变弱	ёwrё-	
605	变穷	yadura-	
606	受苦	mogo-	
607	变富	bayiji-	
608	拖延	ёlhёxi-	uxay-
609	耽误	sarta-	
610	转动	forgo-	
611	撞	murgu-	turka-
612	分解	mёilё-	
613	捣/舂	nuhu-	qoki-
614	杵	qokqo-	
615	染色	iqё-	
616	退色	ёbёrё-	gualnё-
617	退缩	mita-	amaqihila-
618	涂油	imёgsёlё-	
619	蘸	ulga-	qokilё-
620	晾	olgi-	ulga-
621	溅出	salge-	bolju-
622	喷出	fusё-	
623	抽出	suga-	tatё-

续表

序号	汉语	赫哲语	其他发音形式
624	捞出	xigu-	abugu-
625	刺入	gidala-	
626	插入	hada-	
627	塞入	xigqi-	
628	弄满	jaluna-	
629	缺	abal-	sëmturki-
630	漏	sabda-	
631	滴	sorgi-	sabda-
632	塞	xiwa-	
633	堵	ka-	xiwë-
634	和泥	soyi-	
635	垒/砌	saha-	
636	抹泥	qiwa-	karkuda-
637	陷入泥泞	qiwarda-	
638	下沉	yuru-	tëhë-
639	塌方	nurga-	tiki-
640	浮出来	dërëbi-	dëgdë-
641	漂浮	dëlixë-	
642	流	ëyi-	
643	泼水	qaqu-	masë-
644	洒（水）	uñku-	bolju-
645	涨水	mudë-	
646	泛滥	fuyi-	bisarë-
647	溢	biltë-	

续表

序号	汉语	赫哲语	其他发音形式
648	沸	fuyi-	
649	掺	suwali-	
650	缠绕	hërkë-	koqi-
651	蛇缠	hagi-	
652	缠扰	halgi-	harxe-
653	缠	kërë-	
654	绊脚	buduri-	faui-
655	绊住	dëgëlë-	
656	阻挡	dali-	
657	阻塞	libki-	
658	拦阻	haadi-	
659	拦截	taguha-	
660	绊住（马）	xidë-	xidërlë-
661	陷害	horlo-	
662	诬陷	gëgdë-	
663	诬害诽谤	ëhëlë-	
664	整人/害人	yodolo-	horlo-
665	陷落	gabu-	
666	挣扎	bëñqë-	
667	拉扯/抚养	uxat-	
668	拉扯/用力	taam-	
669	牵扯	labtu-	
670	断掉	moktogi-	tuxibu-
671	弄断	lashala-	tasula-

序号	汉语	赫哲语	其他发音形式
672	撅断（棍）	mohsulu-	konqila-
673	折断	qihali-	
674	割断	tuxihë-	
675	砍断	moktolo-	
676	裂纹	garga-	yamturi-
677	出豁口	koltug-	sëntëg-
678	弄成圆	muhuli-	
679	甩	laxihi-	
680	拴	hërkë-	
681	钉	hadë-	fati-
682	钉铁掌	tahla-	
683	顶/撑住	tuluga-	solobu-
684	顶替	orolo-	
685	顶嘴	hëmudi-	
686	小孩顶嘴	akqala-	
687	立起来	iliwu-	
688	扣放	uñkë-	kumug-
689	挂住	tabu-	
690	套车	toho-	xowu-
691	驾车	ëlgë-	
692	套笔帽	homholo-	
693	套马	urgala-	
694	蒙盖	humi-	buri-
695	捂（头）	uhu-	

续表

序号	汉语	赫哲语	其他发音形式
696	铺/垫	sëktë-	
697	撒网	sari-	
698	垫平	dagdi-	tëgqilë-
699	刨平	tuybala-	
700	增加	noyi-	
701	缩减	ibka-	
702	迟缓	goida-	
703	重叠	dabkurla-	namurki-
704	双人骑马	sundala-	
705	折叠	hutë-	
706	挂	loho-	
707	钩	goholo-	
708	钩上/别上	tabu-	tobki-
709	钩住	dëgëlë-	
710	用脚钩	taxi-	
711	勾结	xirëdu-	xirumaqi-
712	勾引	gorolo-	
713	勾销	mahula-	
714	钓	umëkëqë-	
715	动	gurgul-	tuñku-
716	动用	tuñkuhë-	
717	动手	nalada-	
718	摆动	laxihibu-	laxibki-
719	上下摆动	ëwkëlji-	loholji-

序号	汉语	赫哲语	其他发音形式
720	摆弄	baxila-	
721	挪动	guribu-	
722	隔开	giala-	yoholo-
723	搅动	kotko-	
724	修理	dasa-	taku-
725	整理	tëksilë-	
726	劳动	gërbëlë-	uilë-
727	努力	husuhilë-	
728	扫地	ëri-	hëti-
729	挑担	damjala-	
730	划船	sëlbi-	giawli-
731	抽烟	damihin omi-	
732	冻	gëkti-	
733	冻僵	babërë-	
734	雪面变冻硬	qagja-	
735	结冰	jukënë-	jukëbtë-
736	江河上面冻薄冰	qarqa-	qargib-
737	溶化	uu-	u-
738	晒蔫	hamna-	
739	枯萎	naigu-	
740	干枯	olgu-	
741	腐烂	nia-	
742	生锈	jiwurë-	sëptërë-
743	晒干	uligi-	kata-

续表

序号	汉语	赫哲语	其他发音形式
744	涸干	haga-	
745	晒太阳	fukia-	
746	晒谷物	sarë-	
747	变坏	ëbdu-	
748	反目	ëhë-	ëbdumëqi-
749	破损	manawu-	
750	得病	uñkulë-	
751	发愁	jobo-	
752	心里感到郁闷	gibuka-	bokni-
753	包药	bafulë-	
754	包	bafulë-	
755	捆	uhu-	ëbkë-
756	治病	dasa-	taku-
757	用偏方治病	domno-	
758	刮毛	kanda-	
759	刮皮子	xolo-	kërdë-
760	刮掉	ërë-	
761	刮鱼鳞	ërë-	
762	剪掉	haqila-	
763	擦	abu-	mabula-
764	抹药	ohtolo-	modi-
765	膨胀	këwu-	
766	胀肚子	madë-	
767	泻肚子	qiqira-	

序号	汉语	赫哲语	其他发音形式
768	发水	uyilë-	
769	发木	monoro-	xirkë-
770	发呆	mënërë-	kolurgi-
771	发懒	banhu-	
772	发掘	fëtu-	
773	发情（马）	giru-	
774	发送	yabuha-	
775	发抖	xurkuxi-	qikqir-
776	发配/流放	tamubu-	
777	发誓	gashu-	
778	发奋	gujujë-	
779	发光	ëldënë-	ilan-
780	闪光	ilan-	
781	发亮光	gilta-	giltagna-
782	发扬	ilaanka-	
783	急喘气	fodo-	
784	晕	sëguri-	fahëw-
785	昏厥	farnë-	
786	昏迷	maka-	farhëw-
787	眩晕	ilgana-	hawlë-
788	摇晃	laxahi-	harxintu-
789	摇头（一次）	laxa-	larki-
790	摇头（不断）	laxahi-	larkihi-
791	摇尾	xirba-	

续表

序号	汉语	赫哲语	其他发音形式
792	翘尾巴	gëdënë-	
793	摇动	haygalji-	
794	痛	nimë-	ëbdu-
795	瘸	doholo-	
796	拄拐棍	tinëwqi-	
797	烫手	halgi-	qawri-
798	卷缩	moro-	gëgërë-
799	皮破肉出	hularga-	tara-
800	变皮包骨	gañgami-	
801	变罗锅	mukquru-	guñgum
802	变瞎	bali-	
803	瞪眼	bultaxi-	
804	生活	baldi-	
805	准备	bëlëk-	
806	出嫁	uyu-	giamtak-
807	结婚	hodala-	tërëwqi-
808	结亲	sadula-	
809	娶妻	dëlhu-	
810	邀请	soli-	
811	等候	alaqi-	alakqi-
812	迎接	oktu-	
813	给	bu-	buu-
814	给彩礼	saralë-	
815	献给	alibu-	bu-

序号	汉语	赫哲语	其他发音形式
816	发放	sindë-	tiimbu-
817	客气	anathi-	
818	繁殖	fusëbu-	
819	怀孕	jursu-	
820	生/生子	baldi-	uji-
821	分娩	iqiwu-	
822	起名	gërbilë-	gërbibu-
823	坐月子	bia tëgë-	biala-
824	吃奶	ximi-	ukukë-
825	活	inig-	iinig-
826	长	mutu-	
827	淘气	tadira-	
828	轻佻	hoyloljo-	hoyloljo-
829	挽裤腿	xiba-	xima-
830	麻木	mënrë-	
831	酸麻	xini-	jitkuli-
832	肿	mada-	
833	抽筋/抽搐	tata-	kapsuri-
834	孵	digda-	
835	酿酒	bura-	nërë-
836	醉	sokto-	
837	拉屎	amu-	
838	撒尿	qikë-	
839	把尿	ali-	alibu-

续表

序号	汉语	赫哲语	其他发音形式
840	发痒	yota-	
841	瘙痒	jigali-	
842	起红肿	guru-	
843	生疮	ukxi-	kuku baldi-
844	化脓	niaksala-	
845	发霉	munu-	niaran
846	发臭	waala-	fakunt-
847	蹭破	xilbug-	
848	蹭	himki-	
849	碾伤	niljig-	nilqi-
850	血凝结	nura-	
851	着凉/冷	bëyi-	
852	发冷而卷缩	gohara	
853	乘凉	sërhuxi-	
854	出天花	bayilka-	
855	传染	iqëbu-	tara-
856	咳嗽	ximki-	
857	病重	urgëlë-	
858	贴上	laktuga-	latubu-
859	粘住	kali-	
860	吓唬	nëlëhë-	
861	吓一跳	olo-	olobki-
862	赌博	jiga ëtëldi-	
863	眼红	fulga-	

续表

序号	汉语	赫哲语	其他发音形式
864	皱眉	hitërë-	
865	斜视	kilku-	kilkuqi-
866	蔑视	uqihulë-	
867	眨眼	samini-	
868	输	ëtëbu-	gawu-
869	赢	ëtë-	
870	偷	hulaha-	
871	撒谎/骗	holtu-	
872	撒酒疯	suhu-	
873	发疯	galjura-	
874	撒娇	ërkëlë-	ëlku-
875	撒野	tënëg-	
876	称霸	ëtuhu-	
877	隐瞒/隐藏	jayi-	
878	讨饭	gëlëë-	gëlëëb-
879	耍赖	kaliwqi-	
880	耍心眼	jalida-	
881	胡搅	daiqi-	kotho-
882	逞狂	balamda-	balamdë-
883	夸耀	bardañila-	bardañilë-
884	骂	tayo-	tayna-/gashuqi-
885	大声吵闹	durgi-	
886	诅咒	nonnoqi-	gashu-
887	吵嚷	saagima-	awri-

续表

序号	汉语	赫哲语	其他发音形式
888	吵嘴	jamërë-	
889	吵架	soogimaqi-	
890	打架	tantamaqi-	
891	杀	wa-	waa-
892	屠杀	gidu-	
893	宰	uguqi-	
894	饲养	ulëbu-	uji-
895	叮	sari-	
896	鞭裂	ëne-	hohini-
897	接近	hanqila-	
898	亲近	dabke-	
899	接替	orolo-	
900	对着	ahqala-	
901	玩耍	ëwi-	ukaqi-
902	接续	xira-	
903	操练	urubu-	
904	测量	hëñjëlë-	këmnu-
905	秤	ginlë-	dënsëlë-
906	比	duilë-	
907	比喻	dursulë-	
908	模仿	alama-	
909	比量	qilë-	tëmnë-
910	比赛	mëlji-	
911	用劲	kuqulë-	

序号	汉语	赫哲语	其他发音形式
912	缓慢的动作	bëbuljë-	
913	笨拙的动作	moqudo-	
914	区别对待	haksabu-	haksab-
915	区别	ënqulë-	haksalë-
916	战斗/打仗	afumaqi-	
917	征战	daila-	
918	武装	uhxilë-	
919	侵犯	nëqi-	
920	乱扑乱打	afu-	
921	弄脏乱	balqi-	
922	散乱	fasuhu-	
923	射	karfu-	gabta-
924	打偏	hëltërë-	
925	打中	nagab-	nambu-
926	结束	ëti-	
927	结交	fali-	
928	摔跤	jabqi-	taxildi-
929	结盟	gushu-	
930	上吊	faxi-	
931	死	bu-	
932	埋葬	burki-	
933	祭祀	omina-	taki-
934	祭酒	hisala-	
935	敢	miawula-	

序号	汉语	赫哲语	其他发音形式
936	表现英勇	baturla-	
937	会	ëtë-	ulhi-
938	救	aybu-	
939	对	aqana-	tëjilë-
940	不是	ëntu	ënqu
941	点头	dohi-	hëñxiqi-
942	祈祷	jalbari-	
943	祷告	firu-	
944	跳神	samada-	
945	招魂	horila-	
946	受伤	urawu-	huylë-
947	记仇	himulë-	
948	忌恨	hilhida-	
949	忌讳	sërlë-	sorëk-
950	低头	tigëd-	
951	磕头	hëñkilë-	
952	怕	nëlë-	
953	畏惧	tukuqi-	olo-
954	惊吓	olo-	
955	颤抖	xurkuxi-	
956	躲藏	jayi-	suqa-
957	躲闪	gilbu-	
958	逃跑	buktu-	
959	败逃	burula-	

续表

序号	汉语	赫哲语	其他发音形式
960	擒拿	jafa-	
961	藏起来	dihi-	
962	遮挡	dali-	
963	撕破	huaqi-	sëyi-
964	撕开	tatra-	
965	撕碎	urë-	
966	破	ëbdu-	
967	破碎（布）	urëbu-	
968	破碎（碗）	biqira-	
969	碾碎	niqila-	
970	破成碎片	ladra-	këfurgi-
971	损失	hohira-	
972	破产	suntë-	
973	掠夺	duri-	
974	抢	duri-	
975	抢劫	tabqila-	
976	逼迫	ërgëlë-	kuqixi-
977	羞辱	giru-	
978	欺负	ëhëxi-	
979	剥削	gëjurë-	
980	捆绑	bohi-	
981	赶走	basa-	bodo-
982	赶（车）	dali-	
983	围堵/赶围	haxi-	

续表

序号	汉语	赫哲语	其他发音形式
984	骑	yalu-	
985	牵/开车	ёlgё-	
986	牵引	kutlё-	
987	牵连	holbomaqi-	holbotiu-
988	驮带	aqi-	ati-
989	阉割	akta-	
990	尥蹶子	fiaktё-	
991	啄	tokto-	qoki-
992	钻研	xilgi-	niñu-
993	钻入	surgi-	
994	人群里钻来钻去	gulduri-	
995	用钻具钻	ёrwёndё-	
996	钻洞	guldari-	
997	钻透	hultulё-	luñulё-
998	陷入	lёwёrё-	
999	抽打	burhala-	
1000	鞭打	xisugda-	qiqag-
1001	棒打	gasuda-	
1002	用刑	ёrulё-	
1003	扑	tobko-	hukqÿ-
1004	扑空	bontohlo-	
1005	澄清	gёtuhulё-	
1006	感到幸福	huturi-	
1007	感到快乐	sёbjilё-	

序号	汉语	赫哲语	其他发音形式
1008	感到舒畅	sëlu-	sëbji-
1009	知道	sa-	
1010	懂	ulhi-	
1011	炼（钢）	urbu-	
1012	铲	qabqi-	saqi-
1013	锄草	yañsa-	
1014	堆	muhala-	buhala-
1015	堆起	obolo-	
1016	堆积	urhu-	
1017	灌溉	mukëlë-	
1018	发潮	qiktë-	
1019	湿透	nëbtërë-	qopka-
1020	渗透	lëbtërë-	
1021	扎透	fondolo-	
1022	装订	dëbtëlë-	
1023	装套	dobtolo-	
1024	泡	dërubi-	gidalë-
1025	浸泡	dëbtugë-	ëyi-
1026	穿线	sëmi-	
1027	缝	ulëdi-	ulëxi-
1028	缉	xiji-	
1029	绷	tobki-	
1030	织	nëhë-	
1031	绗	xirdë-	

续表

序号	汉语	赫哲语	其他发音形式
1032	纳鞋底	ërëlë-	uxë-
1033	连接	xera-	
1034	补衣服	saña-	
1035	捶衣服	tu-	kirkilë-
1036	扣扣子	toholo-	
1037	解绳索	su-	aqÿ-
1038	系鞋带	uxilë-	hërkë-
1039	系腰带	omoli-	
1040	绣花	sëyilë-	sabxë-
1041	捻	xibëri-	
1042	改	hala-	gaila-
1043	换	jumuxi-	
1044	选	sonjo-	
1045	挑选	xili-	
1046	转	forxulə-	
1047	用刀	kotolë-	
1048	磨刀	lëhdë-	añtarë-
1049	磨亮	nila-	
1050	摩擦	hirku-	jurgu-
1051	磨蹭	largila-	
1052	脱落	moltog-	hobkoro-
1053	弹奏	fituha-	
1054	唱	jari-	
1055	画画	nero-	jori-

序号	汉语	赫哲语	其他发音形式
1056	讲故事	xoholo-	
1057	完结	mana-	
1058	告状	habxi-	
1059	教	xilba-	
1060	教育	tatiga-	tatimqiwu-
1061	做生意	hudala-	
1062	做买卖	maymala-	
1063	做工	wëilë-	
1064	做细/弄细	narihula-	
1065	表现谨慎	giñgulë-	
1066	做梦	tolxi-	tokxi-
1067	买	gadë-	
1068	卖	hudaxa-	
1069	欠债	tambu-	
1070	抵押	damtula-	
1071	赔偿	tawda-	
1072	省钱	malhu-	mula-
1073	节约	hibqi-	
1074	攒钱	isawu-	imiawqi-
1075	创造	ugislë-	
1076	建设	iliwë-	
1077	奋斗	julku-	
1078	发展	badara-	dabqihi-
1079	提高	uyiqilëkë-	

续表

序号	汉语	赫哲语	其他发音形式
1080	争先	nëndë-	
1081	强化	bëkilë-	
1082	管理	kadla-	guanli-
1083	治理	dasa-	
1084	照看	dana-	
1085	伺候	arsa-	ërsë-
1086	干预	daljila-	
1087	投合	fali-	ayibu-
1088	合适	aqana-	juk-
1089	合作	horqi-	
1090	开会	gisala-	
1091	讨论	hëwxi-	hëwxildi-
1092	议论	gisumëqi-	gisuldi-
1093	动员	tuñkuhë-	
1094	聚集	ura-	
1095	领导/指引	dahëhë-	
1096	号召	ëlbi-	
1097	统一	ëmulë-	ëmutkë-
1098	解放	sulëlë-	
1099	胜利	ëtë-	
1100	翻身	orgi-	
1101	传达	ula-	ulabu-
1102	支持	husulë-	anabu-
1103	保护	harma-	

序号	汉语	赫哲语	其他发音形式
1104	保留	hulgë-	
1105	报答	harula-	
1106	表扬	sayxe-	kuki-
1107	夸奖	fërgubu-	
1108	勉励	hukihë-	
1109	奖赏	xañna-	kukibu-
1110	检查	bayqa-	
1111	争辩	fakqada-	
1112	斗争	tëmëqë-	
1113	平息	nëqilë-	taibuxi-
1114	迷路	tëëri-	
1115	失败	upa-	gabu-
1116	成功	buhala-	
1117	违背	buhala-	
1118	叛变	urbu-	
1119	罚	kërulu-	gasubu-
1120	反对	akqala-	
1121	处治	iqige-	
1122	歼灭	gisabu-	
1123	侵略	jÿrtë-	
1124	发生混乱	faquhura-	samura-
1125	捣乱	daixe-	
1126	流放	falë-	tulibu-
1127	流浪	toñqi-	

续表

序号	汉语	赫哲语	其他发音形式
1128	浪费	manugia-	suygë-/xiñki-
1129	拥挤	xiha-	
1130	挤虱子	isala-	
1131	数	tolo-	tawunë-
1132	算	bod-	tawla-/tawn-
1133	剩	hulë-	
1134	留下	duta-	
1135	狩猎	wakqi-	
1136	打野兽	bëyu-	abla-
1137	搜山	nñëi-	haduri-
1138	巡逻	gëluqi-	
1139	埋伏	buhqi-	
1140	埋	umubu-	bula-
1141	能	mëtë-	
1142	逞能	ëtëñgilë-	
1143	叫作/道	gu-	
1144	干什么	eman-	joman-
1145	别	ëji	
1146	没有	anqi	
1147	有/在	bi-	
1148	够	ixi-	
1149	平均	nëigëlë-	tëkqi-
1150	行/可以	o-	oo-
1151	对	tëji	juk-

序号	汉语	赫哲语	其他发音形式
1152	不/不是	ënqi	

六　虚词

序号	汉语	赫哲语	其他发音形式
1	早就	këjëni	këjëbtu
2	早已	alibtë	
3	早先	nogubti	
4	早点	ërdëhën	
5	原来	dad	
6	以前	julëbti	julërgi
7	从来	daqibti	
8	从而	tërëqin	
9	从此	ërëqin	ëdiki
10	以上	tërëqin uqiki	
11	以下	ërëqin hërgiqiki	
12	以来	ëwxi	
13	近来	uquri	ëri daga
14	最近	dagake	
15	以后	amixi	
16	以及	dayi	
17	已经	ëmgëri	qamë
18	已然	uttu	
19	已往	dulëhi	

续表

序号	汉语	赫哲语	其他发音形式
20	才	tënikën	
21	刚才	tëni	
22	刚刚	arankan	ëximëkën
23	马上	ëxitu	maxan
24	尚未	ëndi	
25	快速	digar	ëlë
26	片刻	dirti	
27	立刻	ilihi	
28	赶快	turgën	
29	正在	tob	yag/jiñ
30	当即	nërgin	
31	有时	ëmbihëdë	bikin
32	非常	ësukuli	ëbuxikuli
33	格外	mujiku	
34	太	ërsun	
35	很	mani	mura
36	十分	jadan	
37	特别	ënqukuli	
38	极其	hëtë	bërti
39	最	migin	qikin
40	最最	qikënki	
41	更	ëli	geñ
42	愈	arjim	
43	更加	ëbqukuli	

序号	汉语	赫哲语	其他发音形式
44	相当	ani	
45	真实	jiñkin	tëjikën
46	的确	yarhin	tëji
47	确实	mëtër	
48	厉害	mañgat	
49	完整	gulhun	
50	一半	holtoho	
51	均	gëmu	hiawku
52	凡是	buh	yëël
53	各种	haqën	
54	全都	gubqi	xahku
55	一下子	ëmërëhën	
56	恰好	lëksën	
57	正好/刚好	jukin	tobu
58	共同	ëmëndu	
59	和	ji	
60	只	ëmuhun	
61	只是	dam	dan
62	一直	tondohon	
63	直直地	tondorgon	
64	光（单单是）	ëmël	dam
65	就	uthe	
66	就此	ërëxin	ëbxin
67	大概	muru	ëkëqi

序号	汉语	赫哲语	其他发音形式
68	好像	yamaka	nianbaqi
69	故意	jorti	
70	突然	gaitë	
71	猛然间	gënkën	
72	忽然	gaitihan	gaitil
73	猛然	dolkun	
74	慢慢	ëlëkëkën	
75	差一点	ëlki	
76	稍微	ajigi	ëmëqi
77	经常	daktan	lawdu
78	常常	alixahu	
79	平常	yërdi	
80	依然	hëmuji	taril
81	依照	ogiñji	
82	永远	ëntëhën	alitë
83	长久	goydan	
84	必须	iktuhat	idiñ
85	每	tagin	
86	好好	ayiji	
87	好多	behal	
88	过分	dabañi	këtru
89	一次	ëmtan	
90	一点	ëmqi	
91	一旦	ëmdën	

序号	汉语	赫哲语	其他发音形式
92	一面（面）	talga	
93	一起	ëmdu	ëxdu/gësë
94	一共	uhëri	
95	一样	adali	
96	一并	ëmrël	ëmhun
97	一概	ëmhil	
98	一贯	yëril	
99	一气	qurhun	
100	一同	sut	ëmdu
101	一切	ëitën	
102	一一	ëmëmtël	
103	一再	ujira	
104	一会儿	hiur	
105	一早	ërtëli	
106	一直	daqithi	daqiman
107	一向	sëbëni	
108	一顺儿	ëmnan	
109	一瞬	hiurl	hiukur
110	一时	ëmrin	
111	还	hë	
112	还是	haxil	haxi
113	也	dë	
114	先	julëxiki	
115	先前	daaqi	julëbti

续表

序号	汉语	赫哲语	其他发音形式
116	预先	julërki	
117	起初	tuktan	
118	直到	ixital	
119	白白	baybay	
120	随便	fuxihay	guningi
121	随意	qiñalan	guninjir
122	随后	amilan	
123	勉勉强强	arañkan	jÿkëñku
124	同等	jërgin	
125	互相	ishundë	
126	和……一样	adalin	
127	又	dahi	na
128	或者	ëmbihi	hëxdun
129	或	ëxihi	ëyiki
130	要么	ëmënki	
131	再	dahin	dahi
132	重新	dasamë	
133	反复	dahim	
134	再三	dahin dahin	
135	为了	jarin	
136	如果	ayka	tuynëki
137	若是	oqin	
138	因为	duni	tom
139	所以	todi	

序号	汉语	赫哲语	其他发音形式
140	虽然	tosakit	tokit
141	虽则	oqiwi	
142	不过	ëqiki	wëtki
143	然后	tëni	
144	然而	tomi	
145	而且	tookqi	tatiki
146	可是	tomikit	
147	暂且	taka	
148	向	bar	
149	越	ëli	gen
150	顺着	daham	
151	逆着	ahqalam	
152	横着	hëtrëm	
153	竖着/纵	guldu	
154	嗯	ëñ	oo
155	嘿	hëy	
156	嗳	ay	
157	呀	ya	
158	啊	aa	waa
159	啊（表疑问）	na	
160	咳	hay	
161	哟	yoo	
162	哼	hëñ	hë
163	呸	pëy	

序号	汉语	赫哲语	其他发音形式
164	呸呸	pëy pëy	
165	哈	ha	
166	哈哈	haha	
167	哎	ay	ayi
168	喂	wëy	
169	唉	aayi	ayi
170	哎呀	ayya	
171	哎哟	ayyo	
172	吁	ayi	
173	哦哟	oyo	
174	嘶	si	
175	吗	a	aa
176	吧	ba	
177	呵	he	hek
178	呀	ay	
179	啊呀	abka	aya
180	别/甭	ëñ	
181	不	hëy	
182	好吧	oo	
183	嗨	hay	
184	啊哟	aqu	ayyu
185	唉呀呀	arara	
186	啊呀呀	ëbëhi	
187	嗨哟	bani	

序号	汉语	赫哲语	其他发音形式
188	天哪	ban	waa
189	噢	oo	
190	嗬	hë	
191	嗐	huy	ha
192	哼哼	ëñ ëñ	
193	呼呼	hur hur	
194	呼噜呼噜	hor hor	
195	嗡嗡	uñ uñ	wëñ wëñ
196	喔喔	gok gok	gog gog
197	呜呜	kur kur	
198	嘣嘣	tuk tuk	tub tub
199	咕咚	gudoň	
200	给	ma	

第三部分
赫哲语词汇索引

B

259

M

P

Q

315

U

W

X

第四部分
汉语词汇索引

C

E

Q

S

参考文献

安俊:《赫哲语简志》,民族出版社,1986。

朝克:《赫哲语口语调研资料》(1—8册),1983—2017。

朝克:《满通古斯诸语比较研究》,民族出版社,1997。

朝克:《东北人口较少民族优秀传统文化》,方志出版社,2012。

朝克:《赫哲语366句会话句》,社会科学文献出版社,2014。

朝克:《满通古斯语族语言词汇比较》,中国社会科学出版社,2014。

朝克:《满通古斯语族语言词源研究》,中国社会科学出版社,2014。

朝克:《满通古斯语族语言研究史论》,中国社会科学出版社,2014。

朝克、李云兵等:《中国民族语言文字研究史论》(北方卷),中国社会科学出版社,2013。

戴庆厦主编《二十世纪的中国少数民族语言研究》,书海出版社,1998。

戴庆厦主编《中国少数民族语言研究60年》,中央民族大学出版社,2009。

凌纯声:《松花江下游的赫哲族》(下册),国立中央研究院历史语言研究所,1935。

孙宏开等主编《中国的语言》,商务印书馆,2007。

尤志贤等:《简明赫哲语汉语对照读本》,黑龙江民族研究所印,1987。

尤志贤等:《赫哲伊玛堪选》,黑龙江民族研究所印,1989。

张彦昌等:《赫哲语》,吉林大学出版社,1989。

赵阿平等:《濒危语言——满语、赫哲语共时研究》,社会科学文献出版社,2013。

中国社会科学院民族研究所、国家民族事务委员会文化宣传司主编

《中国少数民族语言使用情况》，中国藏学出版社，1994。

中国社会科学院民族研究所主编《世界语言报告》（中国部分），中国社会科学院民族研究所编印，2000。

中央民族学院少数民族语言研究所编《中国少数民族语言》，四川民族出版社，1987。

后　语

　　本人于 2017 年初向中国社会科学院国情调研办公室提出国情调研重大项目"满通古斯语族严重濒危语言抢救性研究"申请之后，很快得到中国社会科学院国情调研项目专家委员会的审核通过，项目经费也很快拨了下来。在此，非常感谢中国社会科学院科研局领导及国情调研办公室负责人和工作人员。同时，也非常感谢中国社会科学院国情调研项目专家委员会给予的强有力支持。正因为有了他们的支持，这项国情调研重大项目才得以按计划顺利启动和具体实施。在满通古斯语族语言全面进入濒危状态，特别是满语、赫哲语、鄂伦春语及得力其尔鄂温克语等已变成严重濒危语言的情况下，启动这项国情调研重大项目有极其重要的现实意义和长远的学术价值。根据我们掌握的前期调研资料，对于阿尔泰语系满通古斯语族的这些语言来讲，完整地掌握母语者已经不复存在，现有的说会母语的老人已丢失了许多本民族语的基本词汇。这些严重濒危语言中，曾经层级鲜明、概念清楚、结构严谨、系统完整的形态变化和语法现象也遗失了不少。在这些严重濒危语言中，赫哲语的濒危程度更是严重。可以说，该语言几乎到了失传的边缘。调研资料显示，懂母语的赫哲族老人已经没有几位了，而且他们在大量使用借词的前提下才能够进行母语交流。赫哲语的形态变化和语法现象已变得残缺不全，丢失了许多弥足珍贵的形式和内容。好在课题组成员从 20 世纪 80 年代初期开始，多次到赫哲族地区调研，搜集整理了相当丰厚的赫哲语语音、词汇、语法及方言资料。所有这些前期工作，为这一国情调研重大项目的圆满完成提供了扎实的资料基础。

　　"满通古斯语族严重濒危语言抢救性研究"获批中国社会科学院国情调

研重大项目后，课题组成员在项目负责人的带领下，又到赫哲族地区开展了两次十分重要的补充调研，进一步深入了解了赫哲语在严重濒危状态下的使用现状，深刻感觉到赫哲语已面临失传的危险性。在课题组开展实地调研时，赫哲族同胞给我们提供了相当大的帮助和支持，不仅给予发音合作，还协助调研现存基本词汇形态变化和语法现象，为这项科研任务的顺利推进和完成发挥了积极作用。说实话，无论是过去还是现在，没有赫哲族同胞的支持和帮助，没有懂母语的赫哲族老人的发音合作，没有他们提供的语音、词汇、语法等方面的第一手口语资料，我们的这项科研任务很难按计划圆满完成。在这里，向给予过大力支持和帮助的尤志贤、尤金良、尤树林、葛德胜、吴连贵等同志表示深深的谢意。同时，也感谢同江市民委及赫哲族乡村领导和负责人提供的各种便利条件和热情协助。项目于2017 年 8 月启动，2019 年 8 月完成补充调研工作，并于同年年底完成书稿撰写工作。这是一项十分重要的科研任务，对于严重濒危赫哲语词汇的抢救性搜集整理、永久保存将产生重要的学术影响。

赫哲语是一种严重濒危语言，其语言结构已变得十分不完整、不系统、不全面，甚至可以说已经走到了即将消亡的边缘。鉴于此，我们对赫哲语词汇的搜集整理和分析研究难免存在不足，真诚希望专家学者提出宝贵意见。

朝　克

2020 年 6 月 10 日

图书在版编目（CIP）数据

人口较少民族严重濒危语言词汇抢救性调研：全二
卷．严重濒危赫哲语词汇系统／朝克等著．--北京：
社会科学文献出版社，2021.3（2022.11 重印）
（中国社会科学院国情调研丛书）
ISBN 978 - 7 - 5201 - 7039 - 0

Ⅰ．①人…　Ⅱ．①朝…　Ⅲ．①赫哲语 - 词汇 - 调查研
究　Ⅳ．①H2

中国版本图书馆 CIP 数据核字（2020）第 137827 号

·中国社会科学院国情调研丛书·

人口较少民族严重濒危语言词汇抢救性调研（全二卷）
——严重濒危赫哲语词汇系统

著　　者／朝　克　卡丽娜　卡　佳　塔　林

出 版 人／王利民
组稿编辑／刘　荣
责任编辑／单远举　朱　勤　岳　璘
责任印制／王京美

出　　版／社会科学文献出版社（010）59367011
　　　　　　地址：北京市北三环中路甲 29 号院华龙大厦　邮编：100029
　　　　　　网址：www. ssap. com. cn
发　　行／社会科学文献出版社（010）59367028
印　　装／北京虎彩文化传播有限公司

规　　格／开　本：787mm×1092mm　1/16
　　　　　　本卷印张：28.5　本卷字数：421 千字
版　　次／2021 年 3 月第 1 版　2022 年 11 月第 2 次印刷
书　　号／ISBN 978 - 7 - 5201 - 7039 - 0
定　　价／498.00 元（全二卷）

读者服务电话：4008918866